"十二五"职业教育国家规划教材
经全国职业教育教材审定委员会审定

进出口业务（第3版）

JINCHUKOU YEWU

◎主　编　曾慧萍
◎副主编　张丽娟　李　莉

重庆大学出版社

内 容 提 要

　　本书根据外贸业务开展的需要,以国际货物买卖合同内容为基础,以合同签订和履行的业务操作流程为轴心,围绕工作任务的需要选取知识,设计了国际货物买卖合同、货物的描述、货物的价格、货物的运输、货物的运输保险、货款的结算、货物的检验、商务纠纷的预防和处理、出口合同的履行、进口合同的履行10个学习情境。每个学习情境包括学习目标、能力目标、任务引入、案例导读、知识链接、示例、每日一读、小贴士及思考训练等内容。全书内容体系围绕工作任务,以案例导读引申专业知识,强化作业性训练,务实、系统地反映了进出口业务的内容、技术与方法。教材编写时,强调了进出口业务的法律性、规范性和业务流程的合理性,注重以学生为主体,以培养职业能力为核心目标,体现工学结合,任务驱动。

　　本书适合国际贸易、国际商务、商务英语等相关专业高职高专以及成人教育类学生使用,也可供从事外贸业务的社会人员参考。

图书在版编目(CIP)数据

进出口业务／曾慧萍主编. -- 3 版. -- 重庆:重庆大学出版社,2020.7
新编高职高专财经商贸类专业系列教材
ISBN 978-7-5624-8624-4

Ⅰ.①进… Ⅱ.①曾… Ⅲ.①进出口业务—高等职业教育—教材 Ⅳ.①F740.4

中国版本图书馆 CIP 数据核字(2020)第 061588 号

新编高职高专财经商贸类专业系列教材
进出口业务
(第 3 版)
主 编　曾慧萍
副主编　张丽娟　李 莉
责任编辑:沈 静　版式设计:沈 静
责任校对:关德强　责任印制:张 策
*
重庆大学出版社出版发行
出版人:饶帮华
社址:重庆市沙坪坝区大学城西路 21 号
邮编:401331
电话:(023) 88617190　88617185(中小学)
传真:(023) 88617186　88617166
网址:http://www.cqup.com.cn
邮箱:fxk@ cqup.com.cn (营销中心)
全国新华书店经销
重庆俊蒲印务有限公司印刷
*
开本:787mm×1092mm　1/16　印张:15.25　字数:336 千
2012 年 3 月第 1 版　2020 年 7 月第 3 版　2020 年 7 月第 4 次印刷
印数:6 001—8 000
ISBN 978-7-5624-8624-4　定价:43.00 元

第3版前言

自我国加入世界贸易组织以来,对外贸易每年以20%左右的速度增长。随着国际经济的日益发展,参与和关心对外贸易活动的人越来越多。特别是近年来我国外贸环境发生了很大变化,对外贸易规模不断扩大,外贸经营主体转型变化加快,进出口业务方式和外贸服务方式也有了新模式。我国对国际经济与贸易专业人才的需求日益迫切,许多高校已经将进出口业务列为经济类、管理类各专业重要的专业基础课,旨在培养掌握进出口业务知识,熟悉进出口业务工作流程,掌握进出口业务的法律性、规范性和合理性的高素质实战型国际贸易专门人才。

本书编者具有外贸行业从业经历,长期在高校从事国际贸易类教学和研究。在编写本书之前,已出版了一系列理论与实践紧密结合的国际贸易图书。本书入选"十二五"职业教育国家规划教材,得到了高校师生的喜爱和欢迎。应重庆大学出版社之邀,编者对本书进行了修订。修订时,参考了具有教改创新思维的同类教材。同时,根据教育部对经济类课程建设的相关规定和经济管理类教学的实际情况,做了以下几个方面的尝试:

1.编写体例的创新性。本书在每个学习情境中都设置了学习目标、能力目标、任务引入、案例导读、知识链接、小贴示、示例、思考训练和每日一读等。其目的在于引导学生进入该情境学习,训练学生理论联系实际、分析问题和解决问题的能力。

2.知识模块的完整性和科学性。教材内容的结构编排科学合理,重视进出口业务的操作流程和内在联系,力争完整阐述各环节的相互关系。理论知识深入浅出,将基本原理用通俗易懂的方式表述,辅以最新、最恰当的案例,以利于理解和强化,让学生在掌握专业知识的基础上,掌握基本专业技能,在实际操作的过程中,掌握进出口业务的处理技巧。

3.实际操作的同步性。本书依据国际商会制定的国际贸易惯例解释说明进出口业务,以最新的资料和最近的业务变化动态为依据,体现了新观点、新技术和新方法,做到理论阐述和技能训练与国际业务完全接轨,强调了应用性。

本书由福建商学院曾慧萍教授担任主编,负责全书的总纂;由福建顺邦国际贸易有限公司张丽娟、福建商学院李莉担任副主编。张丽娟对本书的操作示例部分进行了指导,保证了本书具有较好的针对性和实用性。编写分工为:曾慧萍负责学习情境1～学习情境 8 的编写,李莉负责学习情境 9 和学习情境 10 的编写,全书由张丽娟审定。

在编写本书的过程中,得到了福建顺邦国际贸易有限公司,福建商学院领导、国际经济与贸易学院老师,重庆大学出版社的大力支持。同时,在本书的编写过程中参阅了大量同行科研成果和文献资料,在此一并表示衷心感谢。

由于编者水平有限,书中不足之处在所难免,敬请专家和读者不吝赐教,我们将不胜感激。

编　者

2020 年 3 月

第2版前言

随着全球经济一体化的发展,国际竞争日趋激烈,人才的竞争成为聚焦点。教育在提升全民综合素质、促进人力资源竞争优势方面发挥着越来越重要的作用。

2013年11月,本书获"十二五"职业教育国家规划教材立项。2014年7月,本书正式经全国职业教育教材审定委员会审定,确定为"十二五"职业教育国家规划教材。根据全国教育工作会议的精神和教育部《关于"十二五"职业教育教材建设的若干意见》的基本要求,我们遵循技能型人才成长规律,以"能力为重,系统培养"为原则,修订编写了《进出口业务(第2版)》教材。

本次修订,我们在保持原书以职业活动为导向的基础上,在内容和形式上进行了一定的创新,使体系更加完整,内容更加紧凑,重点更加突出,力求能适应经济社会加速发展对进出口业务领域新知识、新技能的需要,力求能满足现代职业教育教学改革的需要。

①学习目标和能力目标:阐述任务完成需要学习的重点内容,发挥引导作用,帮助学习者梳理主要知识点。

②案例导读:选取与任务紧密相连的、最鲜活的示例作为知识讲解的辅助内容,引起学习者学习兴趣。同时,还可以帮助学习者有选择性、有针对性地提前查阅学习内容,锻炼自主学习能力。

③案例分析:对所引用的案例进行简要的分析,采取了思考题或引入专家评析的形式引申专业知识,锻炼学习者分析问题和解决问题的能力。

④小贴士:根据各任务操作过程中可能遇到的疑难,在正文内容中提供温馨提示,这些提示或者是对一些重要理论或术语作出专业阐释,或者是对一些重要知识的关键解读或小结。

⑤每日一读:在每个学习情境结束后,提供一些重要理论的阐释,或国内外相关专家学者的主要著作思想,甚至是实际业务操作思路或流程的摘录和介绍,提高学习者的专业水平,为走向国际市场作必要的知识储备。

修订后的本书,以进出口合同内容为基础,以合同签订及履行的业务操作流程为轴心,并用业务内容及操作程序和方法相辅佐,构成了二元主体结构体系,强化了具体操作和从业经验的传授,增强了本书的可读性和思考性。

本书由福建商业高等专科学校曾慧萍担任主编并统稿,福建顺邦国际贸易有限公司张丽娟、福建商业高等专科学校李莉担任副主编。张丽娟根据其丰富的外贸行业从业经历对本书的操作示例部分进行了指导,保证了本书具有较好的针对性和实用性。编写分工为:曾慧萍编写学习情境1~学习情境8,李莉编写学习情境9和学习情境10,全书由张丽娟审定。

最后,我们对在本书的修订编写工作中,一直给予指导和帮助的福建顺邦国际贸易有限公司,福建商业高等专科学校领导、经济贸易系全体教师,对本书修订给予鼓励和支持的兄弟院校的同行,对多年来使用本书的大专院校的师生们以及重庆大学出版社表示衷心的感谢。在编写过程中,编者参考了各类权威的书籍报刊,在此一并谨致谢忱。

诸多不妥之处,恳请读者批评指正。

编　者

2014 年 9 月

第1版前言

2001 年 11 月 10 日,世界贸易组织第四届部长级会议以全体协商一致的方式,审议并通过了我国加入世贸组织的决定,标志着我国在融入经济全球化、参与国际经济竞争方面迈出了关键性的一步。过去 10 年,我国同世界各国一样,面临环境污染、气候变暖、贫困、国际金融危机等严重问题,但我国政府始终实行积极主动的对外开放战略,积极推进全球投资贸易自由化进程,为世界经济复苏和稳定作出了应有贡献。在这 10 年的改革开放进程中,我国经济又上了一个新台阶,参与经济全球化的深度和广度都取得了前所未有的发展,对外开放水平和国际经济地位出现了巨大的变化,已成为全球第二大经济体、第一大出口国和第二大进口国,经济贸易实力显著提高。

随着经济全球化趋势的发展和我国改革开放的深入,各类工商企业在涉外经济业务中需要越来越多的熟悉现代市场经济运行规则和世贸组织规则、精通专业知识、适应国际竞争需要的高级管理人才和专业人才。为此,我们从高等职业教育的任务和职业技能的要求出发,以国际货物买卖合同内容为基础,以合同签订和履行的业务操作流程为轴心,强调进出口实务的法律性、规范性以及业务流程的合理性,围绕工作任务的需要选取知识,设计了本书的内容体系。教材编写注重以学生为主体,以培养职业能力为核心目标,体现工学结合、任务驱动。

本书根据外贸业务开展的需要,分为国际货物买卖合同、货物的描述、货物的价格、货物的运输、货物的运输保险、货款的结算、货物的检验、商务纠纷的预防和处理、出口合同的履行、进口合同的履行 10 个学习情境。每个学习情境都包括学习目标、能力目标、任务引入、案例导读、知识链接、示例、每日一读及思考训练 8 个部分的内容,同时,根据内容需要增加了"小贴士"。每一学习情境都围绕工作任务,以案例导读引申专业知识,强化作业性训练,务实、系统地反映进出口实务的内容、技术与方法。

本书由福建商业高等专科学校曾慧萍担任主编并统稿,福建顺邦国际贸易有限公司张丽娟、福建商业高等专科学校李莉担任副主编。张丽娟对本书的操作示例部分进行了指导,提供了外贸工作从业经验,保证了本书具有较好的针对性和实用性。编写分工为:曾慧萍编写学习情境 1 至学习情境 8,李莉编写学习情境 9 和学习情境 10,全书张丽娟审定。

本书的编写工作得到了福建顺邦国际贸易有限公司的大力支持和帮助,福建商业高等学校领导、老师们对本书的编写工作给予了有益指导和鼓励,在编写过程中,编者参考了各类权威性书籍、报刊,在此谨致谢忱。

由于编者水平与经验有限,本书尚存在诸多不妥之处,恳请各界人士批评指正,以便修订时改正。

编　者

2011 年 9 月

目　录

学习情境1　国际货物买卖合同

学习目标

1. 了解进出口交易的基本程序。
2. 掌握进出口交易磋商、买卖合同的基本概貌。

能力目标

1. 能够通过商务平台及B2B网站等寻找新客户。
2. 能够拟订市场调研方案。
3. 能够通过函电与客户建立业务关系,开展进出口业务的磋商。

任务1　进出口业务的基本程序

任务引入

福建鼎与贸易公司是经外经贸部批准成立的具有进出口经营权的贸易公司,主要从事纺织服装、轻工业品、日用品等产品的进出口业务。公司因业务需要,新招聘了一名刚毕业的大学生张浚。作为公司新人,张浚对独立工作比较迷茫,他需要认识进出口业务的基本流程,同时熟悉进出口合同的格式。

案例导读

【案情介绍】合同主体不当案

中国A钢铁公司为了建造一个新型铸造厂,需要引进一套铸造设备,遂向各国知名的厂家发电询盘,但报价太高,我方难以接受。某国商人S得知此情况后主动向我方报出500万美元的价格,保证按我方要求的技术水平供货。我方虽对S了解不深,但苦于找不到条件优惠的供货渠道,即与其签订了正式供货合同。双方约定:买方于签订合同后 15 日内开出信用证,卖方于年底(12 月 31 日)前交齐全部设备。但是到年底,S 只交了 203 万美元的货物。我方就此与 S 交涉,S 便以种种借口推脱责任,要求延期,并提出:"鉴于美元汇率下跌,合同价格应加价 50 万美元。"我方对 S 的这种行为极为不满,但考虑到工期紧张,一时再找供货商十分困难,于是经过讨价还价,与对方达成了加价 30 万美元,供货推迟到 9 月底(次年)交齐全部货物的变更协议。结果到了签约次年的 9 月 30 日,仍有 120 万美元的货物未交,而且都是关键设备。此时,我方信用证已经到期,S 要求继续延用信用证期限。迫于工程需要,我方经办人员口头答应了对方要求,但出于种种原因,信用证未能延期,S 以无信用证为由,停止供货。在此情况下,我方不得不决定对 S 采取诉讼手段解决。

【案例评析】

该案争议的焦点在于 S 商人的行为是否构成违约,是否应该承担违约责任。

事后调查发现,S 只是一个小商人,其下属的几家小公司早已先后倒闭。而且,由于其对铸造设备行情估计不足,为向我方供货,S 已经拖欠了制造商很多货款,有些制造商已经对 S 采取了法律措施。这样即使我方在诉讼中胜诉,也不会有什么实质收获。至此,我方工期拖延,造成了难以弥补的损失。

通过案例分析,我们可以看到,在签订国际贸易合同时,首先可能遇到的欺诈就是合同主体形式的欺诈。归纳起来,以公司主体形式出现的欺诈形态主要有虚构合同主体,恶意变更合同主体,有限责任的不当利用。

对利用合同主体欺诈的防范可以采取以下对策:第一,调查对方的资信情况。主要包括:交易伙伴的概况、交易伙伴出售的货物情况、注册资本、法定地址、信誉等。第二,查明对方的法律性质。主要是指审查合同对方是否具有谈判签约的合法资格。一般说来,需要综合运用各种可行的方法和渠道。包括银行查询,海外机构查询,行业查询,进出口商会查询,对有关外商资信的报纸、书刊及其他文件资料的查询,向外商直接进行调查,等等。

知识链接

1.1.1 预备知识

1)贸易和国际贸易的概念

贸易是指有形产品与无形产品的交换。国际贸易是指国家之间商品和劳务的交换活动。国际贸易是世界各国在国际分工的基础上相互联系的主要形式。

2）国际贸易和对外贸易、国内贸易的区别

对外贸易是一个国家对其他国家的贸易。站在一个国家的角度，是它的对外贸易；站在全球的角度，就是国际贸易。实质上的内容没有太大的区别，只是角度不一样。

是国际贸易还是国内贸易，要看它们划分的界线是什么，国际贸易和国内贸易的划分是一个地理概念，只要跨越国界的贸易就是国际贸易。

3）国际贸易的产生

价格差异导致了国际贸易的发生。亚当·斯密的绝对优势理论和大卫·李嘉图的比较优势理论对此作了详细论述。比较优势的存在为国际贸易奠定了不可动摇的基础，比较优势是经济学中最深刻的理论之一，任何忽视比较优势的国家都会为之付出沉重代价。

4）国际贸易的基本范畴

根据世界贸易组织（WTO）的精神，国际贸易的范畴分为 3 大块：货物贸易、服务贸易和技术贸易。

（1）货物贸易

货物贸易的形式有 3 种：

①实物贸易。卖方向买方交付实际货物。

②纸上贸易。买方的义务是交付全套合格的单据。其中，有 3 种单据是必备的：一种是提单，它是一种特殊的单据，本身可以代替这批货物；一种是保险单；还有一种是商业发票。纸上贸易的纸不是一般的纸，它是一系列的"单证"。

③无纸贸易。也称电子商务，它是建立在电子数据变换（EDI）的基础上的。EDI 有 3 个基本的技术元素：第一个技术元素是标准格式文件；第二个技术元素是通信方式；第三个技术元素是软件系统。

（2）服务贸易

服务贸易总协定（GATS），根据 GATS 把全球服务贸易分为 4 种类型：Cross-Border Supply，Consumption Abroad，Commercial Presence，Movement of Personnel.

（3）技术贸易

技术产品有它特殊的地方，在与贸易有关的知识产权协议（TRIPS）中，把技术保护的领域划分为 7 块。

①版权邻接权（相当于我国的著作权）。

②商标权。

③地理标志。

④专利权。

⑤工业品外观设计。

⑥集成电路布图设计。

⑦商业秘密。

1.1.2 进出口贸易的基本业务程序

1）出口贸易的基本业务程序

（1）交易前的准备阶段

在出口交易前，除落实出口货源，了解和掌握我国及有关国家贸易方面的政策、贸易方式、贸易惯例和贸易措施等之外，出口业务员必须在详细了解目标市场和目标商品的基础上，选择好交易对象，并掌握其资信、经营能力等情况。调研工作必不可少。

①对国际市场的调研。

A.国别调研。即以一定地区的某个国家为对象，主要调查了解其政治情况、基本经济情况、外贸现状、贸易政策手段、货币和支付情况、运输情况以及经济法律、贸易法规及惯例情况。此外，还要了解和掌握自然情况、宗教信仰、风俗习惯等方面的情况。

B.商品市场调研。即调查一定种类的商品在国外市场的生产、消费、贸易、价格和主要进出口国家等情况。商品市场调研主要包括：商品的特点、商品的供求关系、竞争情况、垄断情况、价格动态、商品的运输条件，如港口及其设备、港口惯例和对外运输航线。

②选择交易对象。

在选定目标市场后，就要考虑在该市场上寻求合适的交易对象。寻求交易对象的方式主要有：一是自己直接物色；二是通过第三者介绍；三是依据国外发行的工商名录，发函联系。在寻求和选择过程中，要对客户的资信、经营能力、业务范围、业务性质等方面进行全面调查，从而遴选出贸易伙伴。

调查和了解贸易伙伴有关信息主要可以通过两大途径：一是直接途径，即通过实际业务的接触和交往活动，从中考察贸易伙伴，通过交易会、展览会、技术交流会主动接触了解；二是间接途径，主要通过银行、驻外机构以及各国的促进贸易组织和报纸杂志等途径获得。

③制订出口商品经营方案。

为了更有效地做好出口交易前的准备工作，使交易磋商有所依据，一般都要事先制订出口商品经营方案。出口商品经营方案大致包括以下几个方面：

A.商品和货源情况。主要包括商品的规格、品质、包装以及国内生产能力、可供最大出口数量和库存情况等。

B.国外市场情况。主要包括国外市场需求情况、价格水准、主要进出口国家的交易情况。

C.出口经营情况。主要包括一定时期内出口成本、盈亏率、创汇率等情况及存在的问题,并根据上述情况进行综合分析,提出经营的具体意见和安排。

D.经营计划安排。主要包括对目标市场出口商品的销售数量、金额和销售前景等。

E.对经营计划采取的措施。包括对客户的利用,贸易方式、结算方式的选择,花色品种的搭配方法,以及掌握价格、佣金和折扣的原则、方法等。

④做好对出口商品的广告宣传和商标注册等工作。

(2)交易磋商和签订合同阶段

出口交易磋商和签订合同工作是买卖双方根据政策、国际规则和企业的经营意图,按照经营方案,运用国际市场通常做法,与国外客户就所经营的货物及其交易条件进行磋商,磋商可通过当面谈判、交换函电或电子数据交换进行,一般要经过询盘、发盘、还盘和接受的程序达成协议。根据我国法律,对外贸易合同必须采用书面形式,买卖双方当事人必须采取书面形式,当事人履行各自义务和处理争议要以书面合同为依据。

(3)履行合同阶段

履行合同即买卖双方当事人根据合同规定各自履行自己的义务。就出口商而言(以 CIF 条件成交、信用证支付),履行的职责和义务主要包括备货、催证、审证和改证、报验、托运、报关、发运、投保、制单结汇等环节。归纳起来就是货、证、船、款 4 个重要环节。

出口交易的基本程序如"示例"中的图 1.1 所示。

将资信好的新客户作为下一步进行交易的目标客户后,并不意味着交易马上就能顺利进行,还有必要对经营的商品进行贸易障碍调研。贸易障碍包括客户所在国的贸易障碍和本国的贸易障碍。客户所在国的贸易障碍主要包括:该商品是否正在接受反倾销调查或已被征收反倾销税;该商品在客户所在国是否存在绿色壁垒或其他贸易障碍;该商品在客户所在国是否存在特殊的技术要求和环保规定等。本国的贸易障碍主要包括:该商品是否属于《中华人民共和国对外贸易法》或其他法律法规禁止出口的商品;该商品是否属于限制出口的商品,包括限制出口货物和限制出口技术两大类。本国管理的相应商品目录可在中华人民共和国商务部网站查询。

2)进口贸易的基本业务程序

进口贸易是同出口贸易相对应的贸易行为,两者并无本质区别。进口贸易分为进口前的准备、交易磋商和签订合同、履行合同 3 个阶段。

（1）进口前的准备阶段

①申请配额和进口许可证。国家对进口商品的管理大体可以分成 3 类，即禁止进口、限制进口和自由进口。对于限制进口的货物实行配额和许可证管理，配额和进口许可证由商务部统一管理，经授权，省、自治区、直辖市的商务机构和有关派出机构也可签发进口许可证。

②订货部门填制进口订货卡片。在落实好配额和进口许可证后，订货部门应填写进口订货卡片交给负责进口的部门或公司，作为对外订立合同和办理进口业务的依据。订货卡片的主要内容包括：中英文对照的商品名称、品质、规格、数量、包装要求、详细用途、估计单价和总金额，要求到货时间、目的港（地）等项目。进口部门认真审核后才能积极进行下一步的市场调研工作。

③进口调研。进口调研是进口交易的第一步，是搞好进口成本核算和制订进口经营方案的基础。调研一般围绕进口商品和国外供应商开展。调研的主要内容包括：国内市场需求调研，同类产品、相关产品及其国外市场行情调研，如商品的先进性、可靠性、成分、货源和价格等情况；国外供应商的调研主要是资信调研，如供应商的资本规模、经营能力、经营手段等。调查的渠道和方法与出口调查基本相同。

④拟订经营方案。进口经营方案是进口企业为进口业务的开展而制订的经营意图和各种措施安排。它拟订的主要依据是对国外供应市场的调研和国内价格成本的核算。其主要内容有：

A. 进口数量和时间的安排。

B. 采购地区的安排。

C. 交易对象的选择。

D. 进口商品价格的掌握。

E. 贸易方式及交易条件的确定。

（2）交易磋商和签订合同阶段

进口交易的磋商与签订合同工作同出口贸易工作基本一致，只是交易地位不同。

（3）履行合同阶段

履行合同是进口交易的最后阶段，它关系到一笔交易能否圆满完成。我国进口货物大多按 FOB 条件和信用证支付方式成交。在这种条件下的合同，其履行程序主要包括开立信用证、租船定舱、催货、办理保险、审单和付款、报关、检验及进口索赔等环节。

进口交易的基本程序如"示例"中图 1.2 所示。

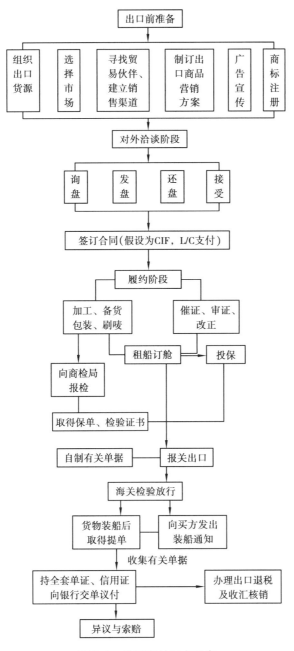

图 1.1 出口交易基本程序

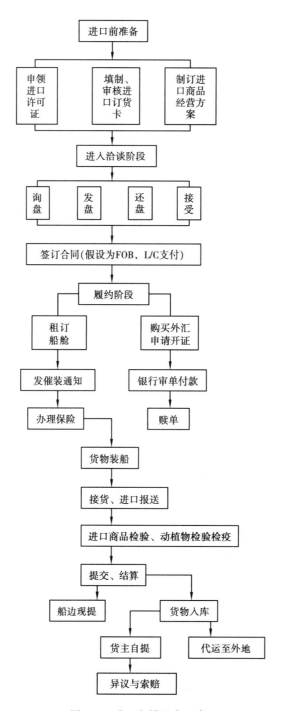

图 1.2 进口交易基本程序

任务2　国际货物买卖合同的商定

任务引入

张浚在对公司进出口业务流程有了基本认识后,为了独立开展外贸业务,熟悉公司出口项目的各项交易条件,他需要对国际货物买卖合同的商定环节有初步的认识,并需要熟悉国际货物买卖合同的格式和条款。

案例导读

【案情介绍】有效发盘能否撤回的争议案

2019年2月5日,加拿大休顿电子有限公司(简称"休顿公司")向我国H电子集团公司(简称"H公司")提出出售集成电路板20万块,每块FOB维多利亚港25美元的发盘。我方接到发盘后,于2月7日去电还盘,请求将集成电路块的数量减少到10万块,价格降为每块20美元,并要求对方即期装运。2月10日,休顿公司电传告知H公司,同意把数量减少到10万块,保证能即期装运,但价格只能降到每块22美元。同时规定,新发盘的有效期为10天。接到新发盘后,H公司经多次研究,决定同意该新发盘,并于2月15日向休顿公司发出电传,表示接受新的发盘。2月18日,休顿公司再次发来电传,声称货已与其他公司签约售出,现已无货可供,要求取消2月10日的发盘。2月19日,H公司复电:"我公司已按10万块集成电路板制订生产计划,不同意撤销2月10日的发盘,请贵公司执行合同。"休顿公司则称:"无法执行合同。"因此,双方对合同是否成立发生纠纷。经过双方多次协商,休顿公司同意赔偿因不履行合同给H公司造成的损失,使争议得到了解决。

【案例评析】

该案涉及的关键是有效发盘的撤销问题。发盘的取消方式可以分为撤回与撤销。发盘的撤销是指发盘生效后,发盘人将发盘取消,使其失去效力。《联合国国际货物销售合同公约》第16条规定,在未订立合同前,发盘得以撤销,如果撤销通知于受盘人发出接受通知之前送达受盘人。但是,在下列情况下,发盘不能再撤销:①发盘中注明了有效期,或以其他方式表示发盘是不可撤销的。②受盘人有理由依赖该发盘是不可撤销的,并且已本着对该发盘的信赖行事。

这一款规定了不可撤销的两种情况:一是发盘人规定了有效期,即在有效期内不能撤销。如果没有规定有效期,但以其他方式表示发盘不可撤销,如在发盘中使用了"不可撤销"字样,那么在合理时间内也不能撤销。二是受盘人有理由依赖该发盘是不可撤销的,并采取了一定的行动。

该案中,休顿公司2月10日的发盘是一项新发盘,并规定了发盘有效期限,该发盘在送达 H 公司后,从 H 公司电传接受新发盘时,合同即告成立并产生法律效力。休顿公司 2 月 18 日的电传是要撤销 2 月 10 日新发盘,但因 2 月 15 日 H 公司已对休顿公司 2 月 10 日的新发盘作出了接受,因此其撤销发盘的行为是无效的。H 公司作出接受之后,关于集成电路块的买卖合同即告成立。H 公司要求休顿公司履行合同的做法完全正确。

上述案例评析表明,作为一名外贸业务员,掌握进出口业务的有关贸易惯例和规则是十分重要的。

国际货物买卖合同依法确立了买卖双方各自享有的权利和应尽的义务。了解有关国际货物买卖合同的基本知识,是做好进出口工作的基础。

1.2.1　国际货物买卖合同

1)含义

合同(Contract)一般是指两个或两个以上的当事人以发生、变更或消灭某种民事法律关系为目的而达成的协议(Agreement)。所谓民事法律关系一般是指根据法律的规范,在当事人之间的民事权利与义务的关系。这种民事法律关系主要是指财产所有权的关系、债权关系、继承权关系,同时也包括非财产人身关系,如著作权、工业产权、知识产权等关系。由于合同涉及的民事法律关系的内容不同,因此合同也划分为不同种类。仅以商业合同为例,就有货物买卖合同、租赁合同、借贷合同、保险合同、运输合同、技术转让合同等。

货物买卖合同(Contract for Sale of Goods)一般是指两个或两个以上当事人就指定货物的所有权,由卖方有偿转让给买方所达成的一种双务合同。所谓"双务"(Bilateral)是指合同双方相互承担义务,同时,双方都享有权利,一方所承担的义务正是另一方所享有的权利。即卖方的基本义务是交出货物的所有权,买方的基本义务是支付货款,这是货物买卖合同区别于其他种类合同的一个主要特点。

国际货物买卖合同(Contract for the International Sale of Goods)也是货物买卖合同,按照《联合国国际货物买卖合同公约》(以下简称《公约》)的规定,是指营业地处于不同国家的当事人所订立的货物买卖合同。中国在对外经济活动中与国外的交易方订立的合同很多,但国际货物买卖合同是一种基本涉外经济合同。

2)国际货物买卖合同的特点

(1)国际货物买卖合同具有国际性

国际货物买卖合同与国内货物买卖合同的基本区别就在于其具有国际性。所谓国际性,通常采用的衡量标准有:交易双方当事人的营业地处于不同的国家,或者当事人具有不同的国籍,或者订立合同的行为完成于不同的国家,或者货物经由一国运往另一国。但究竟采用哪一种标准,则各国均有不同的情况。根据我国的有关法律规定,国际性的标准则采用第一种情况,即交易双方当事人的营业地处于不同的国家。

(2)国际货物买卖合同买卖的标的物是货物

货物买卖合同的标的物是货物,这是毋庸置疑的,但究竟什么是货物,或者货物如何确定的,国际组织对此也曾经过长期探讨。《公约》则采取了排除法,即将下列产品排除在该公约的适用范围之外:①供私人、家属或家庭使用而进行的购买。②经由拍卖方式进行的买卖。③根据法律执行应进行的买卖。④各种债务券或者货币的买卖。⑤船舶、气垫船或收音机的买卖。⑥电力的买卖。

(3)国际货物买卖合同的性质为买卖

所谓买卖合同,根据《英国货物买卖法》的规定,是指由卖方将货物的所有权转换给买方,以换取买方的金钱作为对价。这一特征是买卖合同与其他类型的合同(如租赁合同、承揽合同等)的重大区别。

3)国际货物买卖合同的形式

合同的形式是交易双方当事人就确立、变更、终止民事权利义务关系达成一致的方式,是合同当事人内在意思的外在表现形式。

根据《公约》和《中华人民共和国合同法》的有关规定,当事人订立合同,有书面形式、口头形式和其他形式。

(1)书面形式

书面形式是指合同书、信件以及数据电文等可以有形地表现所载内容的形式。采用这种形式订立合同,可以加强当事人的责任心,督促全面、正确地履行合同,在发生纠纷时,便于举证和分清责任。因此,它是合同的主要形式。

(2)口头形式

口头形式是交易双方当事人之间通过对话方式,包括当面谈判和通过电话方式而订立的合同。采用这种形式简便易行,对保证交易迅速达成起着一定的作用。但因缺乏文字依据,一旦发生纠纷,当事人往往举证困难,不易分清责任。

(3)其他形式

其他形式是指可能存在的除书面形式、口头形式之外的合同形式。如通过发运货物,或者预付货款等行为形式表示对合同内容的确认。

4)国际货物买卖合同的内容

合同的内容,又称合同条款,是确定合同双方当事人权利与义务关系的重要依据,同时也是判断合同是否有效的客观依据。

根据《中华人民共和国合同法》和其他国家民商法的规定,合同的内容由双方当事人约定,一般包括以下条款:

(1)当事人的名称或者姓名和住所

本条款主要反映合同当事人的基本情况,以确定当事人的身份和各自的处所。

（2）标的

标的是指合同当事人约定的权利与义务所交易的对象,体现着当事人订立合同的目的与要求。国际货物买卖合同的标的通常就是货物。

（3）数量

数量是对货物的计量,是以数字和计量单位来衡量标的尺度,它是确定标的的重要依据。

（4）质量

质量是表示标的的内在质量和外观形态的综合。它的好坏与高低直接决定了标的效用,一般用品种、型号、规格等级等表示。

（5）价款或者报酬

价款或者报酬是指合同的买方对合同的卖方履行合同,交付货物所应支付的以货币为表现形式的价金。在该条款中,双方当事人应约定计算标准、支付方式、金额、支付日期和地点等。

（6）履行期限、地点和方式

该条款一般是指合同当事人为实现权利和履行义务所约定的时间界限、地点、具体途径以及方法。它是确定合同是否按时、按地履行或延迟履行的客观依据。

（7）违约责任

违约责任是合同当事人违反合同的规定时应当承担的法律责任,是合同履行的保障条款。承担违约责任的形式主要有:支付违约金、实际履行、损害赔偿等。

（8）解决争议的方法

在履行合同中难免会发生争议,为使产生争议后能有一个双方都接受的解决方法,合同中一般均对此作出规定。解决争议的方法主要有协商、调解、仲裁和诉讼等。

需要指出的是,以上合同条款是合同中通常包括的内容,并不是必须都包括这些条款,合同成立才有效。买卖双方当事人可根据交易货物的特点和实际需要,对合同的内容条款作出增加或减少的约定。

5）合同有效成立的条件

经过交易磋商,一方的发盘或还盘一经对方有效接受,合同即告成立。但合同是否具有法律效力,还要视其是否具备了一定的条件。不具法律效力的合同是不受法律保护的。因此,了解和掌握合同有效成立的条件非常重要。概括起来,合同应具备下述条件才算有效成立:

（1）当事人必须在自愿和真实的基础上达成协议

"契约自由"是合同法的基本原则。合同成立必须是在双方当事人自愿的基础上进行。一方自愿发价,另一方明确表示愿意承诺,双方自愿表示达成协议的诚意,承诺履行合同责任与义务。这种合同不是单方面的行为,而是一种双方意思一致基础上产生的行为。这样的合同是合法的,受法律保护的。如果一方采取强制、威胁、暴力、诈骗手段,迫使对方就范,订立的合同在法律上是无效的。

（2）买卖双方当事人应具有法律行为的资格和能力

①自然人订立合同的资格和能力。各国法律对于哪些人具有订立合同的资格和能力，对于哪些人没有订立合同的资格和能力，都有具体的规定。《中华人民共和国民法通则》把公民的民事能力分为3类：第一，有完全民事行为能力的人。18周岁以上的公民是成年人，具有完全民事行为能力，可以独立进行民事活动，包括订立各种合同。第二，限制民事行为的人。包括两种人，即10周岁以上的未成年人和不能完全辨认自己行为的精神病人，他们签订的合同由其法定代理人代理，或者征得法定代理人的同意。第三，无民事行为能力的人。包括不满10周岁的未成年人和不能辨认自己行为的精神病人，他们签订的合同是无效的。

②法人的行为能力。法人是拥有独立的财产，能够以自己的名义享受民事权利和承担民事义务，并且依照法定程序成立的法律实体。法人是由自然人组织起来的，它必须通过自然人才能进行活动和订立合同。

（3）合同必须以双方互惠、有偿为原则

国际货物买卖是互为有偿的交换，英美法系称有偿交换为"对价"，法国法称之为"约因"。其含义是：在合同中一方所享有的权利，以另一方所负有的义务为基础，双方应互有权利与义务，卖方负有交付约定的实物，买方必须受领货物并支付价金，如其中任何一方不按合同履行责任与义务，都负有向对方赔偿损失的责任。

（4）合同的标的和内容必须合法

英美法各国都承认，"契约自由"和"意思自主"是合同法的基本原则。契约自由是指任何有订约能力的人，都可以按照他们的意愿自由地订立合同，即可以自由地决定是否订立合同，自由地选择订约对象，自由地同订约方商订合同的内容，但同时各国也都对契约自由加以一定的限制。各国法律都要求当事人所订立的合同必须合法，并规定，凡是违反法律，违反善良风俗与公共秩序的合同一律无效。

许多国家往往从广义上解释"合同内容合法"，其中包括不得违反法律，不得违反公共秩序或公共政策，以及不得违反善良风俗或道德3个方面。《中华人民共和国合同法》第7条规定："当事人订立、履行合同应当依照法律、行政法规，尊重社会公德，不得扰乱社会经济秩序，损害社会公共利益。"

（5）合同形式必须符合法律规定的要求

各国法律对合同成立的形式要求不同。《公约》对国际货物买卖合同的形式，原则上不加以限制，无论采用书面方式还是口头方式，均不影响合同的效力。《中华人民共和国合同法》也有类似的规定，其第10条规定："当事人订立合同，有书面形式、口头形式和其他形式。法律、行政法规规定采用书面形式的,应当采用书面形式。当事人约定采用书面形式的,应当采用书面形式。"

6)书面合同的签订

买卖双方经过磋商,一方的发盘或还盘被对方有效接受后,交易即达成,双方之间就建立了合同关系。但在实际业务中,一般还要用书面形式将各自的权利和义务明文规定下来,便于执行,这就是所谓的签订合同。

（1）书面合同的作用

①作为合同成立的证据。在法律上,当双方当事人在交易（合同）的履行过程中发生争端或纠纷时,提供以书面形式所签订的合同是证明双方存在合同关系的一种最有效、最简便的方法,也可作为仲裁员和法官进行仲裁和作出判断的一个有力的证据。因此,签订书面合同,为将来争议的解决提供了一种法律依据。

②作为履行合同的依据。无论是口头还是书面达成的协议,如果没有一份包括各项条款的合同,则会给履行带来许多不便。因此,在业务中,双方都要求将各自应享受的权利和应承担的义务用文字规定下来,作为正确履行合同的依据。

③有时作为合同生效的条件。在国际贸易实务中,有时合同的生效是以书面签订合同作为条件的。买卖双方达成协议所交换的信件、电报、电传也常常可以构成书面合同。特别是在一方当事人要求签订确认书时,只有当签订确认书后,合同才告成立。否则在此之前,即使双方已对交易条件全部取得了满意的结果,也不存在法律上有效的合同。

（2）书面合同的类型

在国际贸易中,书面合同的格式和名称不尽相同,形式很多,均无特定的限制。一般常用的有销售合同、购货合同、成交确认书、协议、备忘录、意向书、订单等。我国对外贸易业务中,主要采用的书面合同是销售合同、销售确认书两种。

①正式合同（Contract）。正式合同是带有"合同"字样的法律契约,包括销售合同和购货合同。合同的文字解释要清楚、经济责任要明确,并对双方要有约束性,签订手续完备（合同格式示范附本章后）。

②确认书（Confirmation）。确认书较正式合同简单,是买卖双方在通过交易磋商,达成交易后,寄给双方加以确认的列明达成交易条件的书面证明,经买卖双方签署的确认书,是法律上有效的文件,对买卖双方具有同等的约束力。确认书包括销售确认书和购货确认书（确认书格式示范附本章后）。

③协议（Agreement）。协议在法律上是合同的同义词。只要协议对买卖双方的权利和义务作出明确、具体和肯定的规定,即使书面文件上被冠以"协议"或"协议书"的名称,一经双方签署确认,即与合同一样对买卖双方具有约束力。有时,协议是主合同中不可分割的组成部分,与主合同一样具有法律效力。此外,协议根据买卖双方磋商的内容和过程,有时是初步性协议,有时是原则性协议。

④备忘录（Memorandum）。备忘录也是书面合同的形式之一。它是指在买卖双方磋商过程中,对某些事项达成一定程度的理解与谅解及一致意见,将这种理解、谅解、一致

意见以备忘录的形式记录下来,作为双方今后进一步磋商、达成最终协议的参考,并作为今后双方交易与合作的依据。由于备忘录不具有最终交易条件达成一致、合同有效成立的性质,故不具有法律约束力。

⑤意向书(Expression)。意向书是指买卖双方当事人在磋商尚未达成最后协议之前,为达成某种交易的目的,而作出的一种意愿的表示,并把设想、意愿、初步商订的条件以书面形式记录下来,作为今后谈判的参考与依据。由于它只是买卖双方的一种意愿表示,而不是最后商定签署的契约,因此,不属于法律文件,不具有法律约束力。

(3)书面合同的结构

书面合同一般由下列3个部分组成:

①约首。约首是指合同的序言部分,其中包括合同的名称、订约双方当事人的名称和地址(要求写明全称)。除此之外,在合同序言部分常常写明双方订立合同的意愿和执行合同的保证。该序言对双方均具有约束力,因此,在规定该序言时,应慎加考虑。

②本文。这是合同的主体部分,具体列明各项交易的条件或条款,如品名、品质规格、数量、单价、包装、交货时间与地点、运输与保险条件、支付方式以及检验、索赔、不可抗力和仲裁条款等。这些条款体现了双方当事人的权利和义务。

③约尾。一般列明合同的份数,使用的文字及其效力,订约的时间和地点以及生效的时间。合同的订约地点往往要涉及合同准据法的问题,因此要慎重对待。我国的出口合同的订约地点一般都写在我国。有时,有的合同将"订约时间和地点"在约首订明。

1.2.2　国际货物买卖合同的交易磋商

交易磋商是指买卖双方以买卖某种商品为目的而通过一定程序就交易的各项条件进行洽商并最后达成协议的全过程。交易磋商的目的是买卖双方通过磋商能共同取得一致意见,达成交易。

交易磋商具有高度的政策性、策略性和技术性,只有真正做到知己知彼,使自己尽可能处于主动地位,方能稳操胜券。要做好这项工作,既要努力掌握我国的外贸政策,通晓市场、联络客户、营销商品和贸易程序,又须充分懂得有关国家的贸易法规、习惯做法和商业惯例,并在此基础上能灵活地运用交易磋商的策略与技术。因此,在磋商过程中,切忌操之过急,应注意对方动态,按既定步骤逐步实施,就会水到渠成。

磋商的内容主要包括买卖商品的品质、数量、包装、价格、运输、保险、支付、商品检验、争议、索赔、不可抗力和仲裁等交易条件。只有买卖双方就此达成共识,交易才成立。

交易磋商包括口头方式和书面方式。交易磋商一般采用书面方式,包括来往的函电、传真等。在特殊情况下,一项交易的达成也可以通过买卖双方既已成为习惯的某些行为予以确认。

1)交易磋商的一般程序

交易磋商的整个过程可概括为邀请发盘、发盘、还盘、接受和签订合同等环节,其中,发盘和接受是交易成立的基本环节,也是合同成立的必要条件。

（1）邀请发盘

邀请发盘（Invitation to Offer）又称"要约邀请"，是指交易的一方打算购买或出售某种商品，向对方询问买卖该项商品的有关交易条件，或者就该项交易提出带有保留条件的建议。《中华人民共和国合同法》规定："要约邀请是希望他人向自己发出要约的意思表示。寄送的价目表、拍卖公告、招标公告、招股说明书、商业广告等为要约邀请。"

邀请发盘只是一种买卖的意向，对买卖双方均无法律约束力，即买方询价后无购买货物的义务和卖方询价后无出售货物的责任。它在通常的交易中并非必不可少的环节，但在一些特殊的贸易方式下，如招标投标、拍卖等，情况则有所不同。

邀请发盘可以有不同的形式，其中最常见的是询盘（Inquiry）。询盘的内容可涉及价格、品质、数量、包装、装运以及索取样品等，而多数只是询问价格，业务上常把询盘称作询价。

在国际贸易业务中，有时一方发出的询盘表达了与对方进行交易的愿望，希望对方接到询盘后及时发出有效的发盘，以便考虑接受与否。也有的询问只是想探询一下市场价格，询问的对象也不限于一人。有时发出询盘的一方希望对方开出估价单（Estimate），这种估价单同样不具备发盘的条件，所报出的价格也仅供参考。

（2）发盘

《公约》第14条第1款对发盘的解释为："向一个或一个以上特定的人提出的订立合同的建议，如果十分确定并且表明发盘人在得到接受时承受约束的意旨，即构成发盘。"即交易的一方向交易的另一方提出买卖商品的各项交易条件，并愿意按照这些条件达成交易、签订合同的一种肯定表示。

在国际贸易实务中，发盘（Offer）又称报盘、发价、报价，法律上称之为"要约"。发盘可以是应对方询盘的要求发出，也可以是在没有询盘的情况下，直接向对方发出。发盘一般是由卖方发出的，但也可以由买方发出，业务则称其为"递盘"（Bid）。

（3）还盘

受盘人在接到发盘后，不能完全同意发盘的内容，为了进一步磋商交易，对发盘提出修改意见用口头或书面形式表示出来，就构成还盘（Counter-Offer）。

还盘的形式可有多种不同，有的明确使用"还盘"字样，有的则不使用，而在内容中表示出对发盘的修改，也意味着还盘。对已同意的内容在还盘中可以省略。

还盘可以针对价格，也可以针对支付方式、交货期等重要条件提出修改意见。一方在接到对方的还盘后，可以表示接受，也可以进行再还盘，即针对对方的还盘再提出修改意见。有时一笔交易往往要经过许多回合才能达成。

 小贴士

还盘有两个法律后果：一是还盘是对发盘的拒绝，还盘一经做出，原发盘即失去效

力,发盘人不再受其约束。二是还盘等于是受盘人向原发盘人提出的一项新的发盘。还盘做出后,还盘的一方与原发盘的发盘人在地位上发生了变化。还盘人由原发盘的受盘人变成新发盘的发盘人,而原发盘的发盘人则变成了新发盘的受盘人。新受盘人有权针对还盘的内容进行考虑,决定接受、拒绝或是再还盘。

（4）接受

所谓接受（Acceptance）,就是交易的一方在接到对方的发盘或还盘后,以声明或行动向对方表示同意的行为。法律上将接受称作承诺。一方的发盘经另一方接受,交易即告达成,合同即告成立,双方就应分别履行其所承担的合同义务。

以上所述是指在业务上交易磋商的一般程序。在实际业务中,邀请发盘不是每笔交易磋商不可缺少的环节,买方或卖方都可不经对方提出询盘而直接向对方作出发盘;还盘也不是交易磋商的必经环节,如果受盘人收到发盘后立即接受,那么就不存在还盘。因此在法律上,只有发盘和接受是合同成立必经的法律步骤。

2）发盘的法律意义

根据法律要求,国际货物买卖合同是经过发盘和接受的程序而订立的,发盘和接受都是法律行为,必须符合法律规则,由此订立的合同才是在法律上有效的合同。

有约束力的发盘在合同法中被称为"要约",对发盘人具有法律上的约束力。

（1）构成发盘的条件

根据《公约》对发盘的定义可以看出,一项发盘的构成必须具备下列几个条件:

①发盘必须向特定人发出。发盘必须指定可以表示接受的受盘人。被指定的特定受盘人可以是一个或一个以上,但必须是有名有姓的公司或个人。提出此项条件的目的在于,把发盘同普通的商业广告即向广大公众散发的商品价目单区别开来。不指定受盘人的发盘,仅应视为发盘的邀请。

②发盘必须是订立合同的肯定意思。发盘必须表明严肃的订约意思,即发盘应该表明发盘人在得到接受时,将按发盘条件承担与受盘人订立合同的法律责任。这种意思可以用发盘、递盘等术语和语句加以表明,也可不使用上述或为类似上述术语和语句,而按照当时谈判情形,当事人之间以往的业务交往情况或双方已经确立的习惯做法来确定。

③发盘的内容必须是"十分确定"。对于什么是"十分确定",《公约》的解释是:在发盘中明确货物、规定数量和价格。在规定数量和价格时,可以明示,也可以暗示,还可以只规定确定数量和价格的方法。至于其他没有列明的主要交易条件,则可以依据《公约》的有关规定解释。在实际业务中,一项交易如果只按这 3 个条件而不提及其他,很容易给履行合同带来困难,也容易产生纠纷。为了慎重起见,在我们对外报价时,应该将货物名称、规格、数量、价格、包装、交货期和支付方式等列明为宜。

④发盘必须送达受盘人。《公约》第 15 条规定:"发盘在送达受盘人时生效。"送达（Reaches）是指将发盘内容通知特定的受盘人或送交受盘人,送达标志是将发盘送交受

盘人的营业场所或通信地址,如无则送交受盘人惯常居住地。发盘在未送达受盘人之前,即使受盘人已获悉该发盘,也不能接受该项发盘。

（2）发盘的效力

按照规定,发盘在送达受盘人时生效,在到达受盘人之前对发盘人无约束力。发盘在符合上述4个条件的情况下生效。

发盘失效是指原发盘失去效力,发盘人不再受其约束。对于发盘什么情况下失去效力的问题,《公约》第17条规定:"一项发盘,即使是不可撤销的,也可于拒绝通知送达发盘人时终止。"也就是说,当受盘人不接受发盘提出的条件,并将拒绝的通知送到发盘人手中时,原发盘就失去效力,发盘人不再受其约束。

除此之外,在以下情况下也可造成发盘的失效:

①受盘人作出还盘。

②发盘人依法撤销发盘。

③发盘中规定的有效期届满。

④人力不可抗拒的意外事故造成发盘的失效,如政府禁令或限制措施。

⑤在发盘被接受前,当事人丧失行为能力、或死亡或法人破产等。

（3）发盘的撤回和撤销

《公约》第15条对发盘生效时间作了明确规定:"发盘在送达受盘人时生效。"明确发盘生效的时间具有重要的法律和实践意义,表现在两个方面:一是关系到受盘人能否表示接受,只有发盘生效后受盘人才能表示接受。二是关系到发盘人何时可以撤回发盘或修改其内容。

在法律上,"撤回"和"撤销"属于两个不同的概念。撤回是指发盘尚未生效,发盘人采取行动阻止它的生效。而撤销是指在发盘已生效后,发盘人以一定方式解除发盘对其的效力。

《公约》第15条第2款规定:"一项发盘,即使是不可撤销的,也可撤回,如果撤回的通知在发盘到达受盘人之前或同时到达受盘人。"

《公约》规定,发盘可以撤销,其条件是:发盘人撤销的通知必须在受盘人发出接受通知之前传达到受盘人。但是,在下列情况下,发盘不能再撤销:

①发盘中注明了有效期,或以其他方式表示发盘是不可撤销的。

②受盘人有理由信赖该发盘是不可撤销的,并且已本着对该发盘的信赖行事。

这一款规定了不可撤销的两种情况:一是发盘人规定了有效期,即在有效期内不能撤销。如果没有规定有效期,但以其他方式表示发盘不可撤销,如在发盘中使用了"不可撤销"字样,那么在合理时间内也不能撤销。二是受盘人有理由依赖该发盘是不可撤销的,并采取了一定的行动。

表示发盘有效期的方法主要有两种,一是规定最迟接受的期限,如限 5 月 6 日复。二是规定一段接受的期限,如发盘有效期 5 日或发盘限 8 日内复到。发盘有效期的长短要根据商品的市场畅销程度以及价格稳定程度来确定。若是畅销货,一般发盘的有效期较短;若是滞销货,一般发盘的有效期较长。若商品的市场价格变动幅度较大,一般发盘的有效期较短;若是市场价格变动幅度比较小,一般发盘的有效期较长。

3)接受的法律意义

一项法律上有效的接受又称为"承诺"。

(1)构成接受的条件

根据《公约》的解释,构成有效的接受要具备以下 4 个条件:

①接受必须由受盘人作出。在通常情况下,一项发盘都明确规定了特定受盘人,只有这个特定受盘人表示的接受才可以。任何第三者表示接受,均无法律效力,发盘人不受约束。这一条件与发盘的第一个条件是相呼应的。发盘必须向特定的人发出,即表示发盘人愿意按发盘的条件与受盘人订立合同,但并不表示他愿意按这些条件与任何人订立合同。因此,接受只能由受盘人作出,才具有效力。

②接受必须无条件同意发盘的全部内容。原则上说,接受应是无条件的。但在业务中,常有这种情况:受盘人在答复中使用了"接受"的字眼,但又对发盘的内容作了增加、限制或修改,这在法律上称为有条件的接受。有条件的接受不是真正的有效的接受,而是还盘的一种形式,其法律后果同还盘是完全一样的,发盘人可以不受约束。

那么,是不是说受盘人在表示接受时,不能对发盘的内容作丝毫的变更呢? 也不是的。根据《公约》的精神,关键是看这种变更是否属于实质性的。什么叫实质性变更呢?"有关货物价格、付款、货物质量和数量、交货地点和时间、一方当事人对另一方当事人赔偿责任范围或解决争端等的添加或不同条件,均视为实质上变更发盘的条件。"实质性变更是对发盘的拒绝,构成还盘。非实质性变更的后果又是什么呢?《公约》指出:"对发盘表示接受但载有添加或不同条件的答复,如所载添加或不同条件在实质上并不改变发盘的条件,除非发盘人在不过分迟延的期间内以口头或书面通知反对其差异外,仍构成接受。"这就告诉我们,如果受盘人对发盘内容所作的变更不属于实质性的,能否构成有效的接受,要取决于发盘人是否反对。如果发盘人不表示反对,合同的条件就以该项发盘的内容以及接受通知内所载的更改为准。根据以上解释,应当把有条件的接受与在肯定接受的前提下提出的某种希望或建议区分开来。前者是指对发盘提出了新的条件,是对发盘的拒绝。如果发盘人不同意这种条件,就不能达成交易。后者只是在表示接受的前提下提出某种希望,这种希望不是一项条件,无论发盘人是否同意,都不影响交易达成。

③接受必须在一项发盘的有效期内送达发盘人才能生效。这是一项有效接受必须遵守的原则。发盘中通常都规定有效期。这一期限有双重意义:一方面,它约束发盘人,使发盘人承担义务,在有效期内不能任意撤销或修改发盘的内容,过期则不再受其约束;另一方面,发盘人规定有效期,也是约束受盘人,只有在有效期内作出接受,才有法律效力。

④接受应由受盘人采取声明或做出其他行为的方式表示。缄默或不行动本身不是接受。所谓声明,是用口头或书面形式表示接受;所谓行动,是根据发盘的意思或依据当事人之间已约定或确定的习惯做法和惯例所做出的行为。例如,一个进口商向出口商发盘,由于发盘内容明确,所列条件又符合出口商的要求,他接到发盘后,马上就可把货装运出去。在国际贸易中是有这种做法的,有些国家的商人为了争速度、抢时间,接到老客户的发盘后立即发货或者马上把信用证开过去,这就属于以行为表示接受。但在我国的对外贸易中尚不采纳这一做法。我国在加入《公约》时,已明确表示对这一点持保留态度。

(2)逾期接受的问题

在国际贸易中,出于各种原因,致受盘人的接受通知有时晚于发盘人规定的有效期送达,这在法律上称为"迟到的接受"。对于这种迟到的接受,发盘人不受其约束,一般不具有法律效力。但也有例外的情况,《公约》第21条规定,过期的接受在下列两种情况下仍具有效力:

①逾期接受仍有效力,如果发盘人毫不迟延地用口头或书面形式将此种意思通知受盘人。

②如果载有逾期接受的信件或其他书面文件表明,它在传递正常的情况下是能够及时送达发盘人的,那么这项逾期接受仍具有接受的效力,除非发盘人毫不迟延地用口头或书面方式通知受盘人,认为该发盘已经失效。

第1款规定:在一定条件下,迟到的接受仍有效力。这条件是由发盘人确认,并且毫不迟延地通知受盘人。通知的方式可以是口头的,也可以是书面的。而如果发盘人不及时通知,这项接受就失去效力。这一规定的意义在于,它既保证了发盘人的正当权益(即他所承受的约束仍以发盘中所规定的有效期为限,过期不再受约束),同时,又照顾到贸易实务中许多难以预料的情况。为了促成交易,特别作出这项规定。

第2款规定:如果迟到的接受并非受盘人的过失,而是传递方面造成的失误。也就是说,受盘人已按期发出了接受,如果传递正常的话,本可以及时送达发盘人的。那么,这种迟到的接受仍具有效力。相反的情况是发盘人及时通知受盘人,他认为发盘已经失效。反过来说,如果发盘人没有及时表态,而受盘人又能证明接受迟到不属于他的责任,那么接受就有效。总而言之,在接受迟到的情况下,不管受盘人有无责任,决定该接受是否有效的主动权在发盘人。

（3）关于接受的撤回

接受的撤回是指接受通知未到达发盘人之前，被发盘人采取取消原接受通知的行为。对于这个问题，与发盘的撤回基本相同，《公约》第22条作了如下规定："如果撤回的通知于接受原应生效之前或同时送达发盘人，接受得予撤回。"这就是说，撤回的通知只要与接受的通知同时，或先于到达发盘人，就可以将接受撤回。

接受不得撤销。接受通知于送达发盘人时生效，接受一经生效，合同即告成立。如果撤销接受，在实质上已属毁约行为，应该承担毁约的法律责任。

示　例

1. 交易磋商4个环节的交流电文

询盘

Dear ×××,

Please send us prices for following of your products：

（请报给我下列产品的价格：）

Gloves：

（手套）

　　　　X-01　　Grade AB and BC，

　　　　（X-01　等级 AB and BC）

　　　　X-02　　Grade AB and BC，

　　　　（X-02　等级 AB and BC）

　　　　X-03

Clothing：

（成衣）

　　　　BLUE PARKA 3 in 1-some cheap version，

（蓝色三合一套装——比较便宜的款式）

　　　　X-04,

　　　　X-05

If prices for gloves will be Ok then we will order some garments as well as our Poland office is very interested in a few items of garments as they have lots of enquiries.

（如果手套的价格合适，我们会相应下一些订单，同时波兰办事处对许多款式也十分感兴趣，他们也有一些询盘。）

Sincerely,

×××

发盘

Dear ×××,

Good day!

Please find attached the price of garments for checking!

(烦请查收附件的价格单!)

We hope the price is competitive, and keep us posted on further developments. Thanks!

(我们希望这是富有竞争力的价格,下一步的发展情况请与我们保持联络。谢谢!)

Sincerely,

×××

还盘

Dear ×××,

Thank you very much for your offer.

(非常感谢您的报价。)

Our Poland office saying to me they have received more competitive quotations from some other H. K. trading company. I will compare the quality when seeing the samples later. Maybe, is your quality better? However, Poland market is not so focused on quality, but much more on price.

(我们波兰办事处告知我他们从一些香港其他的贸易公司接到了一些更具有竞争力的价格。在我收到样品后,我会对比你们之间的质量。或许你的质量会更好些。然而,对比起来波兰市场更加重视价格。)

Can you kindly give us some discount, please? If yes, we will prefer to place orders to you!

(您是否可以在价格上给一点折扣?如果可以,我们更愿意下订单给你!)

Sincerely,

×××

接受

Dear ×××,

Thanks for your reply. Considering our long-term business relationship, we are ready to allow a special discount of 5% for you. Please check attached update price list kindly.

(谢谢您的答复。考虑到我们之间的长期业务关系,我们将给您5%的特别折扣,请见附件更新的报价单。)

Waiting for your orders！

（等待您的订单！）

×××

2.销售确认书格式

销售确认书

SALES CONFIRMATION

卖方　　　　　　　　　　　　　　　　　　**No**：

Seller：　　　　　　　　　　　　　　　　**Date**：

　　　　　　　　　　　　　　　　　　　　　Signed in：

买方

Buyer：

经买卖双方同意成交下列商品,订立条款如下：

This contract is made by and agreed between the Buyer and Seller，in accordance with the terms and conditions stipulated below.

唛头 Marks and Numbers	名称及规格 Description of Goods/Specifications	数量 Quantity	单价 Unit Price	金额 Amount

总值 **TOTAL**：

Transshipment（转运）：

□　Allowed（允许）　　□　Not allowed（不允许）

Partial Shipments（分批装运）：

□　Allowed（允许）　　□　Not allowed（不允许）

Shipment Date（装运期）：

Insurance（保险）：

由 _____ 按发票金额110%投保 _____ 险,另加保 _____ 险至 _____ 为止。

To be covered by the _____ for 110% of the invoice value covering _____ additional

_____ from _____ to _____.

Terms of Payment（付款条件）：

□ 买方不迟于 _____ 年 _____ 月 _____ 日前将100%的货款用即期汇票/电汇送抵卖方。

The buyers shall pay 100% of the sales proceeds through sight（demand）draft/by T/T remittance to the sellers not later than _____.

□ 买方须于 _____ 年 _____ 月 _____ 日前通过 _____ 银行开出以卖方为受益人的不可撤销 _____ 天期的信用证，并注明在上述装运日期后 _____ 天内在中国议付有效，信用证须注明合同编号。

The buyers shall issue an irrevocable L/C at _____ sight through _____ in favor of the sellers prior to _____ indicating L/C shall be valid in China through negotiation within _____ days after the shipment effected, the L/C must mention the Contract Number.

□ 付款交单：买方应对卖方开具的以买方为付款人的见票后 _____ 天付款跟单汇票，付款时交单。

Documents against payment：（D/P）

The buyers shall duly make the payment against documentary draft made out to the buyers at _____ sight by the sellers.

□ 承兑交单：买方应对卖方开具的以买方为付款人的见票后 _____ 天承兑跟单汇票，承兑交单。

Documents against acceptance：（D/A）

The buyers shall duly accept the documentary draft made out to the buyers at _____ days by the sellers.

Documents Required（单据）：

卖方应将下列单据提交银行议付/托收。

The sellers shall present the following documents required for negotiation/collection to the banks.

□ 全套清洁已装船海运提单。

Full set of clean on board ocean Bills of Lading.

□ 已签署的商业发票一式 _____ 份。

Signed commercial invoice in _____ copies.

□ 装箱单或重量单一式 _____ 份。

Packing list/weight memo in _____ copies.

□ 由 _____ 签发的质量与数量证明书一式 _____ 份。

Certificate of quantity and quality in _____ copies issued by _____.

□ 保险单一式 _____ 份。

Insurance policy in _____ copies.

□ 由 _____ 签发的产地证一式 _____ 份。

Certificate of Origin in _____ copies issued by _____.

Shipping Advice（装运通知）:

一旦装运完毕,卖方应立即电告买方合同号、商品号、已装载数量、发票总金额、毛重、运输工具名称及启运日期等。

The sellers shall immediately, upon the completion of the loading of the goods, advise the buyers of the Contract Number, names of commodity, loaded quantity, invoice values, gross weight, names of vessel and shipment date by TLX/FAX.

Inspection and Claims（检验与索赔）:

1. 卖方在发货前由 _____ 检验机构对货物的品质、规格和数量进行检验,并出具检验证明书。

The buyers shall have the qualities, specifications, quantities of the goods carefully inspected by the _____ Inspection Authority, which shall issue Inspection Certificate before shipment.

2. 货物到达目的口岸后,买方可委托当地的商品检验机构对货物进行复检。如果发现货物有损坏、残缺或规格、数量与合同规定不符,买方须于货到目的口岸的 _____ 天内凭 _____ 检验机构出具的检验证明书向卖方索赔。

The buyers have right to have the goods inspected by the local commodity inspection authority after the arrival of the goods at the port of destination if the goods are found damaged/short/their specifications and quantities not in compliance with that specified in the contract, the buyers shall lodge claims against the sellers based on the Inspection Certificate issued by the Commodity _____ Inspection Authority within _____ days after the goods arrival at the destination.

3. 如买方提出索赔,凡属品质异议须于货到目的口岸之日起 _____ 天内提出。凡属数量异议须于货到目的口岸之日起 _____ 天内提出。对货物所提任何异议应由保险公司、运输公司或邮递机构负责的,卖方不负任何责任。

The claims, if any regarding to the quality of the goods, shall be lodged within _____ days after arrival of the goods at the destination, if any regarding to the quantities of the goods, shall be lodged within _____ days after arrival of the goods at the destination. The sellers shall not take any responsibility if any claims concerning the shipping goods is up to the responsibility of Insurance Company/Transportation Company/Post Office.

Force Majeure（人力不可抗拒）:

如因人力不可抗拒的原因造成本合同全部或部分不能履约,卖方概不负责,但卖方应将上述发生的情况及时通知买方。

The sellers shall not hold any responsibility for partial or total non-performance of this contract due to Force Majeure. But the sellers advise the buyers on time of such occurrence.

Disputes Settlement（争议的解决方式）：

凡因执行本合约或有关本合约所发生的一切争执，双方应协商解决。如果协商不能得到解决，应提交仲裁。仲裁地点在被告方所在国内，或者在双方同意的第三国。仲裁裁决是终局的，对双方都有约束力，仲裁费用由败诉方承担。

All disputes in connection with this contract or the execution thereof shall be amicably settled through negotiation. In case no amicable settlement can be reached between the two parties, the case under dispute shall be submitted to arbitration, which shall be held in the country where the defendant resides, or in third country agreed by both parties. The decision of the arbitration shall be accepted as final and binding upon both parties. The Arbitration Fees shall be borne by the losing party.

Law Application（法律适用）：

本合同的签订地，或发生争议时货物所在地在中华人民共和国境内或被诉人为中国法人的，适用中华人民共和国法律，除此规定外，适用《联合国国际货物销售公约》。

It will be governed by the law of the People's Republic of China under the circumstances that the contract is signed or the goods while the disputes arising are in the People's Republic of China or the defendant is Chinese legal person, otherwise it is governed by Untied Nations Convention on Contract for the International Sale of Goods.

本合同使用的价格术语系根据国际商会《INCOTERMS 2010》。

The terms in the contract based on INCOTERMS 2010 of the International Chamber of Commerce.

Versions（文字）：

本合同中、英两种文字具有同等法律效力，在文字解释上，若有异议，以中文解释为准。

This contract is made out in both Chinese and English of which version is equally effective. Conflicts between these two languages arising therefrom, if any, shall be subject to Chinese version.

本合同共 _____ 份，自双方代表签字（盖章）之日起生效。

This contract is in_____copies, effective since being singed/sealed by both parties.

      The Buyer   **The Seller**

4. 某公司销售合同实例

Sales contract

Dated: 2011-12-17

To Messers:		Contract no.:	1012SP00112
Address:		Trade term:	FOB Net
Port Loading:	FUZHOU	Delivery via:	BY SEA
Port discharge:	OSLO	Transhipment:	Allowed
Payment term:	D/P At Sight / 100%	Partial shipment:	Allowed
		Account by:	

We hereby confirm having sold and accepted by you the following goods on terms and conditions set below:

Description	P/O no.	Art. no.	Style	C/O	Size	Qnty	Unit	Price	Amount
Woollen hat black 100% acrylic									
	201107618	12882	Repeat	*		5000	PCS		
80%Polyester 20%Cotton,twill,PCWC-P22A 275g/m2 with AC milky coating ,WP,3M8906#-Pants									
	201107623	12145	Repeat	*		2000	PCS		
60%Polyester 40%Cotton-with AC Milky coating ,WP -reflective tape width 2.5CM EN471-2-Coverall									
	201107619	02310	Repeat	*		2020	PCS		
							USD		
Total(USD)						9020			1 ）

Total say:

Shipment Lot:

Batch	P/O no.	Art. no.	M/3	M/3 total	Pack	Qnty	Ctn(s)	Brand	Ex. Factory
PC01	201107619	02310	65×45×35	41.04	5	2020	404		2012-07-25
PC01	201107623	12145	65×45×38	22.23	10	2000	200		2012-07-25
PC01	201107618	12882	45×45×39	3.95	100	5000	50		2012-07-25
Total:				67.22		9020	654		

Colour / Size:

atch n	Art.no	Color	Size assortment									Total
			M	L	XL	2XL	3XL	S	4XL	XS		
PC01	02310	Black/Red	400	600	500	250	150	150	20	50		2020
			M	L	XL	2XL	3XL	S				
PC01	12145	Fluo Yellow/Black	500	600	500	150	50	200				2000
PC01	12882	Black	one size									5000
			5000									
Total:												9020

Packing details:	10 PCS in 1 CTN;
Doc required:	Invoice*3;Packing List*3;FORMA*1;Bill of lading original*3;Bill of lading copy*3
Shipping marks:	See by Teachment

Terms & conditions:

(1)With 5 % more or less both in quantities & amount is allowed.

(2)Subject to the International Trade Terms (INCOTERMS 2010) provided by International chamber of commerce (ICC) unless otherwise spe

herein.

(3)Actual delivery time: May be affected by how soon you supply us the technical file, size charter, size assortment as well as label / logo / hangtag / Ean code / CE files etc,& how quick you approve to our pre-production samples.

(4)Your new changement on technical files, materials,styles,sample modification and / or delayed in approving our pre-production sample, may cause new delay to originally scheduled lead time after this s/c has been signed.

(5)D/P at sight: Means immediate payment against presentation of our doc.from your bank, and not wait until the actual arrival of the vessel at your port.

(6)In case of payment term by letter of credit or by T/T down payment; we will only take action (prepare materials & production capacity), when after actual receipt of your L/C or down payment in our account, thus lead time may be adjusted, if seriously delay occurred.

附部分注释：

①Packing details：10 PCS in 1 CTN.

包装细节：每箱装10件。

②Doc. required：Invoice×3，Packing List×3，FORMA×1，Bill of lading original×3，Bill of lading copy×3.

文件要求:3份发票,3份清单,产地证,3份正本提单,3份副本提单。

③Shipping marks:See by Teachment.

运输标志或称"箱唛":按客户要求。

④With 5% more or less both in quantities or amount is allowed.

允许5%的短装或者溢装。

⑤ Subject to the International Trade Terms （INCOTERMS 2000） provided by International chamber of commerce（ICC）unless otherwise specified herein.

按照国际商会的《2010年国际贸易术语解释通则》执行相关条款。

⑥Actual delivery time：May be affected by how soon you supply us the technical file, size charter, size assortment as well as label/logo/hangtag/Ean code/CE files etc, how quick you approve to our pre-production samples.

实际装运时间:需参照买家实际提供技术资料、尺寸表、配码、贴标、商标等细节,及何时确定样品。

⑦Your new changements on technical files, materials,styles,sample modification and/or delayed in approving our pre-production sample, may cause new delay to originally scheduled lead time after this s/c has been signed.

任何已确定的有关材料、款式、样品条款的修改都会造成交货期延迟。

⑧D/P at sight：Means immediate payment against presentation of our doc. from your bank, and not wait until the actual arrival of the vessel at your port.

即期付款交单:在此条款下,我们的单据一到贵方银行,贵行就须付款,而非等到货到港口。

⑨In case of payment term by letter of credit or by T/T down payment：we will only take action（prepare materials & production capacity）, when after actual receipt of your L/C or down payment in our account, thus lead time may be adjusted, if seriously delay occurred.

在前电汇或信用证条款下,我们需要等到您的信用证或者预付款到了我们的银行账户才开始实际的操作,如果开证迟到或者延误我们的货期将顺延。

每日一读

国际贸易新手入门

作为一名外贸新手,若想成功接到订单,必须先做好以下几项准备工作:

一、熟悉出口产品并了解市场行情

1.熟悉出口商品

在开展业务前,必须熟悉商品的以下信息:

（1）商品的生产知识。原料供应、产量销量、包装类别、能源环保、加工周期和储备能力等。

（2）商品的生产工艺。基本配方、工艺流程、设备性能和质量管理等。

（3）商品的基本性能。物理（化学）性能、成分、含量、规格和型号等。

（4）商品的标准与包装。销往国家的技术、安全、卫生和环保等各项规定，原料、体积、重量和各种运输工具允许的装载量等。

（5）商品编码。海关税则的分类和HS商品编码的使用等。

（6）商品的价格。原材料价格、同类商品价格、历史价格及发展趋势等。

2. 了解市场行情

要想了解国际市场行情，外贸业务员必须进行必要的国际市场调研。国际市场调研主要包括国际市场环境调研和国际市场商品行情调研。国际市场环境调研包括国际经济环境调研、国际政治和法律环境调研、国际文化环境调研等。国际市场商品调研主要包括商品的市场供给、需求和价格变化等方面的情况。通过调研，可以对自己经营的商品进行清晰准确的市场定位，了解商品的特点、优势、劣势等，才能在谈判中做到胸有成竹。了解商品的市场行情，有利于制订合理的商品经营方案。

二、开发客户并建立营销渠道

对客户资源的开发和利用主要有以下途径：

1. 建立企业自己的网站来展示商品

企业拥有自己的固定主页就如同传统贸易中拥有一个固定店面，有利于有需求的客户找到公司。网页的主要内容应包括企业介绍和产品介绍。

（1）企业介绍主要是为了方便目标市场上的潜在客户能够比较全面地了解公司的整体情况，一般应包括以下几个方面的内容：

① 经营范围。主要介绍经营哪些产品或提供哪些服务。

② 经营方式。类型包括一般进出口、转口贸易、来料来件加工装配、进料加工、代理和独家代理等。

③ 经济实力。主要介绍经营历史、资金资本状况、市场竞争力和其他优势等。

④ 企业名称、地址、电话、传真、网址和电子邮箱等。另外，也可以将公司的隶属关系、所有制形式和经营渠道等写在公司简介中。

（2）产品介绍一般包括每一种产品的名称、规格、编号、报价和标准等内容，力求细致完备。另外，最好附有产品照片，比较直观。

【注意】如果企业拥有自己的网站（网页），可以在公司的所有宣传资料（包括媒体广告、产品目录、传真、电子邮件和名片）上都加上企业的网址，利用一切机会进行推广，在一定程度上会增强客户对企业的信心。

2. 参加国内外交易会和博览会以及出国办展推销与考察

传统的交易会和博览会等方式仍然具有不可替代的作用，尤其是看样订货，与客户直接面对面交流与沟通，能给洽谈双方留下深刻难忘的印象，这是上网无法达到的效果。

另外,在交易会上收集的客户名片和宣传资料都可以成为日后跟踪联系的重要对象。至于出国办展推销与考察,能广泛地接触东道国的客户,还能实地了解客户的资信情况,在确定重点客户方面显得更为重要。

中国外贸企业可通过以下途径参加国外会展:

(1)参加以各省人民政府名义举办的境外展览,具体承办单位有省商务厅和中国国际贸易促进委员会各省分会等机构。

(2)参加国内具有出国办展资格的组展单位举办的境外展览,具体参展项目及联系方式可登录中国国际贸易促进委员会网站查询,具体联系单位有中国贸促会及地方分会、各专业商会和专业展览公司。

(3)参加各省出国展览服务部门受组展单位委托组织的出展项目,包括团体项目等,具体联系单位有省商务厅和省贸促会等。

(4)企业还可以直接联系境外展会主办方,自行参展,可通过中国贸促会等国内网站进行查询或直接查询。

3. 登录各种 B2B 国际贸易平台发布广告

所谓国际贸易 B2B 贸易平台,就是互联网上专供国际买卖双方发布各自供求信息以促进合作的网站,是国际商人聚会的大本营,其重要性自然不言而喻。综合性的 B2B 贸易网站有:阿里巴巴网(www. alibaba. com),环球资源网(www. globalsources. com),中国制造网(cn. made-in-china. com),欧洲黄页(www. europages. com),美国进出口网(www. usaexportimport. com),加拿大出口网(www. exportingcanadaonline. com),巴西商务网(www. brazilbiz. com. br),德国商业链接网(www. businesslink. ch),印度市场(www. indiamart. com),意大利工业贸易世界(www. italyindustry. com),韩国商业广场(www. bizkorea. com),中国贸易促进网(www. tdb. org. cn)和到迪拜去(www. godubai. com)等。也有按行业类别细分的专业性贸易平台,如中国纺织网(www. tex. org. cn)等。

4. 利用搜索引擎直接搜索客户并建立业务联系

具体搜索方法包括:在各种搜索引擎中,利用关键词搜索客户网页,也可以一并搜索网页和图片。常用的搜索引擎网址有:www. baidu. com,www. google. com,www. yahoo. com,www. teoma. com,www. msn. com,www. looksmart. com,www. sogou. com,www. yisou. com,www. excite. com,www. about. com,www. vivisimo. com 等。

三、提升业务素质并取得从业资格证书

外贸公司对业务人员在思想品德、基础能力、专业能力和创新能力方面有一定的素质要求。比如,在基础能力素质方面,要求从业人员在外语、计算机、数理、统计、人文、自然科学以及文献检索、资料查询等方面要具备较强的基础业务技能;在专业技能素质方面,要求外贸从业人员在经贸理论、政策法规和实务操作等方面具有一定能力,如具备较强的经贸理论功底,具有一定的谈判能力、营销能力、函电处理能力、业务操作能力和人际沟通能力。

外贸从业人员可以参加的职业资格考试主要有:外销员(国家商务部)、跟单员(国家商务部)、单证员(国家商务部)、报关员(海关总署)、报检员(国家商检局)和货代员(中国货代协会)等资格考试。这些从业资格认证以进出口业务的各环节和流程为依据,对从业人员从事其工作应具备的专业知识和工作技能进行考试认证。这些职业资格证书是进入国际贸易企业的敲门砖,是从事国际贸易的必备条件。

——根据清华大学出版社《国际贸易实战操作教程》整理

思考训练

一、认识专业名词

国际贸易　国际货物买卖合同　契约自由　双务　发盘　接受　还盘　实质性变更

二、解答问题

1. 如何判断合同是否合法有效?
2. 进出口业务的基本操作程序如何?
3. 国际货物买卖合同由哪几个部分构成? 应包括哪些条款?
4. 如何理解发盘的撤回与撤销?
5. 逾期接受是否有效?

三、作业

公司主要从事纺织服装、轻工业品、日用品、五金等产品的进出口业务。你作为公司新人,请完成以下工作任务:

1. 通过多种方式熟悉上述产品类别中的某一类产品知识。
2. 通过多种方式了解某一类产品的出口市场。
3. 调查货物相关的贸易政策。

四、案例分析

6 月 15 日,甲公司向乙公司发出一份订单,要求乙公司在 7 月 10 日前答复。7 月初,该商品的市价大幅下跌,甲公司通知乙公司:"前次订单所列价格作废,若贵公司愿意降价20%,则发盘有效期延至 7 月 20 日。"乙公司收到通知后,立即于 7 月 3 日回信表示不同意降价,同时对前一订单表示接受,正常情况下,此信可在 7 月 8 日到达,但由于邮局工人罢工,甲公司于 7 月 15 日才接到回信,立即答复:"第一次的订单已撤销,接受无效。"乙公司坚持第一次的订单不能撤销,甲公司又于 7 月 20 日回复认为乙的接受已逾期,合同没有成立。根据案情回答下列问题,并解释选择的理由。

1. 甲公司 6 月 15 日的订单是(　　　)。

A. 发盘　　　　　　　　　　　　B. 邀请发盘

理由:

2. 乙公司 7 月 3 日的回信(　　　)。

　　A. 是有效的接受,因为未超过有效期

　　B. 是无效的接受,因为已经超过有效期,而且甲公司已经及时提出反对

　　C. 不构成接受,因为发盘已经撤销

　　D. 是有效的接受,因为正常情况下,该信本来可以在发盘有效期内到达,且甲公司并没有及时以接受逾期为理由表示反对

3. 假设乙公司在 7 月 3 日发出的信中没有对原订单表示接受,则(　　　)。

　　A. 乙公司仍有权接受原订单,只要接受的通知在 7 月 10 日前到达甲公司

　　B. 乙公司仍有权接受原订单,只要接受的通知在 7 月 20 日前到达甲公司

　　C. 即使乙公司未在 7 月 10 日前接受原订单,仍可以在 7 月 20 日以前降价 20% 接受订单

　　D. 如果乙公司未在 7 月 10 日前接受原订单,则不能再接受订单

　　理由:

4. 假设乙公司在 7 月 3 日发出的信中表示同意降价 10% ,则此信(　　　)。

　　A. 构成有效接受　　　　　　　　B. 构成还盘

　　C. 视为同意甲撤销原发盘　　　　D. 视为拒绝甲公司的新发盘

五、操作训练

　　2020 年春天,新型冠状肺炎(以下简称"新冠肺炎")炎席卷全球。截至北京时间 3 月 23 日 13:54,除中国(包括港澳台地区)以外,海外新冠肺炎累计确诊 256 240 例,累计死亡 11 277 例,累计治愈 24 813 例(数据来源:WHO)。

　　我国是铁矿石的进口大国,在新冠肺炎疫情影响全球经济的情况下,需要提早分析国外铁矿石供应商的生产作业是否受到影响,我国对铁矿石进口需求能否满足需要。因此,有必要对现阶段主要铁矿石供需国家的情况进行调研分析,以确定下一步对策。

　　1. 海外供应端调研情况

　　(1)澳大利亚

　　目前,澳大利亚三大矿山涉及铁矿石发运港 3 个。2019 年,澳大利亚铁矿石出口量 83 661.32 万吨,其中,发往中国比例为 82.44% 。目前,力拓、BHP 暂无人员确诊情况,FMG 有 1 人确诊。因为澳大利亚矿山自动化程度高,暂时不影响矿山生产,但是进出船舶需要隔离 14 天,所以,将对发运节奏产生影响。

　　(2)巴西

　　2019 年,巴西铁矿石出口量 35 096.01 万吨,发往中国的比例为 61.87% 。统计数据显示,目前,CSN、托克、英美资源暂无人员确诊,VALE 官方发文确认其在巴西的米纳斯吉拉斯州和里约热内卢的两名员工确诊感染新冠病毒。但在此次公告中,淡水河谷并未说明此次员工确诊病例对其生产和发运的影响。

　　(3)南非

　　从南非三大矿山和涉及铁矿石的主要发运港来看,2019 年南非铁矿石出口量 6 653

万吨,其中,出口至中国的铁矿石4 288万吨,占南非出口总量的64.45%。南非总统西里尔·拉马福萨(Cyril Ramaphosa)宣布,为防控新冠肺炎疫情,南非将自3月26日(周四)起关闭全国所有矿山的采矿活动21天。

(4)伊朗

目前,伊朗累计确诊病例较多。从伊朗主要铁矿生产矿山及铁矿石主要发运港德黑兰港来看,伊朗矿山生产及运输人员暂未有确诊病例,对生产发运暂无影响。预估2020年伊朗铁矿石出口量1 700万吨左右。疫情对伊朗铁矿出口基本没有影响,但后期比较不确定的是伊朗铁矿出口政策问题,伊朗政府计划增加进出口关税或禁止出口以满足国内钢铁企业生产需要。从伊朗本国粗钢年产量及预计新增钢铁厂来看,其对国内原料的消耗有一定的需求,预计后期伊朗铁矿出口难度或将加大。

(5)马来西亚

目前,马来西亚疫情涉及铁矿石主要发运港关丹港。2019年马来西亚铁矿石出口量2 739.54万吨,其中,发往中国1 953.58万吨,占总比重的71.31%。受疫情影响,北京时间2020年3月23日晚,淡水河谷官方发文决定于3月24日(星期二)起暂时停止其马来西亚TRMT混矿物流中心,并至少持续到3月31日。所有前往马来西亚物流中心的船只将会改道发往VALE在中国的混矿港口。预计不会对2020全年的目标产量和销量造成影响,但会造成其2020年第一季度铁矿石销量减少约50万吨。额外的物流运输预计将使公司无形成本随之增加。

(6)印度

目前,矿山涉及铁矿石发运港共13个。2019年,印度铁矿石出口量3 215.89万吨,其中,发往中国比例为84%。据调研了解,由于多邦实行封锁政策,国内交通运输受到较大影响,部分矿山停止了公路运输。随着疫情的发展,加上封锁政策的实施,对矿山生产和运输的影响预计会逐渐扩大。截至目前,印度主要邦的边境均已关闭,原料的运输受到较大限制。另一方面,截至北京时间周二,印度其他港口进出口运行正常,但是,从其他国家来印度的船须进行严格的14天隔离检疫后,才能进入印度港口锚地进行作业,加之印度国内交通运输受限,因此,将对印度铁矿石出口业务产生一定影响。

2.海外需求端调研情况

(1)日本

调查数据表明,日本国内年度粗钢产量9 928.5万吨。2月份日本生铁产量595万吨,环比减少8%,粗钢产量792万吨,环比减少4%,一定程度上反映了疫情对钢材生产的影响。据了解,日本钢厂高炉一直有减产计划。不过受疫情影响,关停时间有所前移。此外,导致钢厂减产的主要原因或者直接原因是下游需求的减少,尤其是其合资的汽车行业在疫情影响下运行效果并不好,中国的汽车贩卖量也在下降,加上疫情的影响,以销定产模式下的日本钢厂选择主动减产。

(2)韩国

统计数据显示,韩国国内年度粗钢产量7 141.3万吨,世界排名第六位。自韩国受到疫情冲击以来,其国内钢铁生产企业采取一定措施以应对随之而来的生产及销售的供需问题。其中,全球产量排名第五的钢铁生产商浦项钢铁(POSCO)表示已经关闭了位于德里和印度马哈拉施特拉邦第二大城市普纳的两个卷材服务中心。此外,韩国第二钢铁生产商现代钢铁公司也表示,已经关闭了印度南部泰米尔纳德邦的服务中心和钢管厂。但以上两个钢铁生产商采取的措施均针对境外生产,对国内的影响并没有明确表示。而从调研来看,韩国国内钢铁企业暂时正常运行。

(3)欧洲

鉴于目前欧洲疫情严重,欧洲部分汽车制造企业以及下游用钢企业已经宣布暂停工厂运营,如西雅特、日产、大众、福特、雷诺和许多其他汽车制造商最近几天已经停产,钢材需求受到较大影响。此外,至3月19日,安赛乐米塔尔(Arcelor Mittal)官方发文表示为保证员工健康、减轻疫情对其业务的影响,安赛乐米塔尔计划决定暂时减产,并关闭意大利的一些钢厂。除此之外,其他各家钢铁企业纷纷采取措施以保证其生存需要。其中,塔兰托的 llva 钢厂将减少产量,裁减员工;意大利 Liberty 钢厂等多家钢厂减少或关闭其名下的生产。

(4)马来西亚

受制于疫情范围扩大,为应对新冠肺炎疫情威胁,马来西亚总理穆希丁发布讲话,马来西亚自3月18日到31日将采取民众活动管制措施,包括暂停社会活动、禁止国民出国、关闭学校,停止大部分机构运行和施行进出境旅行禁令。通过调研相关企业了解到,目前,由于马来西亚当地疫情较前期加重,政府要求当地矿山采矿活动在3月17日至3月31日暂停生产。但截至目前,马来西亚国内钢铁生产运行暂时正常。

综上分析,全球主要铁矿石供应国家没有受到疫情的直接影响。但随着疫情的进一步蔓延,不排除个别区域存在封路的可能性,从而通过影响物流的方式传导至矿山生产上。在需求方面,由于疫情蔓延对下游用钢行业的需求产生了较为明显的影响,且这些影响已经传导至钢厂。因此,欧洲、亚洲等地的部分钢厂已经陆续公布减产计划,其中包括安米、新日铁、现代和浦项等钢铁集团。从目前形势看,随着事件持续发酵,欧洲等地的钢厂仍有进一步减产的预期。

请根据当前的调研情况,替我国相关进出口公司拟订一份进口经营方案。

学习情境2　货物的描述

学习目标

1. 学会并运用货物品质的表示方法、惯常使用的计量单位及数量计算的各种方法，能设计和选用合适的包装。

2. 熟悉进出口合同中品质、数量和包装条款的基本内容和填制方法。

能力目标

1. 能够熟练掌握商品品名、品质、数量、包装等的表示方法。

2. 能够准确缮制外销合同的品名、品质、数量和包装条款。

任务1　货物的名称与品质

任务引入

张浚在开展工作时发现，如何准确地对货物的名称和品质进行描述很关键，描述不当可能让客户对公司的形象产生质疑。张浚需要更多的货物名称与品质的表示方法等方面的专业知识，以便交易磋商和合同条款的签订。

案例导读

【案情简介】冻鸭因宰杀法违反合同规定遭拒收案

某年的广州秋交会上，我方某出口公司与科威特某客户成交一批冻北京鸭。订立合同主要内容如下：

品名：冻北京鸭

规格：带头、翼、蹼，无毛，一级，最小2千克

数量：700箱、10吨

总值：CIFC 2%科威特24 150英镑

装运期:第二年8至9月装船

附注:需要中国伊斯兰教协会出证,证明该批冻鸭是按照伊斯兰教方法屠宰。

合同签订后,我方在备货过程中,以为只要按照合同的要求,出具伊斯兰教协会的证明,说明"按照伊斯兰教方法屠宰"就可以符合交货的品质。于是对该批鸭子,我方采用了最科学的屠宰方法,即自鸭子的口中进刀,将血管割断放血后再速冻,从而保证鸭子的外表是一个完整的躯体。随后,未经伊斯兰教协会实际查看,就请该协会出具了证明。

第二年8月28日,货物装出。货到达目的地后,当地科威特市政厅卫生局食品部屠宰科对货物进行检验,并出具报告证明该批鸭子不是采用伊斯兰教方法屠宰,通知收货人拒绝收货。该地当局还要求收货人出具保证书,保证不销售该批货物。

最后,这笔业务除损失往返运费外,还损失了销售差价,在政治上也产生了不好影响。

【案例评析】

该案例的进口商有拒收货物和要求退回货款的权利,主要是因为商品品质不符合合同要求。品质条件是合同的重要条件,卖方交货若违反合同,将承担损害赔偿或/和撤销合同的责任。该例的品质要求除按照普通冻鸭的一般规格外,还有一个特殊要求即"伊斯兰教方法屠宰",而卖方违反了买方所需的特殊用途,属重大违约。另外,该事件不仅涉及商品品质问题,且有可能涉及违反当地公共政策,伤害对方宗教感情,处理不当可能转化为政治纠纷,后果严重。因此,出口商向国外推销商品时应注意当地的风俗习惯和宗教信仰。

知识链接

2.1.1　货物的名称

货物的名称在合同中表现为商品的品名条款,它是国际货物买卖合同中的主要条款之一,是买卖双方交接货物的一项基本依据,关系到买卖双方的权利和义务。

若卖方交付的货物不符合约定的品名或说明,买方有权提出损害赔偿要求,直至拒收货物或撤销合同。因此,列明成交商品的具体名称,具有重要的法律和实践意义。

国际货物买卖合同中的品名条款并无统一的格式,通常都在"商品名称"或"品名"(Name of Commodity)的标题下,列明交易双方成交商品的名称,也可不加标题,只在合同的开头部分,列明交易双方同意买卖某种商品的文句。

品名条款的规定,还取决于成交商品的品种和特点,在规定此项条款时,应尽可能使用国际上通用的名称,若使用地方性的名称,交易双方应事先就其含义取得共识。对于某些新商品的定名及其译名,应力求准确、易懂,并符合国际上的习惯称呼。同时,还应注意选用适合的品名,以利减低关税、方便进出口和节省运费开支。

2.1.2 货物的品质

英国《1893年货物买卖法》规定,品质条款是合同"要件"。如果商品是凭说明买卖的,卖方要承担所交货物的品质与说明完全相符的责任。而在凭样品买卖时,卖方所交货物在质量上则应与样品完全相符,不应存在导致不可销的瑕疵,这种瑕疵是在合理检查样品时不易发现的,而且买方应有合理机会将货物与样品进行比较。《美国统一商法典》规定,如果商品说明已经构成交易基础的一部分,即构成卖方的明示担保,卖方交货如与合同不符,买方有权主张损害赔偿(扣价)以至撤销合同。《联合国国际货物销售合同公约》规定:卖方交付的货物必须与合同规定的数量、质量和规格相符,如卖方违反合同规定,交付了与品质条款不符的货物时,其处理办法可根据违约的程度,主张损害赔偿(扣价)或要求修理、交付替代物,以至拒收货物,宣告合同无效。由此可见,在实际业务中,买卖双方都比较关心合同中的品质条款的规定。

货物的品质(Quality of Goods)是指货物的内在素质和外观形态的综合。前者包括货物的物理性能、机械性能、化学成分和生物特性等自然属性,后者包括货物的外形、色泽、款式或透明度等。

1)表示品质的方法及应注意的问题

在国际货物买卖中,商品种类繁多,特点各异,故表示品质的方法也多种多样。归纳起来,包括凭实物表示和凭说明表示两大类。

(1)凭实物表示品质

凭实物表示品质可分为看货买卖和凭样品买卖。

①看货买卖。当买卖双方采用看货成交时,买方或代理人通常先在卖方存放货物的场所验看货物,一旦达成交易,卖方就应按对方验看过的商品交货。只要卖方交付的是买方验看过的货物,买方就不得对品质提出异议。这种做法,多用于寄售、拍卖和展卖的业务中。

②凭样品买卖。样品通常是从一批货物中抽出来的或由生产、使用部门设计、加工出来的,足以反映和代表整批货物品质的少量实物。凡以样品表示货物品质并以此作为交货依据的,称为"凭样品买卖"(Sale by Sample)。

在国际贸易中,通常由卖方提供样品,凡以卖方样品作为交货的品质依据者,称为"凭卖方样品买卖"。卖方所交货物的品质,必须与提供的样品相同。有时买方为了使其订购的商品符合自身要求,也会提供样品交由卖方依样承制,如卖方同意按买方提供的样品成交,称为"凭买方样品买卖"。有时卖方可根据买方提供的样品,加工复制出一个类似的样品交买方确认,这种经确认后的样品,称为"对等样品"(Counter Sample)或"回样",也称为"确认样品"(Confirming Sample)。当对等样品被买方确认后,日后卖方所交货物的品质,必须以对等样品为准。此外,买卖双方为了发展贸易关系和增进彼此对对方商品的了解,往往采用互相寄送样品的做法。这种以介绍商品为目的而寄出的样品,最好标明"仅供参考"(For Reference Only)的字样,以免与标准样品混淆。

凭样品买卖,需要在制定品质条款时注意列明样品提交的日期、样品的编号,不能笼统地规定"商品品质以样品品质为依据"。如长毛绒玩具,质量以卖方 2019 年 2 月 8 日提供的第 03126 号样品为准（Plush toys, quality as per Seller's No. 03126 submitted on Feb. 8th, 2019.）。

（2）凭说明表示品质

凭说明表示品质,是指用文字、图表、图片等方式来说明成交货物的品质。这类表示品质的方法可细分为如下几种:

①凭规格买卖（Sale by Specification）。规格是指一些足以反映品质的主要指标,如化学成分、含量、纯度、性能、容量、长短、粗细等。国际贸易中的货物由于品质特点不同,其规格也各异,买卖双方凡用规格确定品质时,称为"凭规格买卖"。

②凭等级买卖（Sale by Grade）。货物的等级是指同一类货物按规格上的差异,分为品质优劣各不相同的若干等级。凭等级买卖时,由于不同等级的货物具有不同的规格,为了便于履行合同和避免争议,在品质条款列明等级的同时,最好一并规定每一等级的具体规格。这对简化手续、促进成交和体现按质论价等方面,都有一定的作用。

③凭标准买卖（Sale by Standard）。货物的标准是指将其规格和等级予以标准化。货物的标准,有的由国家或有关政府主管部门规定,有的由同业公会、交易所或国际性的工商组织规定。有些货物习惯凭标准买卖,人们往往使用某种标准作为说明和评定商品品质的依据。

在国际贸易中,对于某些品质变化较大而难以规定统一标准农副产品,往往采用"良好平均品质"（Fair Average Quality, FAQ）这一术语来表示其品质。"良好平均品质"是指一定时期内某地出口货物的平均品质水平,一般是指中等货,也称大路货。在标明大路货的同时,通常还约定具体规格作为品质依据。

为了促进各国产品质量的提高,完善企业管理制度,保护消费者利益,国际标准化组织推出了 ISO 9000 质量管理和质量保证系列标准以及 ISO 14000 环境管理系列标准。

我国是国际标准化组织理事国。1992 年 10 月,我国技术监督局将 ISO 系列标准等效转化为 GB/T 19000 系列国家标准,以双编号形式出现,并于 1993 年 1 月 1 日起实施。实施 ISO 的这两个一体化管理体系,有助于改善和提高我国企业和产品在国内外消费者、客户中的形象,降低经营及管理成本,使我国产品适应国际市场对于产品在质量上的新需求,提高我国产品的国际竞争能力。

④凭说明书和图样买卖（Sale by Descriptions and Illustrations）。在国际贸易中,有些机、电、仪等技术密集型产品,因其结构复杂,对材料和设计的要求严格,用以说明其性能

的数据较多,很难用几个简单的指标来表明品质的全貌,而且有些产品,即使其名称相同,但由于所使用的材料、设计和制造技术的某些差别,也可能导致功能上的差异。因此,对这类商品的品质,通常以说明书并附以图样、照片、设计图纸、分析表及各种数据来说明具体性能和结构特点。按此方式进行交易,称为凭说明书和图样买卖。

⑤凭商标或品牌买卖。商标(Trade Mark)是指生产者或商号用来识别所生产或出售的商品的标志。品牌(Brand Name)是指工商企业给制造或销售的商品所冠的名称。商标或品牌自身实际上是一种品质象征。人们在交易中可以只凭商标或品牌进行买卖,无须对品质提出详细要求。

⑥凭产地名称买卖。在国际货物买卖中,有些产品,因产区的自然条件、传统加工工艺等因素的影响,在品质方面具有其他产区的产品所不具有的独特风格和特色,对于这类产品,一般也可用产地名称来表示品质。

上述各种表示品质的方法,一般是单独使用,但有时也可酌情将其混合使用。

2)国际货物买卖合同中的品质条款

合同中的品质条款,是构成商品说明的重要组成部分,是买卖双方交接货物的依据,英国货物买卖法把品质条件作为合同的要件(Condition)。《联合国国际货物销售合同公约》规定,卖方交货必须符合约定的质量,如卖方交货不符约定的品质条件,买方有权要求损害赔偿,也可要求修理或交付替代货物,甚至拒收货物和撤销合同。这就进一步说明了品质的重要性。

(1)国际货物买卖合同中品质条款的基本内容

①品名。品名是对成交商品的描述,是构成商品说明(Description)的一个主要组成部分,是买卖双方交接货物的一项基本依据,它关系到买卖双方的权利和义务。

品名的规定,取决于成交商品的品种和特点,有时只要列明商品的名称。但有的商品,往往具有不同的品种、等级和型号,也可把有关具体品种、等级或型号的概括性描述包括进去,作为进一步的限定。

②商品品质表示方法。表示商品品质的方法不同,合同中品质条款的内容也各不相同。在凭样品买卖时,合同中除了要列名商品的品名外,还应订明样品的编号,必要时还要列出寄送的日期。在凭文字说明买卖时,应明确规定商品的品名、规格、等级、标准、品牌或产地名称等内容。在凭说明书和图样表示商品品质时,还应在合同中列出说明书、图样的名称、份数等内容。

(2)品质公差、品质机动幅度及品质增减价条款

①品质公差是指被国际同行业所公认的,或买卖双方所认可的产品品质差异。主要适用于工业制成品。如果某种商品具有国际公认的品质差异,则在这种商品的交易中,即便不在合同中作明确规定,只要卖方所交货物的品质是在公认的误差范围内,就可以被认为符合合同的要求。如果商品没有国际同行业公认的品质差异,在该商品交易中,就需要由买卖双方进行协商,以便在合同中明确规定一个双方都愿意接受的品质差异标准。比较普遍的做法是:双方在合同中具体规定一定幅度的公差。

对有些商品而言,很难用具体的数字或科学的方法来规定其品质规格的公差,这时只能作笼统规定,例如,规定"颜色允许有合理差异"等。但这样的规定方法执行起来比较困难,买卖双方容易发生纠纷。

②品质机动幅度是指允许卖方所交货物的品质指标可有一定幅度范围内的差异,只要卖方所交货物的品质没有超出机动幅度的范围,买方就无权拒收货物,这一方法主要适用于初级产品。

它通常可以采取以下3种规定方法:

A. 规定范围,即对某项货物的品质指标规定允许发生差异的一定范围,例如:

漂布,幅宽35/36英寸(1英寸≈2.54厘米)。

B. 规定极限,即对商品的品质规格规定上限和下限。例如,在买卖东北大豆时,其品质规格表示为:

碎粒35%(最高)

水分15%(最高)

含油量40%(最低)

C. 规定上、下差。即规定允许上、下差异的幅度。

③品质增减价条款是指在品质条款中,根据商品在品质机动幅度内的品质差异来调整合同价格的规定。多数情况下,如果卖方交货的品质误差在品质公差和品质幅度的范围之内,卖方仍按合同计收价款,不必对合同价格进行调整。但对于农产品的交易,由于其成交量往往比较大,因此为保护买卖双方的经济利益,常常在规定品质机动幅度的同时订入增减价条款。根据我国对外贸易的实践,品质增减价条款通常有以下3种规定方法:

A. 规定在品质机动幅度的范围内,根据交货的实际品质与合同规定品质的差异予以增价或减价。例如,在买卖东北大豆时,就可以在合同的品质条款中规定:"水分±1%,价格±1%;含油量±1%,价格±5%。"

B. 规定在品质机动幅度范围内,实际交货品质若低于合同规定的品质,买方要予以扣价;而如果交货品质高于合同规定的品质,则不予增价,仍按合同价格结算货款。这种规定方法买方比较愿意接受。

C. 在品质机动幅度的范围内,买方按品质差异程度的不同采用不同的扣价办法。例如,在合同的品质条款中规定:"若实际交货品质低于合同规定的1%,扣价1%;若低于合同规定的1%~2%,扣价3%。"这样可以达到促使卖方按合同规定品质交货的目的。

在上述3种规定方法中,第一种规定方法比较公平合理,卖方愿意接受。但在实际业务中,买方往往要求采用第二种规定方法。

(3)签订国际货物买卖合同中的品质条款时应注意的问题

①品名和品质条款的内容和文字,要做到简单、具体、明确,既能分清责任又能方便检验,应避免使用"大约""左右""合理误差"等笼统字眼。

②凡能采用品质机动幅度或品质公差的商品,应订明幅度的上限、下限或公差的允许值。如所交货物的品质超出了合同规定的幅度或公差,买方有权拒收货物或提出索赔。

③应注意各品质指标之间的内在联系和相互关系,要有科学性和合理性。

 示 例

1. 品质条款

①品质与卖方 2008 年 5 月 26 日提供的样品相似(凭样品)。

Quality is to be similar to the sample submitted by the seller on 26 May 2008.

②梅花牌辣酱油(凭商标)。

Meihua Brand Worcestershire Sauce.

③2516B 型多梭箱织机,详细规格如所附文字说明与图样(凭说明书)。

Multi-shuttle B Box Loom Model 2516B, detail specification as per attached descriptions and illustrations.

④80% 涤纶 20% 棉斜纹 AC 白胶,3M-8906 型号反光条防水长裤。

80% Polyester 20% Cotton, twill, 275g/m² with AC milky coating, WP, 3M8906# reflective tape Pants.

⑤100% 涤纶 300D 涤纶牛津 PU 白胶,5 000 mm 防水,3 000 mvp 透气,3M-8910 型号反光条防水夹克。

100% Polyester 300D Oxford with PU milky coating, 5 000 mm, 3 000 mvp-3M8910# reflective tape Jacket.

2. 某服装面料质量要求描述

Colour fastness to washing ISO 105-C06:1994 Test A1S(40℃,ECE Ref. Detergent) (1～5 scale,5 best rating) 水洗色牢度测试 ISO 105-C06:1994 40 ℃5 次水洗	Colour change: Staining: If coloured fabric is joined to white or light pastel coloured fabricstaining:	Min. 4 Min. 4 for solid fabrics Min. 3～4 for printed fabrics 素色色牢度要达到4级 印花面料色牢度要达到3～4 Min. 4～5
Colour fastness to rubbing ISO 105-X 12:2001 (1～5 scale,5 best rating) 摩擦色牢度	Dry: Wet:	Min. 4 干磨达到4级 Min. 3～4 湿磨3～4 级
Colour fastness to saliva and perspiration DIN 53 160(Øko-Tex modified) (1～5 scale,5 best rating) (To be tested for clothes to children under 36 months) 唾液、汗渍牢度	Staining:	Min. 4 for solid fabrics Min. 3～4 for printed fabrics 素色面料必须4级,印花面料3～4级

续表

Colour fastness to perspiration ISO 105-E04:1994 (3~5 scale,5 best rating) (To be tested for clothes to children over 36 months) 汗渍牢度	Colour change: Staining:	Min. 4 Min. 4 for solid fabrics Min. 3~4 for printed fabrics 素色面料必须4级,印花面料3~4级
Colour fastness to weathering ISO 105-B04:1994 风化牢度 Method 2 (3~8 scale,8 best rating)	Colour change:	Min. 4~5 最低4~5级
Tear resistance EN ISO 13937-1:2000 撕裂强度 Method value/Newton	Tear resistance warp and weft: 经/纬纱的撕裂度	Min. 35 N 最低35 N
Abrasion resistance EN ISO 12947-2:1998 耐摩擦强度	Number of rubs:	$\geqslant$ 50.000 大于或者等于50.000转
Resistance to surface wetting ISO 4920:1981 防泼 Spray test(1~5 scale,5 best rating) 喷雾测试法	Before wash: After wash:	Min. 4 Min. 4 洗前和洗后都要达到4级
Resistance to water penetration EN 20811:1993 After 5×washing according to care label 抗渗水性	Fabric:面料 Taped seams:缝位	$\geqslant$4.000 mm $\leqslant$4.000 mm 大于等于4.000 mm
Water vapour transmission of materials, ASTM E96/E 96M-05, Procedure B water method 透湿性	Water Vapour Transmission: Permeance:	Min. 450 g $H_2O/m^2 \cdot 24$ h Min. 2.0 g $H_2O/m^2 \cdot h \cdot mbar$
Permeability to air ISO 9237:1995 透气性		Max. 25 mm/s 最大不得大于25 mm/s

任务2　货物的数量

任务引入

经过一段时间的努力,张浚对各类表示商品品质的方法和要求有了初步的了解,并能够对公司惯常出口产品的品质描述做到专业化。在下一步工作中,张浚遇到了成交数量引发的问题,比如使用哪种计量单位、采用哪种计算重量的方法等。张浚这时需要更多的成交数量方面的专业知识,以满足工作需要。

案例导读

【案情介绍】皮重净重不分致损案

我国某出口公司以CIF条件与意大利客商签订了一份出口500吨大豆的合同,合同规定:双线新麻袋包装,每袋50千克,价格为每吨200美元CIF热那亚。我方交单收款后,买方来电称:中方所交货物扣除皮重后,不足500吨,要求我方退回因短量而多收的货款。

【案例评析】

合同中数量条款的内容应该包括交货数量和计量单位,以重量计量的还需要订明计算重量的方法。国际贸易中计算重量的方法有很多,如净重、毛重、公量、理论重量等,不同的计量方法对数量是会产生影响的。案例中货物的交货重量是500吨,却没有规定计量方法。按照国际惯例,合同中未规定商品重量的计算方法时,应按净重计算。因此,对于用重量计量的低值商品,可以在数量条款中规定"以毛作净"。上述案例中的中方公司由于合同数量条款的不明确,导致需要退回部分货款。

知识链接

货物不仅表现为一定的质,同时也表现为一定的量。数量的多少既关系到一笔交易规模的大小,又会影响消费者的使用和市场的变化。数量是指以一定的度量衡单位表示的货物的重量、数量、长度、面积、体积、容积等。国际上常用的度量衡制度有公制、英制、美制和国际单位制。

2.2.1　计量单位和计重方法

1)计量单位

国际贸易中使用的计量单位很多,究竟采用何种计量单位,除了主要取决于货物的种类和特点外,还取决于交易双方的意愿。通常使用的有:重量(Weight)、数量(Number)、长度(Length)、面积(Area)、体积(Volume)、容积(Capacity)。

(1)长度单位

包括:

公制——千米、米等。

英制和美制——英里、海里、码、英尺、英寸等。

这些长度单位多用于金属绳索、绸缎、布匹等类商品的交易。

(2)重量单位

包括:

公制——吨、千克、克等。

英制和美制——长吨(即英吨)、短吨(即美吨)、磅、盎司、打等。

重量单位多用于天然产品,如矿砂、钢铁、盐、羊毛及油类等商品的交易。此外,特别珍贵的商品(如钻石)常用克拉计量,"克"和"盎司"也常用于黄金白银等贵重商品数量的计量。

(3)面积单位

包括:

公制——平方千米、平方米等。

英制和美制——平方英里、英亩、平方码、平方英尺、平方英寸等。

这些表示面积的计量单位经常出现在皮革、玻璃、地毯等商品的交易中。

(4)容积单位

包括:

公制——升、立方米等。

英制和美制——加仑、立方码、立方英尺、立方英寸、蒲式耳等。

相对而言,使用容积单位说明商品数量的情况比较少,一般只出现在木材、天然气和化学气体的交易中;但应注意,有些农产品的交易习惯上使用蒲式耳作为计量单位。

此外,在许多工业制成品,特别是日用消费品、机械产品及轻工业品的交易中,经常会按个数计量商品的数量。表示个数的计量单位有罗、打、件、套、双、卷、包、令等。

2)计算重量的方法

在国际贸易中,按重量计量的商品很多,计算重量的方法主要有:

(1)毛重

毛重(Gross Weight)是指货物本身的重量加包装物的重量,这种计重办法一般适用于低值货物。

(2)净重

净重(Net Weight)是指货物本身的重量,即除去包装物后的货物实际重量。《联合国国际货物销售合同公约》规定:"如果价格是按货物的重量规定的,如有疑问,应按净重确定。"不过有些价值较低的农产品或其他商品,有时也采用"以毛作净"(Gross for Net)的办法计重,即以毛重当作净重计价。例如,蚕豆100吨,单层麻袋包装,以毛作净。

(3)公量

公量(Conditioned Weight)是指在计算货物重量时,用科学仪器抽去商品中所含的水分,再加上标准含水量所求得的重量。有些商品,如棉花、羊毛、生丝等有比较强的吸湿性,所含的水分受客观环境的影响较大,其重量也就很不稳定,为了准确计算这类商品的重量,国际上通常采用按公量计算。

$$计算公式为:公量 = 实际重量 \times \frac{1+标准回潮率}{1+实际回潮率}$$

公式中的标准回潮率也被称为公定回潮率,它是指合同中约定的商品所含水分与干量之比,实际回潮率则是商品实际所含水分与干量之比,可以通过抽样测算。

(4)理论重量

对于一些按固定规格生产和买卖的商品,只要其重量一致,每件重量大体是相同的,所以一般可以从件数推算出总量。但是,这种计重方法是建立在每件货物重量相同的基础上的,重量如有变化,其实际重量也会有所差别。因此,理论重量(Theoretical Weight)只能作为计重时的参考。

(5)法定重量

按照一些国家海关法的规定,在征收从量税时,商品的重量是以法定重量计算的。法定重量(Legal Weight)是指商品加上直接接触商品的包装物料,如销售包装等的重量,而除去这部分重量所表示出来的纯商品的重量,则称为实物净重。

2.2.2 国际货物买卖合同中的数量条款

合同中的数量条件是不可缺少的主要条件之一。按照有些国家的法律规定,卖方交货数量必须与合同规定相符,否则,买方有权提出索赔,甚至拒收货物。《联合国国际货物销售合同公约》规定,按约定的数量交付货物是卖方的一项基本义务。如卖方交货数量大于约定的数量,买方可以拒收多交的部分,也可以收取多交部分中的一部分或全部,但应按合同价格付款。如卖方交货数量少于约定的数量,卖方应在规定的交货期届满前补交,但不得使买方遭受不合理的不便或承担不合理的开支,即使如此,买方也可保留要求损害赔偿的权利。

1)国际货物买卖合同中数量条款的基本内容

买卖合同中的数量条款,主要包括成交商品的数量和计量单位,按重量成交的商品,还需订明计算重量的方法。数量条款的内容及繁简应视商品的特性而定。

2)国际货物买卖合同中数量条款应注意的问题

(1)正确掌握成交数量

在洽商交易时,应正确掌握进出口商品成交数量,从货源和市场供应等考虑,防止心中无数,盲目成交。

（2）明确计量单位

按重量成交的商品应规定计算重量的方法,合同中如未规定重量的计算方法,一般按净重计算。按件数成交的商品,其数量应与包装件数相匹配。如:

数量:15 000 套,750 箱,每箱装 20 套。

15 000 sets, 750 cartons, 20 sets/carton.

这样把每件包装内的数量和外装总量详细订明在合同中,不易引起纠纷。

（3）数量条款应当明确具体

为了便于履行合同和避免引起争议,进出口合同中的数量条款应当明确具体,不宜采用"大约""近似""左右"(About,Circa,Approximate)等带伸缩性的字眼来表示数量。

按照国际商会《跟单信用证统一惯例》解释,凡"约"或"大约"或类似的词语用于信用证金额或信用证所列的数量或单价时,应解释为信用证金额或数量或单价有不超过10%的增减幅度。此外,《跟单信用证统一惯例》还规定:"除非信用证规定所列的货物数量不得增减,在支取金额不超过信用证金额的条件下,货物数量允许有5%的增减幅度,但数量以包装单位或个数计数时,此增减幅度不适用。"也就是说要有5%机动幅度,要满足3个前提条件:

①信用证没有作出相反的规定。

②支取的金额不能超过信用证的金额。

③货物的数量不是按照包装单位或者个数来计量。

（4）合理规定数量机动幅度

在粮食、矿砂、化肥和食糖等大宗商品的交易中,为了使交货数量具有一定范围内的灵活性,且便于履行合同,买卖双方可在合同中合理规定数量机动幅度,即使用溢短装条款(More or Less Clause)。溢短装条款的主要内容有:溢短装的百分比;溢短装的选择权;溢短装部分的作价。如100吨,±2%,由卖方决定,多交或少交部分按合同价格计算。

一般来说,机动幅度的选择权通常由卖方决定,但在买方安排运输的条件下,也可由买方或船方决定。对于溢短装部分的作价办法,可采用按装船时或货到时的市价计算,如无相反规定,可按合同价格计算。在我国的进出口业务中,凡由我方派船的交易,都要争取由我方决定多装或短装;由对方派船的交易,根据具体情况,可以由我方或对方决定溢装或短装。

示 例

①数量:3 000 件

Quantity:3 000 pcs

②数量:5 000 套

Quantity:5 000 sets

③数量:3 000 箱,60 000 打,20 打/箱。

Quantity:3 000 cantons,60 000 dozens,20 doz/ctn.

④数量:20 000 吨,卖方可溢短装5%。

Quantity:20 000 tons,5% more or less at seller's option.

任务3 货物的包装

任务引入

张浚在工作过程中发现公司出口的商品在包装方面的要求不尽相同,比如:包装用料、规格、费用等都有区别。老业务员在对生产商的外包装方面还提到了唛头制作等的要求。张浚觉得很有趣,想弄清楚这一系列问题。

案例导读

【案情介绍】包装条款规定不妥致损案

福建莆田某公司与欧洲客户签订了一份出口某工艺品的CIF合同,规定内包装盒子由客户免费提供。距合同交货期前3个月,公司去电"货已备妥,请速提供内包装盒子",客户未予回复。1个月后公司再次去电催促,客户仍未理睬。几天后该客户派了一位远东分公司的代表来厂看货,当场表示"内包装运刷来不及,不再提供,可由厂方自行解决",并指明用无印刷的单瓦楞纸盒。我方工厂当即按该代表的意见办妥纸盒,进行包装,进仓待运。在合同规定的装运期前1个月,客户突然来电:"此批货仍用我方提供的包装。"公司当即回复称:"货已按你方远东公司代表意见包装完毕,进仓待运,无法更改。"客户回电承认远东公司代表同意我方自行包装是出于好意,旨在解决工厂困难。现由于用户坚持要用印刷的包装盒,事出无奈,要我方合作,但经济损失不能承担,包装一定要改,否则将不履行合同。在这种情况下,公司考虑到该客户是老客户、大客户,要保持好关系,遂同意重新更换包装。

【案例评析】

上述案例中,我方能否按时履行交货义务是以对方能否及时按合同规定提供内包装为条件的。但合同却没有规定对方提供内包装的时间,虽然可以推定应在我方交货前一段合理时间内提供,但这段时间到底应该是多长,则容易引起纠纷。由于对方提供内包装的时间不确定,业务商就掌握了主动,我方则在生产安排和交货时间上处于被动状态。所以,有关由客户提供的包装标签、吊牌、各种辅料等,均应该在合同条款上明确规定到达我方的时间,并规定如不能按时到达而我方不能按时交货,均应由对方负责并承担经济损失。

案例中提到对方代表到工厂看货,同意内包装用我方自己的,这应视为合同条款的变更,但我方一是未核实该代表是否有变更合同条款的授权证明,二是修改变更合同条款未作出书面协议,这是我方处于不利地位的根本点。

货物的包装(Packing of Goods),是指为了有效保护商品品质的完好和数量的完整,采用一定的方法将商品置于合适容器中的一种措施。

2.3.1 包装的种类

按包装在流通过程中所起作用的不同,可分为运输包装和销售包装。

1)运输包装

运输包装又称外包装,其主要作用在于保护商品和防止出现货损货差。运输包装的方式和造型多种多样,用料和质地各不相同。在国际贸易中,买卖双方究竟采用何种运输包装,应在合同中具体订明。

(1)运输包装的种类

运输包装可以分为单件运输包装和集合运输包装两大类。前者是指在运输过程中作为一个计件单位的包装;后者是指将若干个单件包装组合成一件大包装。

①单件运输包装。单件运输包装按造型可以分为箱、桶、袋、包、捆等,在现代运输包装容器中最常见的主要有瓦楞纸箱和木箱。

②集合运输包装。集合运输包装主要包括集装包、集装袋、集装架、集装箱和托盘。

在各种集合运输包装中最重要的就是集装箱。集装箱是密封性良好的大型铁制包装箱,属于大型集合运输包装,具有独特的优点。集装箱作为运输工具,初期投资大,需配套措施,还需有效的管理,才能达到良好的效果。我国集装箱运输发展很快,每年以30%的幅度增长。除发展一般散货集装箱外,还为适应装载不同产品的需要发展了多种专用集装箱,如保温、冷藏、罐状集装箱等。集装箱的载重系列为5吨、10吨、20吨、30吨4种。

（2）运输包装标志

在运输包装上有时要涉及包装标志的问题。包装标志是指在商品的包装上书写、压印、刷制各种有关的标志,以便识别货物,有利于装卸、运输、仓储、检验和交接工作的顺利进行。

包装标志按其用途可分为运输标志、指示性标志和警告性标志 3 种:

①运输标志:又称唛头,指书写、压印或刷制在外包装上的由几何图形、文字和数字组成的符号。运输标志通常包括以下内容:

A.几何图形、文字、数字或英文字母,其中的英文字母一般是收货人或发货人的名称缩写(或代号),几何图形一般有圆形、三角形、菱形、钻石形、星形等。

B.目的地名称。目的地名称一般不能用简称或代号,如果有重名还应加列国家的名称,以免错运。

C.件号或批号。件号或批号一般用 m/n 的形式表示,n 为该批货物的总件数,m 为该件货物在整批货物中的编号。

D.体积和重量。

E.原产地名称。是指制造、生产、加工的国别。有些国家海关要求所有进口货物都必须标明原产地名称,否则不准进口。

除此之外,有的运输标志还包括许可证号码、合同号码等。运输标志的内容繁简不一,由买卖双方根据商品特点和具体要求商定。

鉴于运输标志的内容差异较大,有的过于繁杂,不适应货运量增加、运输方式变革和电子计算机在运输与单据流转方面应用的需要。因此,联合国欧洲经济委员会简化国际贸易程序工作组,在国际标准化组织和国际货物装卸协调协会的支持下,制定了一项运输标志向各国推荐使用。该标准化运输标志包括:收货人或买方名称的英文缩写字母或简称;参考号,如运单号、订单号或发票号;目的地;件号。至于根据某种需要而须在运输包装上刷写的其他内容,如许可证号等,则不作为运输标志必要的组成部分。现列举标准化运输标志实例如下:

ABC　　　收货人代号

S/C2002　　　参考号

LONDON　　　目的地

1/25　　　件数代号

②指示性标志。指示性标志是指提示人们在装卸、运输和保管过程中需要注意的事项,一般是以简单、醒目的图形和文字在包装上标出,故有人称其为注意标志。如在易碎商品的外包装上标以"小心轻放",并配以图形指示。

③警告性标志。警告性标志又称危险货物包装标志,是指凡在运输包装内装有爆炸品、易燃物品、有毒物品、腐蚀物品、氧化剂和放射性物质等危险货物时,都必须在运输包装上标明用于各种危险品的标志,以示警告,使装卸、运输和保管人员按货物特性采取相应的防护措施,以保护物资和人身的安全。

在我国出口危险品的运输包装上要同时刷制两套危险品标志,一是由我国有关部门制定的《危险品货物包装标志》中规定的危险品标志,这也是我国政府规定必须使用的。二是联合国海事协商组织规定的、已为很多国家所接受和执行的《国际海运危险品标志》。这样既符合了我国的规定,又可以防止在国外港口因标志不全而不能靠岸卸货。

2)销售包装

销售包装又称内包装,是直接接触商品并随商品进入零售网点和消费者直接见面的包装,这类包装除必须具有保护商品的功能外,还应具有促销的功能。因此,对销售包装的造型结构、装潢画面和文字说明等方面,都有较高的要求。

销售包装可采用不同的包装材料和不同的造型结构与式样,这就导致销售包装的多样性,究竟采用何种销售包装,主要根据商品特性和形状而定。

在销售包装上,一般都附有装潢画面和文字说明,有的还印有条形码的标志。目前,世界许多国家都在商品包装上使用条形码。条形码是由一组带有数字的黑白及粗细间隔不等的平行条纹所组成,这是利用光电扫描阅读设备为计算机输入数据的特殊的代码语言。只要将条形码对准光电扫描器,计算机就能自动地识别条形码的信息,确定品名、品种、数量、生产日期、制造厂商、产地等相关信息。

为了适应国际市场的需要、扩大出口,1988 年 12 月我国建立了"中国物品编码中心",负责推广条码技术,并对其进行统一管理。1994 年 4 月我国正式加入国际物品编码协会(EAN)。国际上广泛使用的 EAN 条码的标准型为 13 位码,其前 3 位为国别码,此号码由各国专属的条码机构向 EAN 总会申请后确定,我国的国别码为"690""691"和"692"。中间 5 位为制造厂商码,即生产厂家的标识。后 4 位为产品码,即商品属性、制造日期等标识,由厂商自行设定。第 13 位码则为计算机检查码,用以检验前面编码是否被正确读取。还有一种缩短型 8 位码,前 3 位码为国别码,中间 4 位为产品码,第 8 位是检验码。该协会分配给我国的国别号为"690""691""692"。此外,我国书籍代码为"978",杂志代码为"977"。凡标有上述国别号条形码的,即表示是中国生产的商品。国际上通用的另一种条形码是 UPC 码(Universal Product Code),由美国、加拿大组织统一编码委员会编制。

2.3.2 中性包装和定牌生产

采用中性包装(Neutral Packing)和定牌生产,是国际贸易中常用的习惯做法。

1)中性包装

中性包装是指既不标明生产国别、地名和厂商名称,又不标明商标或品牌的包装。也就是说,在出口商品包装的内外,都没有原产地和厂商的标记。采用中性包装,是为了打破某些进口国家与地区的关税和非关税壁垒以及适应交易的特殊需要(如转口销售等),它是出口国家厂商加强对外竞销和扩大出口的一种手段。为了把生意做活,我们对国际贸易中的这种习惯做法,也可酌情采用,但使用时要注意避免发生知识产权纠纷。

中性包装根据其商业秘密程度可以分为定牌中性包装和无牌中性包装。定牌中性包装是指卖方按照合同中的规定,在商品的包装上使用买方指定的商标和牌号,但不注明原产地和制造厂。无牌中性包装俗称"白牌",是指在商品的包装上既无原有商标、原制造国别和厂商名称,也无买方的商标、牌号,须经买方重新包装后再销往最终的销售市场。

2)定牌

定牌是指卖方按买方要求在其出售的商品或包装上标明买方指定的商标或牌号,这种做法也叫定牌生产。卖方同意采用定牌,是为了利用买方(包括生产厂商、大百货公司、超级市场和专业商店)的经营能力和他们的企业商誉或名牌声誉,以提高商品售价、扩大销售数量。

2.3.3 国际货物买卖合同中的包装条款

包装是货物说明的重要组成部分,包装条件是买卖合同中的一项主要条件。按照某些国家的法律规定,如卖方交付的货物未按约定的条件包装,或者货物的包装与行业习惯不符,买方有权拒收货物。如果货物虽按约定的方式包装,但却与其他货物混杂在一起,买方可以拒收违反约定包装的那部分货物,甚至可以拒收整批货物。

1)国际货物买卖合同中包装条款的基本内容

包装条款一般包括包装材料、包装方式和包装商品的数量或重量3部分内容。

包装为单层新麻袋,每袋净重100千克,皮重不少于1千克。

Packing:In new single jute bags, each containing 100 kilos net. Tare weight not less than 1 kilo.

在实际业务中,有时也对包装条款作笼统约定。

包装:按卖方一般出口包装(Packing:As per sells usual export packing)。

按照某些国家法律和惯例的规定,采用这种方法规定合同中的包装条款时,商品的包装至少要符合以下几个默示条件:能防止货物受损、变质,适合商品的特性;能防止货物散失、短损和被盗,有足够的牢固性。方便运输、搬运及堆积,便于识别和寻找便于买方提货或验货,符合进口国家海关规定。如果商品包装不能满足上述默示条件,则买方可以依据一定的法律向卖方提出索赔。笼统规定包装条款容易引起争议,除非买卖双方事先已对此予以明确,或在长期的业务往来中取得一致认识,一般不宜采用。

2)订立国际货物买卖合同中的包装条款应注意的问题

为了订立包装条款,以利合同的履行,在商订包装条款时,需要注意下列事项:

①要考虑商品特点和不同运输方式的要求。

②对包装的规定要明确具体,一般不宜采用"海运包装"和"习惯包装"之类的术语。

③运输标志一般由卖方设计确定。在有些时候买方要求指定运输标志时,买卖双方必须在包装条款中对买方提供运输标志的时间作出规定。若买方逾期尚未指定,则卖方可以自行决定。

④明确包装由谁供应和包装费由谁负担。包装费用一般包括在货价之中,不另计

收,合同中也不另行约定。但如果买方要求特殊包装,则由此而产生的超出正常包装费用的部分,应由买方承担,对此须在包装条款作出明确的规定。

 示 例

①包装:纸箱装,每箱净重10千克。

Packing:In a carton of 10 kg net each.

②包装:每箱36双装,混码包装。

Packing:36 pairs packed in a carton size assorted.

③包装:布包,每包10匹,每匹42码。

Packing:In cloth bales each containing 10 pcs. of 42 yds.

④包装细节:每箱装10件。

Packing details:10 pcs in 1 ctn.

⑤每箱10件装,单码包装。

10 pcs/ctn, solid size as far as possible.

箱子最大体积:长60厘米×宽40厘米×高40厘米。

Carton maximum size：L60 cm×W40 cm×H40 cm.

毛重:每箱不超过29千克。

Gross weight of one carton may not exceed 29 kg.

托盘:所有的箱子需能装入120厘米×80厘米的托盘。

All CTNS must fit into a pallet, size 120 cm×80 cm.

外箱材质要求:双层硬纸板,不含任何金属钉。

Carton quality standard：heavy double wall, without metal staples.

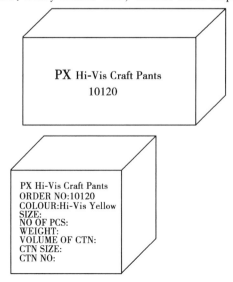

打包带示意图	箱外环保标示
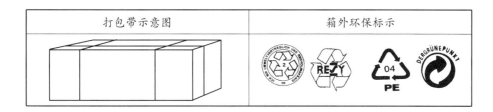	

 每日一读

部分常用经济词汇简释

洛伦茨曲线与基尼系数:洛伦茨曲线是用来反映社会收入分配(或财产分配)平均程度的曲线。它的发明者是统计学家洛伦茨,因此得名。洛伦茨把社会各级人口的收入占社会收入的百分比分成不同的等级,把各收入阶层占社会总人口中的比率也分成不同的等级,连接各个等级的这两个比分率的坐标点所形成的一条曲线就叫洛伦茨曲线。

在洛伦茨曲线图中,连接两对角线(45°线)的是绝对平均曲线,线上任何一点到纵轴和横轴的距离都是相等的,该线上的任何一点表示总人口中每一定百分比的人口所拥有的收入,在总收入中也占有一定的百分比。如果社会收入分配情况正是如此,那就说明社会收入分配是绝对平均的。与之相反,当该曲线非常靠近由横轴和纵轴组成的折线时,则表示社会分配极不平等,该曲线为绝对不平等线。洛伦茨曲线(即实际收入分配曲线)越接近于绝对平等线,表明社会收入分配越平均。如果越接近绝对不平等线,表明社会收入分配越不平均。这种平均程度的大小可以用基尼系数表示。

基尼系数是指根据洛伦茨曲线计算出的反映收入分配平均程度的指标,用来衡量收入的不公平程度,由意大利统计学家基尼提出。如果将实际收入分配曲线与绝对平均线之间的面积用 A 表示,把实际收入分配曲线与绝对不平均线之间的面积用 B 表示。

则计算基尼系数的公式是:

$$基尼系数 = \frac{A}{A + B}$$

基尼系数为零,表示收入分配完全平等。

基尼系数为1,表示收入分配绝对不平等。

实际上,基尼系数总是大于0而小于1。基尼系数越小,收入分配越平均,基尼系数越大,收入分配越不平均。

贸易条件:对外贸易中的出口商品和进口商品的交换比率,也称"进出口商品比价"。它用指数表示,其计算公式为:

$$贸易条件指数 = \frac{出口商品价格}{进口商品价格} \times 100\%$$

指数大于100%,表示贸易条件有了改善,比基期更有利于出口。

指数小于100%,表示贸易条件恶化,比基期更不利于出口。

贸易依存度:对外贸易中的出口总额和进口总额分别占一国国民生产总值的比重,它由出口依存度和进口依存度两个部分组成。贸易依存度是经济开放的重要指标,它反映一个国家或地区参与国际分工和国际经济技术合作的程度。

出口导向和进口替代战略:出口导向战略是外向型经济发展战略的产物,是指一国采取各种措施扩大出口,发展出口工业,逐步用轻工业产品出口替代初级产品出口,用重工业、化工业产品出口替代轻工业产品出口,以带动经济发展,实现工业化的政策。出口替代战略的核心思想是使本国的工业生产面向世界市场,并以制成品的出口代替初级产品的出口。该战略是根据国际比较利益的原则,通过扩大具有比较利益的产品的出口,以改善本国资源的配置,从中获得贸易利益,推动本国经济的发展。

进口替代战略是指用本国产品来替代进口产品,或者说,通过限制工业制成品的进口来促进本国工业化战略。进口替代战略是20世纪50—60年代依据两位来自发展中国家的经济学家普雷维什和辛格提出的,之后亚非拉许多发展中国家都在不同程度上实行了进口替代战略。在国际市场上,发展中国家生产的农、矿初级产品价格不断下跌而发达国家生产的消费品价格不断上升,不平等贸易关系日益突出。为了克服发达国家与发展中国家之间的不平等贸易,发展本国的民族工业,因此广大发展中国家努力发展一些原来依靠进口的货物的生产以供国内少数富裕阶层的消费从而实现进口替代。进口替代一般要经过两个阶段:第一个阶段,先建立和发展一批最终消费品工业,如食品、服装、家电制造业以及相关的纺织、皮革、木材工业等,以求用国内生产的消费品替代进口品,当国内生产的消费品能够替代进口商品并满足国内市场需求时就进入第二阶段。在第二个阶段,进口替代由消费品转向国内短缺的资本品和中间产品的生产,如机器制造、石油加工、钢铁工业等资本密集型工业。经过这两个阶段的发展,进口替代工业日趋成熟,为全面的工业化奠定了基础。

——摘自经济出版社出版的《常用财经词汇简释》

思考训练

一、认识专业名词

样品　规格　标准　品质公差　F.A.Q.　G.M.Q.　毛重　净重　以毛作净　公量　溢短装条款　唛头　指示性标志　警告性标志　中性包装　定牌

二、解答问题

1. 表示货物品质的方法有哪些?分别说明其含义和注意事项。

2. 试区分"标准样品""参考样品""复样""对等样品""封样"。

3. 试述"质量机动幅度"与"品质公差"的规定方法及其作用。

4.试述溢短装条款的内容构成。

5.试述唛头的作用和组成部分。

6.某客户寄来一种商品式样,要求公司依样生产,公司经过研究,认为可以生产,而后应注意哪些问题?

7.某公司出口生丝,买卖双方约定标准回潮率为11%,现有生丝105吨,经过测定,回潮率为9%,问:符合双方约定回潮率的重量应为多少吨?

8. About 500M/T 与 500M/T more or less 5% at seller's operation 有什么区别?

9.菲律宾商人预购我"永久"牌自行车,但要求我方改用"剑"牌商标,并在包装上不得注明"MADE IN CHINA"的字样。请问我方是否接受该笔交易?需要注意什么?

三、作业

1.运用货物品质的表示方法,分别草拟一份农产品和一份工业制成品的品质条款。

2.福建某公司与丹麦客户签订了一份运动鞋购销合同,共计 2 000 件,合约号为98SF01DK03,价格条件 CIF 哥本哈根。根据以上资料制定一个标准唛头。

四、案例分析

1.内地一企业与香港某商行签订一份大麻买卖合同。品质条件规定为:含水(最高)15%,含杂质(最高)3%。在谈判过程中,我方曾向买方寄过样品,订约后又电告对方成交货物与样品相似。此做法有何缺陷?可能会发生什么问题?

2.我与美商凭样品成交一批高档出口瓷器,复验期为60天,货到国外经美商复验后未提出任何异议。但事隔1年买方来电称:瓷器全部出现"釉裂",只能削价销售,因此要求我方按成交价赔偿60%。我方接电后立即查验留存之复样,亦发现釉下有裂纹。分析我方是否应该赔偿?

3.某厂外销布匹4万米,合同订明:红白黄绿各1万米,允许卖方溢短装10%。该厂交货的数量是:红色10 400米,白色8 000米,黄色9 100米,绿色9 000米,共计36 500米。问:在此种情况下,卖方是否违约?为什么?

学习情境3　货物的价格

学习目标

1. 了解贸易术语的内涵、作用,理解选择各贸易术语的理由。

2. 掌握出口货物价格构成、作价原则与方法,能开展成本核算以及各种价格之间的换算。

3. 熟悉价格条款的内容。

能力目标

1. 能够准确选用贸易术语。

2. 能够准确地进行出口成本和费用核算。

3. 能熟练利用常用的 3 种贸易术语开展出口报价、核算价格。

4. 熟悉现实中外贸公司进行成本核算使用的计算指标。

任务1　认识贸易术语

任务引入

张浚在整理公司出口业务合同时,发现同一种商品对同一区域的客户报价之间有区别,而且在单价表达时有外文缩略语。张浚思考是因为这些外文缩略语的不同使价格不同吗? 执行合同时还会存在哪些差异呢?

案例导读

【案情介绍】CIP 和 CIF 贸易术语的区别

2000 年 5 月,美国某贸易公司(以下简称"进口方")与我国江西某进出口公司(以下简称"出口方")签订合同购买一批日用瓷具,价格条件为 CIF LOS-ANGELES,支付条件为不可撤销的跟单信用证 ,出口方需要提供已装船提单等有效单证。出口方随后与宁波某运输公司(以下简称"承运人")签订运输合同。8月初出口方将货物备妥,装上承运人派来的货车。途中由于驾驶员的过失发生了车祸,耽误了时间,错过了信用证规定的装船日期。得到发生车祸的通知后,我出口方即刻与进口方洽商要求将信用证的有效期和装船期延展半个月,并本着诚信原则告知进口方两箱瓷具可能受损。美国进口方回电称同意延期,但要求货价应降5%。我出口方回电据理力争,同意受震荡的两箱瓷具降价1%,但认为其余货物并未损坏,不能降价,但进口方坚持要求全部降价。最终我出口方还是做出让步,受震荡的两箱降价2.5%,其余降价1.5%,为此受到货价、利息等有关损失共计达15万美元。

事后,出口方作为托运人又向承运人就有关损失提出索赔。对此,承运人同意承担有关仓储费用和两箱震荡货物的损失。利息损失只赔50%,理由是自己只承担一部分责任,主要是由于出口方修改单证耽误时间。但对于货价损失不予理赔,认为这是出口方单方面与进口方的协定所致,与己无关。出口方却认为货物降价及利息损失的根本原因都在于承运人的过失,坚持要求其全部赔偿。3个月后经多方协商,承运人最终赔偿各方面损失共计5.5万美元。出口方实际损失9.5万美元。

【案例评析】

在案例中,出口方耗费了时间和精力,损失也未能全部得到赔偿,这充分表明了 CIF 术语自身的缺陷使之在应用于内陆地区出口业务时显得"心有余而力不足"。

①两种合同项下交货义务的分离使风险转移严重滞后于货物实际控制权的转移。在采用 CIF 术语订立贸易合同时,出口方同时以托运人的身份与运输公司即承运人签订运输合同。在出口方向承运人交付货物、完成运输合同项下的交货义务后,却并不意味着他已经完成了贸易合同项下的交货义务。出口方仍要因货物越过船舷前的一切风险和损失向进口方承担责任。而在货物交由承运人掌管后,托运人(出口方)已经丧失了对货物的实际控制权。承运人对货物的保管、配载、装运等都由其自行操作,托运人只是对此进行监督。让出口方在其已经丧失了对货物实际控制权的情况下继续承担责任和风险,这非常不合理。尤其是从内陆地区装车到港口越过船舷,中间要经过一段较长的时间,会发生什么事情,谁都无法预料。也许有人认为,在此期间如果发生货损,出口方向进口方承担责任后可依据运输合同再向承运人索赔,转移其经济损失。但是对于涉及有关诉讼的费用、损失责任承担无法达成协议,再加上时间耗费,出口方很可能得不偿失。本案例中,在承运人的掌管之下发生了车祸,他就应该对此导致的货物损失、延迟装船、仓储费用负责,但由此导致的货价损失、利息损失的承担双方却无法达成协议,使得出口方受到重大损失。

②运输单据规定有限制,致使内陆出口方无法在当地交单。根据《Incoterms 2000》的规定,CIF 条件下出口方可转让提单、不可转让海运单或内河运输单据,这与其仅适用于水上运输方式相对应。在沿海地区这种要求易于得到满足,不会耽误结汇。货物在内陆地区交付承运人后,如果走的是河航运,也没有太大问题,但事实上一般是走陆路,这时承运人会签发陆运单或陆海联运提单,而不是 CIF 条件要求的运输单据。这样,只有当

货物运至装运港装船后出口方才能拿到提单或得到在联运提单上"已装船"的批注,然后再结汇。可见,这种对单据的限制会直接影响出口方向银行交单结汇的时间,从而影响出口方的资金周转,增加了利息负担。本案中信用证要求出口方提交的就是提单,而货物走的是陆路,因此他只能到港口换单结汇。如果可凭当地承运人(即中转站)内地接货后签发的货运单据在当地交单结汇,出口方虽然需要就货损对进口方负责,但他可以避免货价损失和利息损失,还可以提前结汇。

③内陆地区使用 CIF 术语还有一笔额外的运输成本。

在 CIF 价格中包括的运费应该从装运港到目的港这一段的运费。但从内陆地区到装运港装船之前还有一部分运输成本,如从甘肃、青海、新疆等地区到装运港装船之前的费用一般要占到出口货价的一定比例,有一些会达到 20% 左右。

从以上分析可以看出,CIF 术语在内陆地区出口中并不适用。事实上,对于更多采用陆海联运或陆路出口的内陆地区来说,CIP 比 CIF 更合适。

CIP 术语是(Carriage and Insurance Paid to…Named Place of Des Tination)的缩写,它与 CIF 有相似之处。主要表现在:价格构成因素中都包括了通常的运费、保险费,即运输合同、保险合同都由卖方负责订立;交货地点均在出口国的约定地点;出口、进口清关责任划分都是出口方负责出口、进口方负责进口通关;风险在交货地点交货完成而转移给买方,而运费、保险费却延展到目的地(港)。但两者也有明显不同,也正是这些不同使 CIP 术语比 CIF 术语更适合内陆出口业务。

①从适用的运输方式看,CIP 比 CIF 更灵活,更适合内陆地区出口。CIF 只适用于水上运输方式(海运、内河航运),CIP 却适合任何运输方式。而对于内陆地区而言,出口时运输方式也是多种的,比如出口到美国、东南亚地区,一般是陆海联运;出口到欧洲,一般是陆运。

②从出口方责任看,使用 CIP 术语时,出口方风险与货物的实际控制权同步转移,责任可以及早减轻。CIF 术语下,出口方是在装运港交货;买卖双方是以船舷为界划分风险,在货物越过船舷之前,不管货物处于何方的实际处置之下,卖方都要向买方承担货损等责任。CIP 术语下则比较灵活,由双方约定,可以是港口,也可以是在内陆地区,但无论在哪里,出口方责任以货交承运人处置时止,出口只负责将货物安全移交承运人即完成自己的销售合同和运输合同项下的交货任务,此后货物发生的一切损失均与出口方无关。

③从使用的运输单据看,使用 CIP 术语有利于内陆出口业务在当地交单结汇。CIP 涉及的通常运输单据范围要大于 CIF,因具体运输方式不同可以是上面提到的 CIF 使用的单据,又可以是陆运运单、空运单、多式联运单据。承运人签发后,出口方即可据以结汇。这样,缩短了结汇和退税时间,提高了出口方的资金周转速度。

另外,迅速发展的集装箱运输方式也为内陆地区出口使用 CIP 术语提供了便利条件。目前我国许多沿海港口如青岛、连云港都在争相把口岸办到内地,发展内陆地区对沿海陆运口岸的集装箱直通式运输,这势必会减少货物装卸、倒运、仓储的时间,降低运输损耗和贸易成本,缩短报关、结汇的时间,有利于 CIP 术语在内陆地区出口中的推广。

可以预见,随着西部大开发的顺利进行,内陆地区的产品出口业务会越来越多,而选择适当的贸易术语对于出口合同的履行,对于我出口方利益的保护都相当重要。在这种情况下,内陆出口企业的外销员一定要从本地区、本行业和所经营产品的实际出发,适当选择贸易术语,千万不要被"出口 CIF"的定式迷惑。

小贴士

随着国内外集装箱运输越来越发达,内地省市的出口单位应尽量为设在当地的一些集装箱网点提供货运服务,改变过去传统的做法,即在沿海港口设办事处,然后再通过办事处办理货物出口。这种做法不仅增加自身风险,而且费用较高,增加出口商品的成本,减少公司的效益。

知识链接

3.1.1　贸易术语概述

1)贸易术语的含义

贸易术语(Trade Terms)又称贸易条件、价格术语,是进出口商品价格的一个重要组成部分。它是用一个简短的概念(如"Free on Board")或 3 个字母的缩写(如"FOB")来说明交货地点、商品的价格构成和买卖双方有关费用、风险和责任的划分,确定卖方交货和买方接货应尽的义务。

在国际贸易中采用某种专门的贸易术语,主要是为了确定交货条件,即说明买卖双方在交接货物方面彼此承担责任、费用和风险的划分。例如,按装运港船上交货条件(FOB)成交与按目的地完税后交货(DDP)成交,由于交货条件不同,买卖双方各自承担的责任、费用和风险就有很大区别。同时,贸易术语也可用来表示成交商品的价格构成因素,特别是货价中所包含的从属费用。由于其价格构成因素不同,因此成交价格也应有所区别。不同的贸易术语表明买卖双方各自承担不同的责任、费用和风险,而责任、费用和风险的大小又影响成交商品的价格。一般来说,凡使用出口国国内交货的各种贸易术语,如工厂交货(EXW)和装运港船边交货(FAS)等术语,卖方承担的责任、费用和风险都比较小,所以商品的售价就低;反之,凡使用进口国交货的各种贸易术语,如目的地交货(DAT)和完税后交货(DDP)等术语,卖方承担的责任、费用和风险则比较大,这些因素必然要反映到成交商品的价格上。因此,在进口国交货的价格自然要高,有时甚至高出很多。

由此可见,贸易术语具有两重性,即一方面表示交货条件,另一方面表示成交价格的构成因素,这两者是紧密相关的。

2）贸易术语的作用

贸易术语在国际贸易中的作用,体现在下列几个方面:

（1）有利于买卖双方洽商交易和订立合同

由于每种贸易术语都有其特定的含义,因此,买卖双方只要商定按何种贸易术语成交,即可明确彼此在交接货物方面所应承担的责任、费用和风险。这就简化了交易手续,缩短了洽商交易的时间,从而有利于买卖双方迅速达成交易和订立合同。

（2）有利于买卖双方核算价格和成本

由于贸易术语是表示商品价格构成的因素,因此,买卖双方确定成交价格时,必然要考虑采用的贸易术语中包含哪些从属费用,这就有利于买卖双方进行比价和加强成本核算。

（3）有利于买卖双方解决履约当中的争议

买卖双方商订合同时,如某些合同条款规定不够明确,致使履约当中产生争议不能依据合同的规定解决,在此情况下,可以援引有关贸易术语的一般解释来处理。因为,贸易术语的一般解释已成为国际惯例,它是大家所遵循的一种类似行为规范的准则。

3.1.2 有关贸易术语的国际贸易惯例

在国际贸易中使用贸易术语,始于19世纪。随着国际贸易的发展,逐渐形成了一系列贸易术语,各种特定行业对各种贸易术语也有各自特定的解释和规定。因此,在使用贸易术语时,由于对贸易术语解释的不同,会出现矛盾和分歧。为解决这些矛盾,以便于国际贸易的发展,国际商会、国际法协会等国际组织以及美国一些著名商业团体经过长期的努力分别制定了解释国际贸易术语的规则,这些规则在国际上被广泛采用,从而形成国际贸易惯例,并受到各国广泛的欢迎和使用。由此可见,习惯做法与贸易惯例是有区别的。国际贸易中反复实践的习惯做法只有经国际组织加以编纂与解释才形成国际贸易惯例。

国际贸易惯例的适用是以当事人的意思为基础的,因为,惯例本身不是法律,它对贸易双方不具有强制性,故买卖双方有权在合同中作出与某项惯例不符的规定。但是,国际贸易惯例对贸易实践仍具有重要的指导作用。在我国的对外贸易实践中,在平等互利的前提下,适当采用这些国际惯例,有利于外贸业务的开展。而且,通过学习和掌握有关国际贸易惯例的知识,可以帮助我们避免或减少贸易争端。在发生争议时,也可以引用有关惯例,争取有利地位,减少不必要的损失。

有关贸易术语的国际贸易惯例主要有以下3种:

1）《1932年华沙—牛津规则》

《华沙—牛津规则》（Warsaw-Oxford Rules 1932）是国际法协会专门为解释CIF合同而制定的。19世纪中叶,CIF贸易术语开始在国际贸易中得到广泛采用,然而对使用这一术语时买卖双方各自承担的具体义务,并没有统一的规定和解释。对此,国际法协会于1928年在波兰首都华沙开会,制定了关于CIF合同的统一规则,称之为《1928年华沙规则》,共包括22条。其后,将此规则修订为21条,并更名为《1932年华沙—牛津规则》,沿用至今。这一规则对于CIF的性质、买卖双方所承担的风险、责任和费用的划分以及所有权转移的方式等问题都作了比较详细的解释。

2)《1990年美国对外贸易定义修订本》

《美国对外贸易定义》是由美国几个商业团体制定的。它最早于1919年在纽约制定,原称为《美国出口报价及其缩写条例》。1941年,美国第27届全国对外贸易会议上对该条例作了修订,命名为《1941年美国对外贸易定义修订本》(Revised American Foreign Trade Definitions 1941)。1990年,根据形势发展需要,该条例被再次修订,并被命名为《1990年美国对外贸易定义修订本》。

《美国对外贸易定义》中所解释的贸易术语共有6种,分别为:

①EXW(EX Works,工厂交货)。

②FOB(Free on Board,在运输工具上交货)。

③FAS(Free Along Side,在运输工具旁边交货)。

④CFR(Cost and Freight,成本加运费)。

⑤CIF(Cost,Insurance and Freight,成本加保险费、运费)。

⑥DEQ(Delivered EX Quay,目的港码头交货)。

《美国对外贸易定义》主要在美洲一些国家采用。由于它对贸易术语的解释与《通则》有明显的差异,因此,在同美洲国家进行交易时应加以注意,在贸易术语的最后,明确注明所援引的国际贸易惯例的名称。

3)《2010年国际贸易术语解释通则》

《国际贸易术语解释通则》(The Incoterms rules or International Commercial Terms),是国际商会为统一各种贸易术语的不同解释于1936年制定的,并先后于1953年、1967年、1976年、1980年、1990年、2000年进行过多次修订和补充。为使贸易术语进一步适应世界上无关税区的发展,交易中使用电子信息以及运输方式的变化等全球货物贸易的巨大新发展,国际商会于2007年开始广泛征求世界各国从事国际贸易的各方面人士和有关专家的意见,对《2000年国际贸易术语解释通则》(以下简称《2000通则》)进行修订,历时两年半,于2010年9月27日公布修订版《2010年国际贸易术语解释通则》,简称《INCOTERMS 2010》(以下简称《2010通则》),并于2011年1月1日起开始在全球范围内实施。

《2010通则》较《2000通则》更准确标明各方承担货物运输风险和费用的责任条款,令船舶管理公司更容易理解货物买卖双方支付各种收费时的角色,有助于避免现时经常出现的码头处理费(THC)纠纷。此外,新通则也增加了大量指导性贸易解释和图示,以及电子交易程序的适用方式。《2010通则》的公布和实施,使《通则》更适应当代国际贸易的实践,这不仅有利于国际贸易的发展和国际贸易法律的完善,而且起到了承上启下、继往开来的作用,标志着国际贸易惯例的最新发展。

(1)《2010 通则》的主要修改

《2010 通则》在以下方面进行了 5 个实质性的修改:

①贸易术语分类和结构上的调整。贸易术语由 13 种减少为 11 种。根据运输方式的不同分为 2 类,而《2010 通则》则是根据买卖双方承担义务的不同将贸易术语分成 E,F,C,D 4 组。

《2010 通则》删掉了 4 个 D 组的术语:DAF, DES, DEQ 和 DDU,只保留了 DDP。新增 2 个全新的 D 组术语:DAT(运输终端交货——指定目的港或目的地的运输终端)和 DAP(目的地交货——指定目的地)术语。DAT 下卖方需要承担把货物由目的地(港)运输工具上卸下的费用。DAP 下卖方只需要在指定目的地把货物处于买方控制之下,而无须承担卸货费。这有助于船舶管理公司理解货物买卖双方支付各种收费时的角色,弄清码头处理费的责任方,有助于避免现时经常出现的码头处理费纠纷。

②术语义务项目上的调整。《2010 通则》中每种术语项下卖方在每一项目中的具体义务不再"对应"买方在同一项目中相应的义务,而是改为分别描述,并且各项目内容也有所调整。其中,第 1 项和第 10 项改动较大。尤其是第 10 项,要求卖方和买方分别要帮助对方提供包括与安全有关的信息和单据,并向受助方索偿因此而发生的费用。

③风险临界点"船舷"的变化。《2010 通则》取消了"船舷"的概念,不再设定"船舷"的界限,只强调卖方承担货物装上船为止的一切风险,买方承担货物自装运港装上船开始的一切风险。此次修订最终删除了"船舷"的规定,强调在 FOB,CFR 和 CIF 下买卖双方的风险以货物在装运港口被装上船时为界,而不再规定一个明确的风险临界点。

④关于连环贸易的补充。大宗货物买卖中,货物常在一笔连环贸易下的运输期间被多次买卖,即"String Sales"(连环贸易)。着眼于贸易术语在这种贸易中的应用,《2010 通则》对此连环贸易模式下卖方的交付义务做了细分,在相关术语中同时规定了"设法获取已装船货物"和将货物装船的义务,弥补了以前版本中在此问题上未能反映的不足。

⑤术语的内外贸适用的兼容性。考虑到对于一些大的区域贸易集团,如欧洲单一市场而言,国与国之间的边界手续已不那么重要了。《2010 通则》首次正式明确,这些术语不仅适用于国际销售合同,而且适用于国内销售合同。具体到具体义务时,《2010 通则》在几处明确进出口商仅在需要时才办理出口/进口报关手续和支付相应费用,如 A2/B2,A6/B6 处。

(2)《2010 通则》中的贸易术语

在《2010 通则》中,根据适用的运输方式的不同,将 11 种贸易术语划分为下列两类。

①适用于任一或多种运输方式的术语。

EXW(Ex Works)工厂交货。

FCA（Free Carrier）货交承运人。

CPT（Carriage Paid to）运费付至目的地。

CIP（Carriage and Insurance Paid to）运费及保险费付至目的地。

DAT（Delivered at Terminal）运输终端交货。

DAP（Delivered at Place）目的地交货（指定目的地）。

DDP（Delivered Duty Paid）完税后交货。

②只适用于海运及内河运输的术语。

FAS（Free Alongside Ship）装运港船边交货。

FOB（Free on Board）装运港船上交货。

CFR（Cost and Freight）成本加运费。

CIF（Cost，Insurance and Freight）成本、保险费加运费。

3.1.3　主要贸易术语的解释

在我国对外贸易中，过去经常使用的主要贸易术语为 FOB，CFR 和 CIF 3 种。近年来，随着集装箱运输和国际多式联运的发展，采用 FCA，CPT 和 CIP 贸易术语的日渐增多。因此，首先应对这几种主要贸易术语的解释和运用有所了解。

1）装运港船上交货的 3 种贸易术语：FOB，CFR 和 CIF

这 3 种贸易术语，都只适用于海运和内河运输，买卖双方在货物交接方式和责任、费用、风险划分中所承担的义务基本一致，只是在运输和保险的责任上有所区别。

（1）FOB（Named Port of Shipment）——装运港船上交货（指定装运港）

按照《通则》的解释，卖方必须在合同规定的装运期内，在指定的装运港将货物装上买方指定的船上，并及时通知买方。货物在装运港越过船舷，风险即由卖方转移至买方。

买方负责租船订舱，支付运费，在合同规定的期间到达装运港接运货物，并将船名及装船日期给予卖方充分的通知。

卖方要负责取得出口报关所需的各种证件，并负责办理出口手续。买方则负责取得进口报关所需的各种证件，并负责进口报关。

卖方应向买方提供通常的单证，证明已完成交货装船的义务。其中的运输单据则应在买方承担费用和风险的条件下，卖方给予一切协助，取得有关运输合同的运输单据。买方应接受与合同相符的货物和单据，并按照合同规定支付货款。

（2）CFR（Named Port of Destination）——成本加运费（指定目的港）

CFR 与 FOB 的不同之处在于，由卖方负责租船订舱并支付运费。按《通则》解释，卖方只需按通常条件租船订舱，经习惯航线运送货物。

CFR 在货物装船、风险转移、办理进出口手续和交单、接单付款方面，买卖双方的义务和 FOB 是相同的。

（3）CIF（Named Port of Destination）——成本加保险费加运费（指定目的港）

CIF 与 CFR 相比，买卖双方所承担的义务相同。但以 CIF 方式成交，卖方还承担为货物办理运输保险并支付保险费的义务。在 FOB 和 CFR 中,由于买方是为自己所承担的运输风险而办理保险,因而不构成一种义务,按《通则》解释,卖方应在不迟于货物越过船舷时,办理货运保险。在合同无明示时,卖方可按保险条款中低责任的险别投保,投保金额最低为 CIF 价格的 110%。

(4)FOB,CFR 和 CIF 在具体业务中应注意的问题

①风险和费用划分界限问题。这里的风险是指货物灭失或损坏的风险,而费用是指正常运费以外的费用。《2010 通则》删除了"船舷"的规定,不再设定"船舷"的界限,而是强调在 FOB,CFR 和 CIF 术语下,买卖双方的风险以货物在装运港口被装上船为界,卖方负责货物装上船为止的一切风险,买方承担货物装上船开始起的一切风险。从实际作业来看,装船是一个连续的过程,一般应遵循码头公司在进行装船时的习惯做法,即码头公司需要确定由哪一方负责支付他们的服务费用。在买卖合同中,双方可以另行约定。实际业务中,卖方应向买方提供"已装船提单"。这表明,双方约定由卖方承担货物装入船舱为止的一切风险和费用责任。

②FOB 方式中的船货衔接问题。《通则》规定,买方应给予卖方关于船名、装船地点和所要求的交货时间的充分的通知。在实务中,为了保证卖方备货和买方派船接货互相衔接,到船通知是必不可少的。如有需要,可在合同中对买方应在船到港多少时间前通知卖方作出规定。

③CFR 方式中的已装船通知。CFR 方式中,卖方向买方发出已装船通知,具有通知买方及时办理保险的作用。买方办理进口货物保险时,保险公司按有关的装船通知承保。如果卖方未能及时向买方发出已装船通知,致使买方未能及时办理保险,则万一货物在运输途中发生灭失或损坏,其风险仍由卖方承担。所以,CFR 方式中,卖方应特别注意及时向买方发出装船通知。

④《1990 年美国对外贸易定义修正本》(以下简称《修正本》)中的 FOB。《修正本》中将 FOB 分为 6 种,只有第 5 种是装运港船上交货。与《通则》中的 FOB 相近,但该术语的出口报关的责任在买方而不在卖方。所以,我国在与美国、加拿大等国家洽谈进口贸易使用 FOB 方式成交时,除在 FOB 后注明 Vessel 外,还应明确由对方(卖方)负责办理出口结关手续。

⑤关于租船运输时,装卸费用的负担问题。如果使用班轮运输,班轮运费内包括了装卸费用。但在大宗货使用租船运输时,船方是否承担装卸责任,即运费中是否包括装卸费用,需由租船合同另行规定。故买卖双方在商定买卖合同时,应明确装卸费用由谁负担。通常以贸易术语的变形,即在贸易术语后加列字句来加以说明。

以 FOB 方式成交,应明确装船费用由何方负担。常见的 FOB 术语的变形有:

FOB Liner Terms(FOB 班轮条件),装船费用按照班轮的做,由支付运费的一方,即买方负担。

FOB Under Tackle(FOB 吊钩下交货),卖方负责将货物交至买方指定的船只吊钩所及之处,吊装费用由买方负担。

FOB Stowed(FOB 理舱费在内),卖方负担将货物装入船舱并承担包括理船费在内的装船费用。理舱费是指货物入舱后进行安置和整理的费用。

FOB Trimmed(FOB 平舱费在内),卖方负担将货物装入船舱并承担包括平舱费在内的装船费用。平舱费是指对入舱的散装货物平整所产生的费用。

以 CFR 和 CIF 方式成交。需明确卸货费用由谁负担。CFR 和 CIF 术语的变形相类似,以 CIF 为例,主要有:

CIF Liner Terms(CIF 班轮条件),卸货费由支付运费的一方,即卖方负担。

CIF Ex Ship's Hold(CIF 舱底交货),买方负担将货物从舱底吊卸到码头的费用。

CIF Landed(CIF 卸到岸上),卖方负担将货物卸到目的港岸上的费用。包括驳船费和码头费。

⑥象征性交货。卖方在装运港将货物装至船上以运交买方,然后卖方通过一定程序(如付款交单、信用证)向买方提交包括物权凭证(海运提单)在内的全部合格单据,即完成了交货义务。运输单据上的出单(或装运)日期,即为"交货日期"。这种方式称为象征性交货。以这种方式订立的合同,卖方只负责装运,无须保证到货,所以又称为装运合同,以区别于交货合同。

FOB,CFR,CIF 3 种术语,均属于象征性交货,与之相对应,买方是凭单付款,所以装运单据在这类交易中具有特别重要的意义。

FOB 又称离岸价格,包含货价以及卖方在出口地将货物装上船之前的所有费用;CFR 价格是在离岸价格的基础上加上运费后得到的出口报价;CIF 价格则是在货价以及卖方在出口地将货物装上船之前的所有费用以外,还包括货物由装运地至目的地的运输费用和保险费用,因此通常称为到岸价格。

2)向承运人交货的 3 种贸易术语:FCA,CPT 和 CIP

FCA(Free Carrier Named Place)——货交承运人(指定地点)

CPT(Named Place of Destination)——运费付至(指定目的地)

CIP(Named Place of Destination)——运费、保险费付至(指定目的地)

这 3 种贸易术语不仅适用于海运和内河运输,而且适用于航空运输、铁路运输和公路运输,它们均属于象征性交货。

《通则》对在不同运输方式下的"货交承运人"这一交货条件,作了具体的规定:铁路运输中货物够装满一整车或整集装箱,以及内河运输和公路运输中在卖方所在地点交货时,卖方有责任把货物装入运输工具。在其他情况下,卖方都是在承运人所在地点交货,只需把货物交给承运人照管,即履行了交货义务。这一规定,对于海上运输来说,明显不同于越过船舷交到船上的传统方式。

FCA,CPT,CIP 与传统的 FOB,CFR,CIF 相比较,有以下 3 个共同点:

①都是象征性交货,相应的买卖合同为装运合同。

②均由出口方负责出口报关,进口方负责进口报关。

③买卖双方所承担的运输、保险责任互相对应,即 FCA 和 FOB 一样,由买方办理运输。CPT 和 CFR 一样,由卖方办理运输。而 CPT 和 CFR 一样,由卖方承担办理运输和保险的责任。

由此而产生的操作注意事项,也是相类似的。

这两类贸易术语的主要不同点在于:

①适合的运输方式不同。FCA,CPT,CIP 适合于各种运输方式,而 FOB,CFR,CIF,只适合于海运和内河运输。

②风险点不同。FCA,CPT,CIP 方式中,买卖双方风险和费用的责任划分以"货交承运人"为界,而过去传统的贸易术语则以货物装上船时为界。

③装卸费用负担不同。在采用租船运输的 FOB 合同中,应明确装船费用由何方负担,在租船运输的 CFR 和 CIF 合同中则应明确卸货费由何方负担。在 FCA 合同中若卖方在其所在地交货,则装货费用由卖方负担。在 CPT 和 CIP 合同中,由于卖方支付的运费已包含装卸费用,所以由承运人负责装卸,因而不存在需要使用贸易术语变形的问题。

④运输单据性质不同。海运提单具有物权凭证的性质,而航空运单和铁路运单等,不具有这一性质。

所以,除了风险点不同之外,可以把 FCA,CPT,CIP 看成是 FOB,CFR,CIF 方式从海运向各种运输方式的延伸。

3.1.4　其他贸易术语

1)工厂交货,EXW(Ex Works)

工厂交货(指定地点)是指当卖方在其所在地或其他指定的地点、工厂或仓库等将货物交给买方处置时,即完成交货。卖方不需要将货物装上任何运输工具,在需要办理出口清关手续时,卖方也不必为货物办理出口清关手续。

EXW 是卖方承担责任最小的术语,卖方不负责办理货物出口的清关手续以及将货物装上任何运输工具。买方必须承担在双方约定的地点或在指定地受领货物的全部费用和风险。使用 EXW 术语时,卖方仅在买方要求办理出口手续时负有协助的义务。但是,卖方并无义务主动办理出口清关手续。因此,如果买方不能直接或间接地办理出口清关手续,建议买方不要使用 EXW 术语。

2)装运港船边交货,FAS(Free Alongside Ship)

该术语仅适用于海运和内河运输。

装运港船边交货是指卖方在指定的装运港将货物交到买方指定的船边(如码头上或

驳船上),即完成交货。从那时起,货物灭失或损坏的风险发生转移,并且由买方承担所有费用。该术语要求卖方在需要时办理货物出口清关手续。但是,卖方没有任何义务办理货物进口清关,支付任何进口税或者办理任何进口海关手续。

当货物通过集装箱运输时,卖方通常在终点站将货物交给承运人,而不是在船边。在这种情况下,船边交货规则不适用,而应当适用货交承运人术语。

3)**运输终端交货**,DAT(Delivered at Terminal)

此术语可用于选择的各种运输方式,也适用于选择的一个以上的运输方式。

运输终端交货是指卖方在指定的目的港或目的地指定的终点站卸货后将货物交给买方处置即完成交货。运输终端包括任何地方(无论约定或者不约定),即码头、仓库、集装箱堆场或公路、铁路或空运货站。卖方应将货物运至指定目的地,并承担卸货所产生的一切风险和费用。在必要的情况下,DAT规则要求卖方办理货物出口清关手续。但是,卖方没有义务办理货物进口清关手续并支付任何进口税或办理任何进口报关手续。

若当事人希望卖方承担从终点站到另一地点的运输及管理货物所产生的风险和费用,那么此时DAP(目的地交货)或DDP(完税后交货)术语应该更适用。

4)**目的地交货(指定目的地)**,DAP(Delivered at Place)

DAP是《2010年国际贸易术语解释通则》新添加的术语,取代了原来的DAF(边境交货)、DES(目的港船上交货)和DDU(未完税交货)3个术语。其含义为:卖方在指定的交货地点,将仍处于交货的运输工具上尚未卸下的货物交给买方处置即完成交货。卖方须承担货物运至指定目的地的一切风险。

该术语的适用不考虑所选用的运输方式的种类。同时,在选用的运输方式不止一种的情形下也能适用。

在需要办理海关手续时(在必要时/适当时),DAP术语要求应由卖方办理货物的出口清关手续,但卖方没有义务办理货物的进口清关手续,支付任何进口税或者办理任何进口海关手续。如果当事人希望卖方办理货物的进口清关手续,支付任何进口税和办理任何进口海关手续,则应适用DDP规则。

5)**完税后交货(指定目的地)**,DDP(Delivered Duty Paid)

DDP术语是卖方承担最大责任的贸易术语。该术语可以适用于任何一种运输方式,也可以适用于同时采用多种运输方式的情况。

"完税后交货"是指卖方在指定的目的地,将货物交给买方处置,并办理进口清关手续。准备好在交货运输工具上的货物卸下交与买方,完成交货。卖方承担将货物运至指定目的地的一切风险和费用,同时,有义务办理出口清关手续与进口清关手续,对进出口活动负责,并办理一切海关手续。

如果卖方不能直接或间接地取得进口许可,不建议当事人使用DDP术语。如果当事方希望买方承担进口的所有风险和费用,应使用DAP术语。

每打 5 港元 CIF 香港

HKD 5.00 per dozen CIF Hong Kong

任务2　商品价格核算和价格条款

任务引入

张浚在对13种贸易术语理清头绪后,再次面临了新问题:出口报价的原理是什么?步骤怎么开展?如何核算商品出口成本和公司利润?如何根据双方协商拟订规范的价格条款的任务?

案例导读

【案情介绍】报价不当损失案

某外贸公司新进业务员张敏就公司出口的某型号自行车对美国客户初次报价为:CIF C3 纽约 100.00 美元/辆,数量是 10 000 辆。美国客户接到张敏的报价后次日来电提出将佣金率再提高 2 个百分点,要求我方重新报价。张敏按照客户要求核算后报给客户 CIF C5 纽约 102.00 美元/辆,客户收到报价后立即来电表示接受。按张敏的算法公司损失了 1 100 美元。

【案例评析】

出口价格核算是外贸业务员应具备的基本业务能力。一个恰当的报价,体现了业务员对作价原则和方法、货币选择、汇率折算以及佣金折扣等的熟练运用,报价出错会导致经济损失。上述案例中,张敏由于对净价与含佣价的理解出现误区,导致报价不当,致使公司蒙受了经济损失。

3.2.1　定价方法

在国际货物买卖中,进出口商品价格的确定直接影响企业的经济效益和产品的市场

竞争力;是企业对外开展业务时必须面临的问题,确定进出口商品价格的方法主要有以下几种:

1)成本加成定价方法

这是成本导向定价法中最主要的一种定价形式,为外贸企业广泛使用。采用成本加成定价法时,只需要了解有关进出口商品的成本和相对于成本的利润率(或利润),并以相应的外币表示,即能获得基本价格。

以出口商品为例,出口商品的基本成本要素包括:

①出口商品生产成本或采购成本。

②装运前融资利息成本。

③出口成本及费用(包括出口包装、国内运输、保险费用、码头费用、仓储费用、各种国内税、海关关税及费用、出口企业管理费用等)。

④装运后的融资利息成本和银行手续费用。

⑤可能的汇率变动成本。

⑥国外运费(自装运港至目的港的海上运输费用)。

⑦国外保险费(海上货物运输保险)。

⑧如果有中间商,那么还应包括将支付给中间商的佣金。

⑨出口商预期利润率等。

出口商在采用成本加成定价方法时,应根据买卖双方所确定的贸易术语,首先确定出口商品的总成本,并在此基础上计算出口商品利润,即得到出口商品的价格。

2)竞争对手定价法

此种定价方法以对付竞争对手为目标,在定价前,出口企业必须广泛搜集竞争对手的各种信息,并与本企业生产的同类商品加以比较,根据对比的情况确定己方的价格。

3)市场定价法

此种定价方法以市场为导向,根据目标市场的特点制定己方的价格。主要有推定价值定价法和区别定价法等。推定价值定价法指根据产品和市场营销因素的组合,以及消费者对产品价值的认可程度制定己方产品的价格。采用该种定价方法的关键是预测价格的准确性。区别定价法则是指按照不同的市场情况,服务于企业战略目标而采取的定价方法,具体又可分为客户差价、式样差价、地点差价、时间差价、数量差价、产品差价等。

3.2.2　加强成本核算

外贸人员在掌握出口商品价格时,要注意加强成本核算,以便采取措施不断降低成本,提高经济效益。考核企业的经济指标主要有以下几项:

1)出口商品盈亏率

出口商品盈亏率是出口商品盈亏额与出口总成本的比率。出口商品盈亏额是指出口销售人民币净收入与出口总成本的差额,以公式表示如下:

$$出口商品盈亏额=出口销售人民币净收入-出口总成本$$

$$出口商品盈亏率=\frac{出口商品盈亏额}{出口总成本}\times100\%$$

其中,出口销售人民币净收入是由该出口商品的 FOB 价格按当时外汇牌价折成人民币,出口总成本是指该商品的进货成本加上出口前的一切费用和税金。由于目前大部分企业仍享有出口退税待遇,因此出口成本中应减去这部分退税收入。

2)出口商品换汇成本

出口商品换汇成本是指某商品的出口总成本(人民币)与出口销售该商品的外汇净收入(美元)之比。通过计算得出该商品出口收入 1 美元需要多少人民币的总成本,也就是说,多少元人民币换回 1 美元。其计算公式为:

$$出口商品换汇成本=\frac{出口总成本(人民币)}{出口销售外汇净收入(外汇)}$$

3)出口创汇率

出口创汇率也称外汇增值率,原本是用以考核进料加工的经济效益,具体做法是以成品出口所得的外汇净收入减去进口原料所支出的外汇,算出成品出口外汇增值的数额,即创汇额,再将其与原料外汇成本相比,计算出百分率。在采用国产原料的正常出口业务中,也可计算创汇率,这就要以该原料的 FOB 出口价格作为原料外汇成本。计算公式如下:

$$出口创汇率=\frac{成品出口外汇净收入-原料外汇成本}{原料外汇成本}\times100\%$$

3.2.3 报价方法

外贸人员根据企业和市场的情况确定了相应的定价方法后,为了达成交易,还应注意报价方法的使用。

1)顺向报价方法

顺向报价方法是一种传统的报价方法,即卖方首先报出最高价格或买方报出低价。这种报价方法,价格中的虚报成分一般较多,为买卖双方的进一步磋商留下了空间。卖方报出高价后,如果买方认为卖方价格过高时,会立即拒绝或怀疑卖方的诚意,并要求卖方降低价格。而当买方认为卖方的价格较为合理时,买方依然会坚持要求卖方继续降低价格,一旦卖方降价,买方就会产生一定的满足心理,这时只要卖方能够把握时机,往往能够促使交易成功。如果卖方所报价格水分过多,超出对方可预见的最小收益,就变成了乱开价,缺乏诚意的报价将使买卖双方的谈判无法继续进行。

2)逆向报价方法

逆向报价方法是一种反传统的报价方法,具体做法是,卖方首先报出低价或买方报出高价,以达到吸引客户,诱发客户谈判兴趣的目的。然后,再从其他交易条件寻找突破口,逐步抬高或压低价格,最终在预期价位成交。运用此种报价方法,对首先报价一方风险较大。在报价一方的谈判地位不是很有利的情况下,报出令对方出乎意料的价格后,虽然有可能将其他竞争对手排斥在外,但也会承担难以使价位回到预期水平的风险,对商务谈判人员要求较高,除非确有必要,在实际商务谈判中应尽量避免使用。

3)先报价方法

先报价方法是指争取己方首先报价。这种报价方法使己方掌握主动,为双方提供了一个价格谈判范围,如当买方先报低价时,则双方的预期成交价格是买方价位与卖方预期价格之间。相反,当卖方首先报出高价时,双方预计的成交价位则应在卖方所报价位与买方预期价格之间。

4)尾数报价方法

尾数报价方法即利用具有某种特殊意义的尾数或人们的"心理尾数"定价,尽量避免整数报价。采用尾数报价方法一方面是针对人们对数字的心理,另一方面也是出于商业谈判技巧的需要。如前所述,某种商品的价格一般是按实际成本加上利润计算的,较少出现整数,因此,当一方采用整数报价方法时,往往难以使对方信服。又如,利用一些民族或地方的风俗习惯,在报价或还价中使用当地人们特别偏好的数字,投其所好等。

3.2.4　佣金和折扣

在价格的商定过程中,有时会涉及佣金(Commission)和折扣(Discount)问题。佣金和折扣直接关系到商品的价格,灵活地运用佣金和折扣,可以调动外商的积极性,增强市场竞争力,起到扩大出口的目的。

1)佣金

佣金是代理人或经纪人为委托人介绍买卖或提供其他服务而取得的报酬。在货物买卖中,佣金常常表现为交易一方支付给中间商的报酬。例如,出口商支付佣金给销售代理人,或进口商支付佣金给采购代理人。

包含佣金的价格称为含佣价,不含佣金者则为净价(Net Price)。佣金如在价格条款中明确规定则称作明佣;也有的不在价格条款中表示出来,由当事人按约定另付,这种做法称为暗佣。

明佣的表示方法一般是在价格之后加列一定百分比的佣金率。例如:USD27.50 per piece CIF C5 New York。这里的 C5 指 5% Commission,即佣金率。佣金额是在含佣价的基础上计算的,即:

$$佣金额 = 含佣价 \times 佣金率$$
$$净价 = 含佣价 - 佣金额$$

佣金的支付方法有两种:一种是在交易达成时就向中间商支付佣金;另一种是卖方在收到全部货款后,再另行支付佣金。在前一种情况下,虽交易已达成,但如果万一合同无法履行,委托人仍要向中间商支付佣金。而后一种情况对委托人比较有利。为了避免和防止误解,除要明确规定委托人与中间商之间的权利与义务之外,委托人最好事先与佣金商达成书面协议,明确规定出支付佣金的方法。通常佣金可以在合同履行后逐笔支付,也可按月、按季、按半年,甚至一年汇总支付。

2)折扣

折扣(Discount)是卖方给予买方的一种价格减让。国际贸易中使用的折扣名目较多,除一般折扣外,还有为扩大销售而使用的数量折扣(Quantity Discount),为某种特殊目的而给予的特殊折扣(Special Discount)以及年终回扣(Turnover Bonus)等。折扣与佣金一样,有"明扣"和"暗扣"之分。明扣在价格条款中明确表示出来,如 USD280.00 per M/T CIF Bombay Less 3% Discount.

折扣通常是以成交额或发票全额为基础计算出来的:

$$折扣额 = 原价 \times 折扣率$$

折扣额一般在买方支付货款时预先予以扣除。

3.2.5 进出口商品价格的掌握

在确定商品价格时,要考虑的因素有很多,如企业的经营意图、市场战略、交易商品的特点、市场供求规律、汇率变化趋势、交易商品的质量和档次、交易数量、包装要求、运输条件、交货方式和地点、交易双方的谈判实力等。这些因素,都会对商品价格的最后确定产生一定的影响。对进出口业务人员而言,掌握商品的价格是一项复杂而又十分艰巨的工作。为了做好这项工作,外经贸业务经营人员必须熟悉交易商品成本核算方法、主要贸易术语的价格构成和换算方法;了解作价方法和国际市场商品价格变动趋势,充分考虑影响价格的各种因素。

1)主要贸易术语的价格构成

FOB,CFR,CIF 3 种贸易术语的价格构成:在我国进出口业务中,最常采用的贸易术语是 FOB,CFR 和 CIF 3 种。这 3 种贸易术语仅适用于海上或内河运输。在价格构成中,通常包括 3 个方面的内容:生产或采购成本、各种费用和净利润。

FOB,CFR 和 CIF 3 种贸易术语的价格构成的计算公式如下:

$$FOB\ 价 = \frac{生产}{采购成本价} + 国内费用 + 净利润$$

$$CFR\ 价 = \frac{生产}{采购成本价} + 国内费用 + 国外运费 + 净利润$$
$$即\ FOB\ 价 + 国外运费$$

$$CIF\ 价 = 生产采购成本价 + 国内费用 + 国外运费 + 国外保险费 + 净利润$$
$$即\ FOB\ 价 + 国外运费 + 国外保险费$$

2)FCA、CPT 和 CIP 3 种贸易术语的价格构成

FCA、CPT 和 CIP 3 种贸易术语,是国际商会为适应国际贸易的新发展而制定的贸易术语。它们的适用范围比较广,其价格构成也有 3 部分:生产或采购成本、各种费用和净利润。由于采用的运输方式不同,交货地点和交货方式不同,有关费用也有所不同。

FCA、CPT 和 CIP 3 种贸易术语的价格构成的计算公式如下:

$$FCA\ 价 = \frac{生产}{采购成本价} + 国内费用 + 净利润$$

$$CPT\ 价 = \frac{生产}{采购成本价} + 国内费用 + 国外运费 + 净利润$$

$$即\ FCA\ 价 + 国外运费$$

$$CIP\ 价 = \frac{生产}{采购成本价} + 国内运费 + 国外运费 + 国外保险费 + 净利润$$

$$即\ FCA\ 价 + 国外运费 + 国外保险费$$

3）主要贸易术语的价格换算

（1）FOB、CFR 和 CIF 3 种价格的换算

①FOB 价换算为其他价。

$$CFR\ 价 = FOB\ 价 + 国外运费$$

$$CIF\ 价 = \frac{FOB\ 价 + 国外运费}{1 - 投保加成 \times 保险费率}$$

②CFR 价换算为其他价。

$$FOB\ 价 = CFR\ 价 - 国外运费$$

$$CIF\ 价 = \frac{CFR\ 价}{1 - 投保加成 \times 保险费率}$$

③CIF 价换算为其他价。

$$FOB\ 价 = CIF\ 价 \times (1 - 投保加成 \times 保险费率) - 国外运费$$

$$CFR\ 价 = CIF\ 价 \times (1 - 投保加成 \times 保险费率)$$

（2）FCA、CPT 和 CIP 3 种术语的换算

①FCA 价换算为其他价。

$$CPT\ 价 = FCA\ 价 + 国外运费$$

$$CIP\ 价 = \frac{FCA\ 价 + 国外运费}{1 - 投保加成 \times 保险费率}$$

②CPT 价换算为其他价。

$$FCA\ 价 = CPT\ 价 - 国外运费$$

$$CIP\ 价 = \frac{CPT\ 价}{1 - 投保加成 \times 保险费率}$$

③CIP 价换算为其他价。

$$FCA\ 价 = CIP\ 价 \times (1 - 投保加成 \times 保险费率) - 国外运费$$

$$CPT\ 价 = CIP\ 价 \times (1 - 投保加成 \times 保险费率)$$

进出口业务中,货物的价格包括成本、费用(人民币费用、外币费用)和预期利润3大要素。成本主要指采购成本,是价格中的主要组成部分。费用主要指商品流通费,比重不大但内容繁多,主要包括包装费、仓储费、国内运输费、认证费、港区港杂费、商检费、出口关税和增值税、垫款利息、业务费用、银行费用、出口运费、保险费以及佣金等。由于我国实行出口退税制度,因此,在进行成本核算时,要考虑将含税成本中的税收部分,并按照出口退税比例予以扣除,核算出实际采购成本。

3.2.6 合同中的价格条款及作价方法

国际货物买卖合同中的价格条款应真实反映买卖双方价格磋商的结果,条款内容应完整、明确、具体、准确。

1)价格条款的基本内容

进出口合同中的价格条款,一般包括商品的单价和总值两项基本内容。单价通常由4个部分组成,即包括计量单位、单位价格金额、计价货币和贸易术语。例如,每吨CIF洛杉矶2 000美元(USD2 000 per M/T CIF Los Angeles)。总值(或称总价)是单价同成交数量的乘积,也就是一笔交易的货款总金额。

2)作价方法

国际货物买卖合同中价格的作价方法,主要有固定作价、非固定价格和部分固定、部分不固定价格等。

(1)固定价格表示法

这种做法在国际货物买卖中普遍采用,具体做法是:交易双方通过协商就计量单位、计价货币、单位价格金额和使用的贸易术语达成一致,在合同中以单价条款的形式规定下来,例如,USD58.50 per Dozen CIF London(每箱58.50美元CIF伦敦)。

其中,USD(美元)为计价货币,58.50为单位价格金额,"Per Dozen"为计量单位,"CIF London"为贸易术语。

采用这种方法时,合同价格一经确定,就要严格执行,除非合同中另有约定,或经双方当事人一致同意,任何一方不得擅自更改。固定价格的做法具有明确、具体、便于核算的优点。但是,在这种方式下,当事人要承担从签约到交货付款乃至转卖时价格波动的风险。

(2)非固定价格表示法

习惯上又称"活价"。具体做法上分为:

①合同中只规定作价方式,具体作价留待以后确定。如规定"在装船月份前××天,参

照当地及国际市场价格水平,协商议定正式价格"或"按照提单日期的国际市场价格计算"。

②在合同中暂定一个初步价格,作为买方开立信用证和初步付款的依据,待以后双方确定最终价格后再进行清算,多退少补。

③规定滑动价格的做法。这主要是在一些机械设备的交易中采用,由于加工周期较长,为了避免原料、工资等变动带来的风险,可由交易双方在合同中规定基础价格的同时,规定如交货时原料、工资发生变化,并超过一定比例,卖方可对价格进行调整。

（3）部分固定、部分不固定价格表示法

在一些长期分批交货的交易中,双方可以协商规定,对于近期内交货的部分采用固定价格,其余采用不固定作价办法。

1.价格条款

①每套21美元FOB上海在FOB基础上包含你方5%佣金。佣金以收付全部货款为条件。

USD21 per set FOB Shanghai including commission 5% on FOB basis. The commission shall be payable only after seller has received the full amount of all payment due to seller.

②每箱60港币CIF香港净价。

HKD 60.00 per case net CIF Hong Kong.

③装运期间运费的提价由买方支付。

Any advance in freight at time of shipment shall be for buyer's account.

2.成本加成定价法的应用

某纺织品进出口公司向美国客户的报价资料如下:每打CIFC3 NY,共400打女士衬衫。

购货成本:27.41CNY/PIECE,其中包括17%的增值税,退税率为9%。

国内运费（含运杂费）:860元人民币。

商检报关费:150元人民币。

港区杂费:600元人民币。

认证费:80元人民币。

业务费:1 000元人民币。

其他费用:800元人民币。

海洋运输费用:2 070美元。

海运保险:按CIF价格加一成投保中国人民保险公司海运货物保险中的一切险和战争险,其保险费率合计为2.3%。

客户佣金:出口报价的3%。

预期利润:报价的10%。

当时汇率为6.7人民币兑换1美元。

分析:

①成本。含税成本:27.42元人民币/件

$$退税收入:\frac{27.41}{1+17\%}×9\%=2.108\ 5元人民币/件$$

实际成本:27.41-2.108 5=25.301 5元人民币/件

②费用。国内费用:$\dfrac{860+150+600+80+1\ 000+800}{400×12}=0.727\ 1元人民币/件$

出口运费:$\dfrac{2\ 070×6.7}{400×12}=2.889\ 4元人民币/件$

客户佣金:报价×3%

保险费:CIF报价×110%×2.3%

③利润。报价×10%

CIFC3%报价=成本+费用+利润

　　　　　=25.301 5+0.727 1+2.889 4+报价×3%+报价×110%×2.3%+

　　　　　报价×10%(实际成本+国内费用+出口运费+客户佣金+海运保险费+

　　　　　预期利润)

$$CIFC3\%=\frac{25.301\ 5+0.727\ 1+2.889\ 4}{1-3\%-110\%×2.3\%-10\%}$$

$$=\frac{28.918}{0.844\ 7}=34.234\ 6元人民币/件$$

转换为美元,则$CIFC3\%=\dfrac{34.234\ 6}{6.7}=5.109\ 6美元/件$

每打CIFC3 NY报价应为5.109 6×12=61.315 2美元。

在实际业务中,因为存在对方还价的必然性,出口商应首先对还盘进行分析和核算,了解对方要求价格对自己预期利润的影响程度,还要分析价格构成中的哪些要素是可以调整的,比如能否减少费用开支、降低采购成本等,由此来确定自己是否还有利润,利润有多少?只有经过这样的核算,才能知道能否接受对方的还价。

附:

1.购货成本转换为实际成本及出口退税收入的计算方法

购货成本=货价+增值税=货价+货价×增值税税率=货价×(1+增值税税率)

$$货价=\frac{购货成本}{1+增值税税率}$$

实际成本=购货成本-出口退税额

　　　　=货价(1+增值税税率)-货价×出口退税率

　　　　=货价(1+增值税税率-出口退税率)

$$= \frac{购货成本}{1+增值税税率} \times (1+增值税税率-出口退税率)$$

$$购货成本 = 实际成本 \times \frac{1+增值税税率}{1+增值税税率-出口退税率}$$

$$退税收入 = 货价 \times 出口退税率$$

$$= \frac{购货成本}{1+增值税税率} \times 出口退税率$$

例：某商品每件购货成本是200元人民币，其中包括17%增值税，假设该商品出口退税率为9%，该商品每件的实际成本为多少？

$$实际成本 = \frac{购货成本}{1+增值税税率} \times (1+增值税税率-出口退税率)$$

$$= \frac{200}{1+17\%} \times (1+17\%-9\%) = 184.6 元人民币/件$$

2. 报价注意事项

①准确预计产品的成本。

②综合企业核定的毛利率。

③综合考虑客户的性质（进口商、零售商）。

④综合考虑公司的策略。

⑤综合行业的淡季旺季：淡季可报低，旺季可报高。

⑥订单量的大小，交易的规模：大订单可报低，小订单需报高。

⑦仔细查看客户价格条款：FOB/CFR/CIF/DAT。

每日一读

茅于轼：出口退税未必合适

国际贸易的基本准则是自由选择公平竞争。因为只有这样才能优化资源在全世界范围内的配置效率，使用最少的投入能够得到同样的产出，或者用同样的投入得到最大的产出。所以，自由公平的国际贸易能够改善全世界人们的生活水平，至少从静态分析来看，这是经得起推敲的。当然，它虽然是有效的，但不一定是公平的。

做国际贸易的商人或公司都是为了赚钱。自由选择的结果必定寻求赚钱的机会去做贸易。微观经济学证明，每个个人都追求利益的结果是全社会的繁荣。这正好和计划经济的观念相反，它认为利益是互相矛盾的，一个人为了自己的利益赚钱必定有损于另外一个人，要使全社会都得利必须通过计划经济。但是，不仅是微观经济学的理论，而且事实也证明前面的结论是对的，计划经济的理论错了。所以，世界贸易组织订立其基本准则为自由选择和公平竞争。

但是，个人利益和全社会利益的一致性是有条件的，即商品的价格必须正确，它必须是在市场上通过竞争形成的。价格的扭曲造成信号失真，追求利益就会有损于别人，而且也可能最后有损于自己。所以，世贸组织特别强调价格的真实性。比如国家补贴所形成的价格就是一种扭曲的价格。又比如，国营亏损企业产品的价格，也可能是补贴价格，因为它们的成本并不真实。补贴产品出口是损人损己的交易。出口退税涉及的问题，就是税算不算是成本。如果税算成本，退税就等于国家补贴，它会造成价格信号的失真，对出口方和进口方都是不利的。我认为，税应该算是成本，尤其是在国际贸易中，税是企业享受政府服务所支付的成本，没有这种服务，企业生产不出产品来。所以，它应该包括在产品的价格之中。如果出口退了税，价格就会扭曲，于己于人都是不利的。一国以低于成本的价格补贴外国的消费者，表面上是损己利人，对别人做好事，但是微观经济学的理论证明，在总量上会招致净的损失，因为资源配置错误，降低了投入产出效率。一方面，因为补贴外国，对本国的消费者不利；另一方面，外国的生产者遭受低于成本的价格竞争，产品失去销路，对他们也是不利的。这是反对出口退税的第一点理由。

有一种理论，似乎可以成立，就是认为我国总需求不足，增加出口，让外国人买中国生产的商品，弥补自己需求的不足，可以繁荣经济，避免萧条。出口退税虽然有所失，但是从总量平衡来看还可能是利大于弊。这种主张从短期看是对的，但是，我国总需求不足的原因完全不是出口太少，而是别的原因造成的。如果用增加出口来弥补，而不顾总需求不足的真正原因，反而会耽误国内经济结构的调整。日本每年都有大量贸易顺差，但是经济十分不景气；而美国每年都有大量贸易逆差，经济状况却很好。这说明，依靠国外的需求解决不了内需不足的问题。把国内经济的繁荣建立在出口的基础上，一旦国际市场发生变化，马上会影响国内经济，也不是明智之举。停止出口退税，其困难的原因是我们有一种根深蒂固的过时观念，即认为多出口总是好的，赚取外汇总是对国家有利的。这是计划经济时的主张，那时没有真正的价格，该出口的在进口该进口的在出口，外贸一片混乱。外汇平衡成为国家计委的主要约束条件。所以总要鼓励出口，赚取外汇。至于经济效益是不考虑的，原因是没有合理的价格，想考虑也没法考虑。这正是为什么我国许多外贸公司经营亏损的原因。其实，我国的外贸条件已经完全变了，近年来，我国每年都是外贸有顺差，这不是一种理想状态。理想状态是外贸大体平衡，全世界的总进口等于总出口，一国外贸有顺差，必然导致另一国有逆差。现在大多数国家都有外贸顺差，唯独美国每年都有两三千亿美元的逆差，20来年，美国欠了世界各国几万亿的债务，成为全球金融不稳定的重大因素。一旦发生危机，受损失的将是全世界各国的经济。我国在外贸有顺差的情况下，还要鼓励出口，并不是明智之举。与此相联系的还有对进口的厌恶，认为进口用外汇总不是好事。所以不赞成进口粮食，也反对进口石油。其实，许多富裕国家都在大量进口石油或粮食，这并没有给他们造成损害。我国和大多数的发展中国家不同，他们往往缺乏外汇，增加出口减少进口确实是他们必须考虑的目标，而我国每年的外汇都用不完。我们对待进出口应该有一个平衡的心态。

有人说，世界贸易组织也不禁止出口退税，所以它并不造成国际贸易中的问题。世贸组织不禁止出口退税，是因为有些国家实行汇率管制，外贸平衡不能靠市场对汇率的自动调整来实现,所以要通过出口退税来平衡外汇。我国实施的并不是固定汇率制,而且我国不存在外汇的入不敷出,当然没有出口退税的理由。也有人说,我国的增值税将从生产端征收改为消费端征收。出口商品的消费者在国外,所以可以不征收。这是混淆了国内税和国外税。比较在生产端征收或在消费端征收是一回事,征不征收又是另外一回事。

——摘自陕西师范大学出版社出版的《茅于轼谈经济——从身边看世界》

思考训练

一、认识专业名词

贸易术语 FOB CIF CFR 佣金 折扣 净价 出口商品换汇成本 出口商品盈亏率 出口创汇率

二、解答问题

1. 常见贸易术语有哪几个? 它们的共同点和区别何在?

2. 实际交货和象征性交货有什么区别?

3. 国际上有几种关于贸易术语的解释?

4. 常用的定价方法有哪些?

5. 同一种出口商品在不同的情况下,为什么要掌握不同的差价?

6. 试述出口报价核算的主要内容。

三、作业

1. 下列我方出口报价如有问题请予以更正。

（1）RMB ￥1 500 FOB Tianjin

（2）£ 100 per doz. CFR

（3）per Case 32.60 CIF London

（4）US\$ 15 per Set CIF USA

（5）per M/T HK\$ 200 Hamburg

2. 某公司出口餐具,设进货价为每打 RMB 8.27,出口价为 CIF 每打 USD 3.80(已知每打运价为 USD 0.35,保险费每打 USD 0.02),试计算餐具的换汇成本。

3. 我方向西欧某客户推销某商品,推销价为每吨 1 200 英镑 CFR 西欧某港口。对方复电要求改报 FOB 中国口岸价,并给予 2% 的佣金。查运费表知:运费为每吨 170 英镑。这时应报价多少? 改报 CIFC 2% 为多少(假设保险费率为 0.03%)?

4. 原报价为每件 FOB2% 200 美元,现外商要求改报 CIF 价,并给予 3% 的佣金,问应报多少才能保证原外汇收入不发生改变? 公司预计的出口外汇净收入是多少(假设运费每件 8 美元,投保一切险,费率为 2.2%)?

5. 某出口商品共 4 000 件,每件采购成本是 81.9 元人民币,其中含 17% 的增值税。若该商品出口退税率为 11%,国内运费为 1 200 元,国内流通费估计为采购成本的 5%,投保一切险费率为 2.2%,从装运地到目的地的运费为 1 000 美元,报价日外汇牌价为 1 美元=6.72 元人民币,请按出口公司预期利润率 20% 对外商报每件 CIF 价格。

四、案例分析

1. 一份 FOB 出口一级大米 300 吨合同,装船时货物经公证人检验,符合合同规定的品质条件,卖方在装船后及时发出装船通知。在航行途中由于海浪过大,大米被海水浸泡,品质受到影响。当货物到达目的港时,只能按三级大米的价格出售,因而买方要求卖方赔偿差价损失。这样做有没有道理?

2. 有一批货物以 CIF 伦敦价格条件成交,由卖方投保一切险及战争险加罢工险。船未到伦敦前,船方获悉伦敦正在罢工,不能靠岸卸货,于是将应卸伦敦的货物卸至下一个港口。后来伦敦罢工结束,货物又从该港运往伦敦,增加 2 200 英镑运费。这笔费用由谁负责? 为什么?

3. 有一份 CIF 合同,货物已在合同规定时间和装运港装船并发出装运通知,受载船只离港 4 小时后发生意外事故而部分货物受损。第二天,当卖方持提单、发票等单据要求买方付款时,买方表示将等到具体货损情况确定后才接收单据和付款。试问买方如此处理是否恰当? 为什么? 若此案是按 CFR 术语成交,又如何处理?

4. 我某出口公司与外商按 CIF Landed London 条件成交出口一批货物,合同规定以信用证方式付款。买方按合同规定将信用证开抵卖方。货物顺利装运后,卖方在信用证规定的交单期内办好了议付手续并收回货款。不久,中方收到买方寄来的卸货费和进口报关费的收据,要求中方支付款项。问:中方是否需要支付这笔费用?

学习情境4　货物的运输

学习目标

1. 了解货物运输的基本方式和特点。

2. 掌握货运单据的性质和作用,熟悉其种类。

3. 掌握班轮运输运费的计算方法。

4. 掌握装运条款的内容。

能力目标

1. 能合理选用货物的运输方式,通晓具体货运方式的操作程序。

2. 能准确核算班轮运输运费。

3. 能熟练运用和填制装运条款的内容。

任务1　货物运输方式的选择

任务引入

张浚在工作中遇到了与国内贸易不同的其中一个环节——运输,这个环节牵涉的面比较广,除买卖双方当事人外,还牵涉承运人,如船公司、铁路公司、航空公司或货代等,同时手续比较繁杂。如何办理相关手续? 不同的货运单据种类又起到了什么作用呢?

案例导读

【案情介绍】清洁提单与不清洁提单争议案

美国纽约的高拉德兹公司和伊朗的沙尼科—利昂达公司签订了一份食糖销售合同,由前者向后者出售 12 000～13 000 吨袋装混合精炼白糖,价格条件是 CFR. Free out 装运期为 1975 年 3—4 月,装运港为印度的凯斯特拉港,卸货港为伊朗的伯思达·夏帕港。上述合同是参照"精炼糖公会"规定的基础上制订的,其中特地写道:①一旦货物到达装运船船边,买方就得开始承担风险;②买方一旦被提示载有"运费已付"字样的全套两份清洁提单,便须立即现付货款。

1975 年 3 月 20 日,卖方开始食糖装船工作,4 天后突发大火,致使 200 袋重约 200.8 吨的食糖遭受损害,其受害程度已排除其商业价值的可能性,于是这批受损的糖被重新卸岸,其余 1 万多吨食糖则在后来安全地运到目的港。

1975 年 4 月 6 日,船方签发两张提单,第一张写明装运的重量为 12 999.2 吨,第二张写明装运的重量是 200.8 吨,并载明:"重量、尺码、数量、状态、内容和价值不详。鉴于遭到了火灾或灭火用之水的损害,本船宣布了共同海损,本提单上所列之货物业已全部卸于凯斯特拉港。"这两张提单交由银行议付结汇时,买方只接受第一张提单,买方和其开户银行以第二张提单是一张不清洁提单为由拒绝接受。同时卖方的银行也拒收第二张提单。

【案例评析】

该案的争议在于,第二张提单是否是不清洁提单。买方认为第二张提单是一张不清洁提单。

该案首先交由精炼糖公会属下的法律委员会仲裁,仲裁员们认为本提单确实是一张不清洁提单,从而作出了有利于买方,不利于卖方和船方的裁决。卖方和船方对裁决不服,于 1978 年 11 月将这一诉讼交地方法院的法官康纳尔顿先生处理,康纳尔顿法官对本案发表了精辟的见解,认为仲裁结果是不适当的,买方应该付款,银行应该结汇。接下来是买方对法院的裁决不服向上级法院提出上诉,上级法院的法官赞同康纳尔顿法官的判决。因此,本案就以上级法院维持地方法院康纳尔顿先生的原则而告结束,买方败诉。买方或其银行最终按照提单的规定向卖方支付约 200 吨的糖款,而卖方银行则应向船方支付这批食糖的运费。

在国际货物买卖中,提单清洁与否与当事人有重要的利害关系:

①买方一般不愿接受不清洁提单,因为一旦这种提单项下的货物因批注的事项在运输途中遭到天灾或损害,买方就不能要求承运人赔偿损失。

②银行一般也不愿接受不清洁提单,不清洁提单不能作为议付货款的依据,根据《提单信用证统一惯例》的规定,在以信用证方式付款时,除非信用证另有规定,银行将拒绝接受不清洁提单。

③实践中,不清洁提单很难作为物权凭证进行自由转让。

判断一张提单是否清洁的根本标准是什么? 本案中康纳尔顿法官有一段精辟的评论:"提单清洁与否是由其本身决定的,买卖双方的银行或买方对一提单的拒收均不能证明此提单因此就是不清洁提单。"也就是说,提单清洁与否完全是由承运人是否在提单上加注不良批注决定的。本案中,承运人签发的两张提单上均无不良批注,对货物表面状况的描述是否"货物表面状况良好",据此足以认定本案中承运人签发的两张提单均应是清洁提单。因此,买方银行不能拒付货款,卖方也有义务向承运人支付运费,法院的裁决是公正的。

4.1.1　运输方式

国际贸易使用的运输方式有海运、铁路运输、空运、邮运和联合运输等多种。具体使用哪一种运输方式,应根据进出口货物的特点、货运量大小、距离远近、运费高低、风险程度、自然条件和装卸港口的具体情况等因素,按照安全、迅速、准确、节省的原则来进行合理选择。

1)海洋运输

海洋运输是国际贸易中使用最为广泛的一种运输方式。海洋运输按经营方式不同,可分为租船运输和班轮运输两种。

(1)班轮运输

班轮运输(Liner Transport)是在不定期租船运输的基础上发展起来的,是国际航运的一种主要方式。所谓班轮(Liner),是指按照预订的时间,在固定的航线上,以既定的港口顺序,经常地从事航线上各港口间往返载货的船舶。

①班轮运输的特点。

A."四固定",即按固定的航行时间表、沿着固定的航线、停靠固定港口、收取相对固定的运费。

B."两负责",即货物由班轮公司负责配载和装卸,运费内已包括装卸费用,班轮公司和托运人双方不计滞期费和速遣费。

C.班轮公司和货主双方的权利、义务和责任豁免均以班轮公司签发的提单条款为依据。

②班轮运费(Liner Freight)。

班轮运费是班轮公司为运输货物而向货主收取的费用。包括货物在装运港的装货费、在目的港的卸货费以及从装运港至目的港的运输费用和附加费用。

A.班轮运费的构成。班轮运费由基本运费和附加费构成,即:

班轮运费=基本运费+附加费之和

基本运费是指货物从装运港到目的港所应收取的费用。其中,包括货物在港口的装卸费用,它是构成全程运费的主要部分。班轮运费中的附加费是指针对某些特定情况或需作特殊处理的货物在基本运费之外加收的费用。附加费名目很多,主要有:超重附加费、超长附加费、直航附加费、转船附加费、港口拥挤附加费、选港附加费。此外,还有港口附加费、燃油附加费、变更卸货港附加费、绕航附加费等。

B.基本运费的计收标准。根据商品的种类不同,计收班轮运费一般可以采用下面几种标准:

a. 按货物毛重计收,即以重量吨(Weight Ton)计收运费。运价表内货物名称后用"W"表示。

b. 按货物的体积/容积计收,即尺码吨(Measurement Ton)。尺码吨一般以 1 立方米或 40 立方英尺(相当于 1.132 8 立方米)为计量单位。在运价表中以"M"注明。

按重量吨或尺码吨计收运费的单位统称运费吨(Freight Ton)。

c. 按货物的重量或体积计收。即在重量吨或尺码吨的计费标准中,从高收费。运价表中以"W/M"表示。

d. 按货物的价格计收。即从价运费,是指按货物在装运地 FOB 价的百分之几收费,一般不超过 5%。通常只有黄金、白银、宝石等贵重货物才按此收费。在运价表中从价运费是以"A. V"或"Ad. Val"表示。

e. 按货物的毛重、体积或从价计收。有两种方式:一是运价表中以"W/M"或"A. V"表示,即运费按重量吨、尺码吨或 FOB 价 3 种计费标准中较高的一种计收;另一种方式是在运价表中注明的"W/M plus A. V",即按货物毛重、体积两者中较高的一种计收运费,再加收从价运费。

f. 按货物的件数计收运费。一般只针对包装固定,包装内的数量、重量、体积也固定不变的货物,按箱、捆、件等特定的运费率计收运费。

g. 按货物的个数计收。如卡车按辆、活牲畜按头等。

h. 由船方与货主临时议价。这种方式通常是在承运粮备、矿石、煤炭等大宗货物,运价较低、装卸容易的农副产品和矿产品时使用。在运价表中以"Open"表示。

C. 班轮运费的计算。

$$F = F_b \times (1 + \sum s) \times Q$$

式中 F——班轮运费;

F_b——基本运费率;

$\sum s$——附加费率之和;

Q——总货运量。

例如:某公司出口 100 箱商品到科威特,每箱毛重为 30 千克,按重量吨计费,查运费表科威特为海湾航线,每吨基本运费率为 222 港元,燃油附加费 10%,应付运费多少?

运费 = 0.03×100×222×(1+10%) = 732.60 港元

班轮运费的基本运费和各种附加费均按班轮运价表计算。班轮运价表包括在不同航线上运输不同货物的单位费率、计算运费的规定和方法,如运价的适用范围、货物的分类分级、计费标准、货物及各种附加费的计算方法等。根据运价表的制定人不同,可分为班轮公会运价表、班轮公司运价表、货方运价表和船方运价表 4 种,其收费标准是有差异的。一般来说,前两种的收费费率较高,而货方运价表内运费率一般较低。

在计算班轮运费时,首先根据货物的英文名称,从运价表的货物分级表中查出货物所属等级和计收运费的标准。然后,从航线划分的等级费率表中查出有关货物的基本运费率,再加上各项必须支付的附加费用,其总和即为某种货物运往指定目的港的单位运费。

附加运费是对一些需要特殊处理的货物,或由于突发事件等原因而需要另外加收的费用,主要有:超重附加费、超长附加费、直航附加费、转船附加费、港口拥挤费、港口附加费、燃料附加费、选港附加费、变更卸货港附加费、绕航附加费等。

在计算基本运费时,应注意以下3种情况:

第一,若不同商品混装在同一包装内,则全部运费按其中较高者收取。

第二,同一票货物若包装不同,其计费等级和标准也不同。除非货运人按不同包装分列毛重和体积,否则全部货物均按较高者计收运费。

第三,若同一提单内有两种以上的货名,如果托运人未列明不同货名的毛重和体积,则全部货物均按较高者计收运费。

(2)租船运输

租船运输(Charter),又称不定期船运输,是指包租整船或部分舱位进行运输。大宗货物的运输一般采用这种方式。采用租船运输,船货双方应以买卖合同为依据,在与买卖合同内容衔接的基础上签订租船合同。租船运输主要包括定程租船和定期租船两种方式。

①定程租船(Voyage Charter),又称程租租船或航次租船,它是指按航程租船,即所租船舶在指定港口之间完成一个或数个航次。就其租赁方式不同又可分为单程(或单航次)租船、来回航次租船、连续航次租船或包运合同几种。一般用以运输货值较低的粮食、煤炭、木材、矿石等大宗货物为主。其特点是:无固定航线、固定装卸港口和固定航行船期,而是根据租船人(货主)的需要和船东的可能,经双方协商,在程租船合同中规定;程租船合同需规定装卸率和滞期、速遣费条款;运价受租船市场供需情况、船级吨位和租船市场运费行市等因素的影响,租船人和船东双方的其他权利、义务一并在程租船合同中规定。在程租租船合同中,也应明确规定装运货物的条件,尤其是要规定装卸费用由谁负担。

一般来讲,装卸费用有4种不同的规定方法:

A. FIO(Free In and Out),即船方不负担装卸费,或 FIOST(Free In and Out Stowed and

Trimmed),即船方不负担装卸费、理舱费和平舱费。这种做法较普遍。

B. Gross Terms or Liner Terms,即班轮条件,是指船方负担装卸费。

C. FO(Free Out),即船方只负担装货费,不负担卸货费。

D. FI(Free In),即船方只负担卸货费,不负担装货费。

②定期租船(Time Charter)。定期租船是承租人在一定时期内租用船舶的租船运输,在此期限内由租船人自行调度和经营管理。租期可长可短,短则数月,长则数年。其特点为:在租赁期内,船舶由租船人负责经营和管理;一般只规定船舶航行区域而不规定航线和装卸港;除另有规定外,可以装运各种合法货物;船东负责船舶的维修和机械的正常运转;不规定装卸率和滞期速遣条款;租金按租期每月(或 30 天)每载重吨计算;船东和租船人双方的权利和义务以期租船合同为依据。

除上述两种租船方式外,还有光船租船,亦称"净船期租船",船舶所有人只提供一艘空船,一切人员配备及运营维修的费用均由承租人负担,实际上属于单纯的财产租赁。由于这种租船方式比较复杂,当前国际贸易中很少采用。

2)铁路、航空、邮政运输

我国的进出口货物,除通过海洋运输外,还有通过铁路运输、公路运输、航空运输和邮政运输等方式。

(1)铁路运输

铁路运输具有运行速度快、载运量较大、受气候影响小、准确性和连续性强等优点。在国际贸易中,铁路运输在国际货运中的地位仅次于海洋运输。在我国对外贸易运输中,铁路运输占有一定比重。

我国对外贸易货物使用铁路运输可分为国内铁路运输和国际铁路联运两部分。供应港、澳地区的货物由内地利用铁路运往香港九龙,或运至广州南部转船至澳门,即属国内铁路运输。国际铁路联运是指在两个或两个以上国际铁路运送中,使用一份运送票据,并以连带责任办理货物的全程运送,在由一国铁路向另一国铁路移交货物时,无须发货人、收货人参加的运输方式。我国对周边国家,如朝鲜、越南、蒙古、俄罗斯等国家的进出口货物,大部分采用铁路运输。通过国际铁路联运,使欧亚大陆连成一片,对发展我国与欧洲、亚洲国家的国际贸易提供了有利的条件。

(2)航空运输

国际货物的航空运输具有许多优点:运送迅速;节省包装、保险和储存费用;可以运往世界各地而不受河海和道路限制;安全准时。因此,对易腐蚀、鲜活、季节性强、紧急需要的商品运送尤为适宜。被称为"桌到桌快递服务"(Desk to Desk Express Service)。航空货物运输的方式很多,有班机、包机、集中托运和航空急件传送等。

(3)邮政运输

邮政运输(Parcel Post Transport)又称邮包运输,是一种最简便的运输方式。各国邮政部门之间订有协定和公约,从而保证了邮件包裹传递的畅通无阻、四通八达,形成了全球性的邮政运输网,遂使国际邮政运输得以在国际贸易中被广泛使用。

近年来,特快专递业务迅速发展。目前快递业务主要有国际特快专递(International Express Mail Service,简称 EMS)和 DHL 信使专递(DHL Courier Service)。

3)集装箱运输、国际多式联运与大陆桥运输

集装箱运输、国际多式联运与陆桥运输是目前国际货物运输使用较多的 3 种新型的运输方式。

(1)集装箱运输

集装箱运输(Container Transport)是以集装箱(Container)为运输单位进行运输的一种现代化的、先进的运输方式,它可适用于各种运输方式的单独运输和不同运输方式的联合运输。集装箱运输的优点是:加速货物装卸,提高港口吞吐能力,加速船舶周转,减少货损货差,节省包装材料,减少运杂费用,降低营运成本,简化货运手续和便利货物运输等。集装箱运输是运输方式上的一大革命,它的出现和广泛运用,对国际贸易产生了很大的影响。

(2)国际多式联运

根据《联合国国际货物多式联运公约》的解释,国际多式联运(International Multimodal Transport)是指按照多式联运合同,以至少两种不同的运输方式,由多式联运经营人将货物从一国境内接收货物的地点运往另一国境内指定交付货物的地点。国际多式联运大多以集装箱为媒介,把海洋运输、铁路运输、公路运输、航空运输等单一运输方式有机地结合起来,构成一种连贯的运输,是实现门到门运输的有效方式。

(3)大陆桥运输

大陆桥运输(Land Bridge Transport)是指使用横贯大陆的铁路或公路运输系统作为中间桥梁,把大陆两端的海洋运输连接起来的连贯运输方式。目前运用较广的是西伯利亚大陆桥及亚欧大陆桥。

4.1.2　国际货物运输单据

不同的运输方式使用的运输单据不同,主要有海运提单、铁路运单、航空运单和多式联运单据等。

1)海运提单

(1)海运提单的性质和作用

海运提单(Bill of Lading,或 B/L)简称提单,是指由船长或船公司或其代理人签发的,证明已收到特定货物,允诺将货物运至特定的目的地,并交付给收货人的凭证。它是收货人在目的港据以向船公司或其代理提取货物的凭证。收货人在目的港提取货物时,必须提交提单正本。其性质和作用可以概括为以下 3 个方面:

①提单是承运人或其代理人签发的货物收据（Receipt for the Goods）。

②提单是一种货物所有权的凭证（Document of Title）。

③提单是承运人与托运人之间订立的运输契约的证明（Evidence of the Contract Carriage）。

（2）海运提单的基本内容

每个船舶公司的提单格式都不同，但基本内容大致相同，一般包括提单正面内容和背面印载的运输条款。

①提单的正面内容分别由托运人、承运人或其代理人填写，通常包括托运人、收货人、被通知人、装运港或收货地、目的地或卸货港、船名、国籍、航次、货名及件数、毛重及体积、运费、提单签发数、签单日期及签单人。另外，由于提单一般有 3 份正本，副本若干，因此，应声明正本提单其中 1 份完成提货后，其余 2 份无效。

②提单背面印有明确承运人与托运人、收货人、提单持有人之间权利和义务的运输条款。为了统一提单背面条款内容，缓解船货双方的矛盾，各国曾先后签署了有关提单的国际公约《海牙规则》《维斯比规则》和《汉堡规则》。由于 3 个公约签署的历史背景不同，内容不同，采用不同规则的国家提单背面的内容因此也有所不同。

（3）海运提单的种类

从不同角度分类，提单主要包括以下几种：

①根据货物是否已装船分为已装船提单和备运提单。

A. 已装船提单（On Board B/L），是指承运人已将货物装上指定船舶后所签发的提单。其特点是：提单上有载货船舶名称和装船日期。在进出口贸易中一般都规定卖方要提供已装船提单，我国一般也使用这种提单。

B. 备运提单（Received for Shipment B/L），又称收讫待运提单，是指承运人收到托运货物等待装船期间签发给托运人的提单。这种提单上没有明确的装船日期和具体船名，即使注明船名也是拟装船名，并不肯定，所以买方一般不愿接受。若承运人在备运提单上加盖"已装船"图章，注明日期和船名并签字证明后，这种提单就变成已装船提单了。

②根据提单上对货物表面状况有无不良批注，可分为清洁提单和不清洁提单。

A. 清洁提单（Clean B/L），是指货物装船时，表面状况良好，承运人在签发提单时未加注任何货损、包装不良或其他有碍结汇批注的提单。在买卖合同中一般都规定卖方须提供清洁提单。

B. 不清洁提单（Unclean /Foul B/L），是指承运人在提单上加注了货物表面状况不良或货物存在缺陷和包装破损的提单。在信用证支付方式下，银行一般不接受不清洁提单。因此，出口商或托运人常常出具保函换取清洁提单。但这是一种侵权行为，应视具体情况而定。

③根据收货人抬头不同分为记名提单、不记名提单和指示提单。

A. 记名提单(Straight B/L)，又称收货人抬头提单，是指在提单的收货人栏内具体写明收货人的名称，并只由该收货人提货。故这种提单不能通过背书转让，在国际贸易中很少使用。

B. 不记名提单(Open B/L)，是指提单收货人栏内没有填明具体的收货人或指示人的名称，谁持有提单，谁就可以提货，不需要背书转让，故又称"来人提单"。这种提单风险大，也很少采用。

C. 指示提单(Order B/L)，是指在提单收货人栏内只填写"凭指示"(To Order)或"凭某人指示"(To Order of)字样的一种提单。这种提单可以通过背书转让。背书的方法有两种：一种是"空白背书"，即在提单表面仅有转让人签章，不注明被背书人的名称，可以继续背书转让；另一种是"记名背书"，即提单背面既有转让人签章，又注明被背书人的名称。目前，实际业务中，使用最多的是凭指定并经空白背书的提单，习惯上称为"空白抬头，空白背书"的提单。

凭某人指示(To order of...)可以是凭托运人指定(这种提单在发货人背书转让前，物权仍归发货人)，凭开证申请人指定以及凭开证银行指定等情况。

④根据运输方式不同分为直达提单、转船提单和联运提单。

A. 直达提单(Direct B/L)，是指轮船装货后，中间不经换船直接驶往直达目的港所签发的提单。

B. 转船提单(Transshipment B/L)，是指在装运港装货后，轮船需在中途港换装所签发的提单。这种提单上应注明"转船"或"在××港口转船"字样。

C. 联运提单(Through B/L)，是指由海运与其他运输方式联运时第一承运人签发的，包括全程运输手续及运费的全程提单。但一般来讲，第一承运人会在提单上载明只负责自己承运区段的责任。

⑤根据提单内容繁简可分为全式提单和略式提单。

A. 全式提单(Long Form B/L)，是指提单既有正面内容，又在背面列有承运人和托运人权利、义务的提单。

B. 略式提单(Short Form B/L)，又称简式提单，是省略提单背面条款的提单。

依其他一些条件，提单也有不同分类。如根据船舶运营方式的不同，分班轮提单和租船提单；根据提单使用的有效性，即有无船长、承运人签章，分为正本提单(Original B/L)和副本提单(Duplicate B/L)。此外，还有一些比较重要的提单，如：

集装箱提单(Container B/L)，是指集装箱运输货物时签发的提单。

舱面提单(On Deck B/L),又称甲板货提单,是指对在甲板上的货物签发的提单。承运人对舱面货的损失或灭失不负责任。但采用集装箱运输时,装于舱面的集装箱是船舱的延伸,视同舱内货物。

过期提单(Stale B/L),是指错过规定的交单日期或晚于货物到达目的港的提单。前者期限为21天,即提单签发日后21天才向银行提交,银行可拒收,后者一般在订立条款后银行可接受。

倒签提单(Antedated B/L),是指承运人应托运人请求,签发提单日期早于实际装船日期的提单,以符合信用证对装船日期的规定,便于结汇,这是一种违法行为。

预借提单(Advanced B/L),又称无货提单,是指信用证规定装运日期和议付日期已到,货物已由承运人接管,但因故未能及时装船或装船完毕,托运人出具保函,要求承运人签发的已装船提单。预借提单与倒签提单属于同一性质,都不是按规定在装船完毕日期签发提单,因此应尽量不用或少用。

2)铁路运输单据

(1)国际铁路联运运单

国际铁路货物联运所使用的运单是铁路与货主之间缔结的运输契约。该运单从始发站随同货物附送至终点站并交给收货人,它不仅是铁路承运货物出具的凭证,而且是铁路同货主交接货物、核收运杂费和处理索赔与理赔的依据。国际铁路联运运单副本,在铁路加盖承运日期戳记后还给发货人,它是卖方凭以向银行结算货款的主要证件之一。

(2)承运货物收据

承运货物收据(Cargo Receipt)是承运人出具的货物收据,也是承运人与托运人签订的运输契约。我国内地通过铁路运往港、澳地区的出口货物,一般多委托中国对外贸易运输公司承办。当出口货物装车发运后,对外贸易运输公司即签发一份承运货物收据给托运人,以作为对外办理结汇的凭证。

3)航空运单

航空运单(Airvay Bill)是承运人与托运人之间签订的运输契约,也是承运人或其代理人签发的货物收据。航空运单还可作为承运人核收运费的依据和海关查验放行的基本单据。但航空运单不是代表货物所有权的凭证,也不能通过背书转让。收货人提货不是凭航空运单,而是凭航空公司的提货通知单。在航空运单的收货人栏内,必须详细填写收货人的全称和地址,而不能做成指示性抬头。

4)多式联运单据

多式联运单据(Multimodal Transport Documents,MTD)是多式联运合同的证明,也是多式联运经营人收到货物的收据和凭以交付货物的凭证。根据发货人的要求,它可以做成可转让的,也可以做成不可转让的。多式联运单据如签发一份以上的正本单据,应注明份数,其中一份完成交货后,其余各份即失效。

海运提单

中远集装箱运输有限公司
COSCO CONTAINER LINES

TLX: 33057 COSCO CN
FAX: +86(021) 6545 8984

ORIGINAL

Port-to-Port or Combined Transport

BILL OF LADING

RECEIVED in external apparent good order and condition except as otherwise noted. The total number of packages or unites stuffed in the container, The description of the goods and the weights shown in this Bill of Lading are furnished by the Merchants, and which the carrier has no reasonable means of checking and is not a part of this Bill of Lading contract. The carrier has issued the number of Bills of Lading stated below, all of this tenor and date, one of the original Bills of Lading must be surrendered and endorsed or signed against the delivery of the shipment and whereupon any other original Bills of Lading shall be void. The Merchants agree to be bound by the terms and conditions of this Bill of Lading as if each had personally signed this Bill of Lading.

SEE clause 4 on the back of this Bill of Lading (Terms continued on the back Hereof, please read carefully).

*Applicable Only When Document Used as a Combined Transport Bill of Lading.

Consignee Insert Name, Address and Phone

Notify Party Insert Name, Address and Phone
(It is agreed that no responsibility shall attach to the Carrier or his agents for failure to notify.)

Combined Transport * Pre - carriage by	Combined Transport* Place of Receipt
Ocean Vessel Voy. No.	Port of Loading
Port of Discharge	Combined Transport * Place of Delivery

Container / Seal No.	Marks & Nos.	One of Containers or Packages	Description of Goods	Gross Weight(kgs)	Measurement(m³)

Total Number of containers and/or packages (in words)

Freight & Charges	Revenue Tons	Rate	Per	Prepaid	Collect

Ex. Rate	Prepaid at	Payable at	Place and date of issue
	Total Prepaid	No. of Original B(s)/L	Signed for the Carrier, Cosco Container Lines

LADEN ON BOARD THE VESSEL
DATE   BY

任务2　装运条款

任务引入

张浚在知道如何安全、准确、方便地利用各种运输工具，恰当地选择适当的运输方式和路线后，还需要考虑作为卖方应如何交货以及何时交货等问题，比如：确定交货时间、地点、目的港、是否允许分批装运与转船、装运通知以及滞期速遣等规定。

案例导读

【案情介绍】分批装运条款执行不当影响收汇案

中国某公司与外商成交出口焦炭2 000吨，约定采用分批装运，装运日期为2017年3月至6月，每月装运500吨，凭不可撤销信用证付款，并受《跟单信用证统一惯例》的约束。中方公司按照买方开出的信用证于3月和4月两个月装运500吨焦炭出口，并按时交单议付。但因国内市场货源紧缺，5月份运输线路出现故障，部分焦炭未能按时装运出口，导致中方公司在6月一次运出1 000吨焦炭，并凭单向银行议付货款，却遭到银行拒付。其理由是：我方公司5月未按信用证装运焦炭出口，信用证已失效。我方只好将付款方式改为托收方收到货款。但最后仍不得不向买方偿付损失赔偿金近1万美元。

【案例评析】

本案的争议集中在：中方公司认为，我方对其中一批货物交付的违反，并不影响其他各批交货的合同。中方公司应仅就5月未装运出口部分承担迟延履行的违约责任，其他各批货物买卖的履行应照常进行。

本案的焦点问题在于：国际货物买卖合同是与信用证完全独立的法律文件。依据《联合国国际货物买卖合同公约》的规定，分批交货的合同除非各批货物之间存在互相依存的关系，否则，各批交货均应视为一个独立的合同。因此，本案中对其中一批货物交付的违反，并不影响其他各批交货的合同。中方公司应仅就5月未装运出口部分承担迟延履行的违约责任，其他各批货物买卖的履行应照常进行。

但同时，案例中载明受《跟单信用证统一惯例》的约束，信用证各方当事人之间的权利与义务关系应适用该惯例的有关规定。根据该惯例，对于分批交货的信用证，如果其中任何一批货物未按时装运，除非开证人另行授权，否则以后各批交货均告失效。所以，当本案当事人6月份向银行议付货款时，信用证已失效，银行也因此有权拒付货款。我方向银行议付货款时遭到拒付，其理由是我方公司信用证已失效。我方只好将付款方式改为托收方，并向买方偿付损失赔偿金近万美元。

国际货物装运是国际货物运输的重要组成部分，装运条款是国际货物买卖合同的主要条款之一，是一项买卖交易活动能够顺利完成的重要保证。本案涉及分批装运的问题,《跟单信用证统一规则》中明确规定,除非信用证有相反规定,可准许分批装运和转船。在分批装运的情况下,如其中任何一批未按规定装运,则本批及以后各批均告失效。一般来说,允许分批装运的条款对卖方较为有利。一些国家的合同法规定,若当事人在买卖合同中未对装运加以规定,则不允许分批装运和转船。由此,建议国际贸易当事人最好应在买卖合同中对此项内容予以明确,以免发生争议。

知识链接

国际贸易中,买卖双方就交货时间、装运港和目的港、装卸时间及费用、是否分批装运等条件进行洽商,合理地规定装运条款,明确装运条件和相互责任,保证进出口合同顺利履行。

在装运条款中,以海上装运条款最为常用又最为复杂。下面以海上装运条款为例。

4.2.1　装运时间

装运时间又称装运期,通常是指货物装上运输工具的时间或期限,是买卖合同的主要条件。卖方必须严格按照规定时间装运货物,如果提前或延迟,均构成违约,买方有权拒收货物、解除合同,同时提出损害赔偿要求。它与交货期(Time of Delivery)是两个不同的概念。但在进出口贸易中,最常用的 3 种贸易术语 FOB,CFR 和 CIF 均属装运港交货,因此装运期与交货期相同。目的港或其他地点交货的术语下,两者则不同。

目前常用的有以下几种规定方法:

1)明确规定具体的装运期限

即装运时间一般不确定在某一日期上,而确定在一段时间上,如:

①2018 年 3 月装运。

Shipment during March 2018.

②于 2018 年 7 月 15 日前装运。

Shipment on or before July 15th 2018.

这种方法含义明确,在国际贸易中普遍采用。

2)规定在收到信用证后若干天装运(Shipment Within 45 Days after Receipt of L/C)

使用这种方法规定装货期的主要原因是:合同签订后,买方因申请不到进口许可证或其国家不批结外汇,或因货物市场价格降低对买方不利,或买方资信较差而迟迟不开信用证,卖方为避免因买方不及时开证带来的损失,以这种方法来约束买方。另外,按买方要求生产的特殊新产品不能转为内销时,也常以此方法规定装运时间。

在采用此方法时,必须同时规定有关信用证的开到期限或开出日期。为了促使买方开证,通常在合同中加订约束性条款,如:"买方如不按合同规定开证,卖方有权按买方违约提出索赔。"

3)收到信汇、票汇或电汇后若干天装运

如:收到你方 30% 电汇货款后 30 天内装运。

Shipment will be effected within 30 days after receipt of your 30% deposite of the total amount by T/T.

在 FOB 条电汇支付的情况下,使用这种规定方法比较普遍。

4)采用笼统方法规定

这种方法不规定具体期限,采用如"立即装运(Immediate Shipment)""尽快装运(Shipment as soon as Possible)"等术语来表示。但由于买卖双方对其解释不一,易造成分歧,一般不宜使用。

在规定装运时间内,应充分考虑货源、船源等实际情况,期限的长短要适应,避免出现当月交货的情况。同时,为保证按期装运,装运期与信用证开出日期应互相衔接,一般来讲,开证日期比装运日期要提前 30 ~ 45 天(根据不同商品具体而定)。如 2022 年 12 月底以前交货,信用证务必于 11 月 15 日前开出。Shipment not later than the end of Dec, 2022 and letter of credit should be opened before Nov 15,2022.

4.2.2 装卸港

1)装卸港即装运港和卸货港或目的港

合同中的装卸港除同贸易术语有关、属于贸易术语的一部分外,又与买卖双方所承担的运输责任有关,也是交货条款的重要内容。

一般地,装运港通常由卖方提出,经买方同意后确定;卸货港通常由买方提出,卖方同意后确定。

2)装卸港的规定方法有 3 种:

①装卸港可分别规定一个,如:

装运港上海 Port of shipment:Shanghai 或在上海装运 Shipment from Shanghai

目的港纽约 Port of destination:New York

②大宗交易下,也可列明规定 2 个或 2 个以上的装卸港。如装运港—大连、天津/青岛。

③根据情况,也可规定选择港的办法,即从某几个港口中任选一个或规定某一航区

中的任一港口作为装卸港口。

目前,我国的装运港主要有大连港、秦皇岛港、香港、烟台港、青岛港、连云港、南通港、上海港、宁波港、温州港、福州港、厦门港、汕头港、广州港、黄埔港、湛江港、北海港及台湾地区的基隆港和高雄港。

3)规定装卸港时应注意的问题

在规定装卸港时应注意以下问题:

①必须是政府许可往来的港口。

②必须明确规定装卸港,不能笼统地定为"欧洲主要港"或"FOB××"。

③采用选择港时,备选港口不宜超过 3 个,而且必须在同一航区、同一航线比较靠近的港口。

④不可将内陆城市作为装卸港。

⑤必须考虑运输上的合理。即进口业务中,应选择接近用货地或消费地区的外贸港口。出口时,应规定接近货源地的港口为装运港。

⑥必须注意国外港口的具体运输和装卸条件,如有无直达班轮、港口装卸设备、码头泊位深度、冰冻期及其惯例、制度、收费标准等。

⑦对同名的装卸港,应在前面冠以国家或地区名称。

4.2.3　装卸时间、装卸率和滞期、速遣费

大宗货物在采用程租船运输时,在租船合同中订有装卸时间、装卸率和滞期、速遣费等条款,但买卖双方为了约束对方按时完成装卸任务,并与租船合同相衔接,在买卖合同中也规定上述内容。

1)装卸时间的规定

装卸时间(Lay Time)是指对大宗交易的货物在使用定程租船运输时,对完成装货和卸货任务所需要的时间和定额的规定,即指允许完成装卸任务所约定的时间。对于装卸时间的规定,可以采用下面几种方法:

①装卸货物的定额标准或装卸率,即每船或每个舱口每个工作日装卸若干吨。

②规定固定的装卸天数。此时应规定采用何种"天"的计算方法,如"连续 24 小时晴天工作日"。

③按港口习惯快速装卸(Customary Quick Despatch)。这种方法由于不规定确切的装卸期限,容易引起争议。

2）装卸率、滞期费和速遣费

①装卸率是指每日装卸货物的数量，一般指按港口装卸习惯的正常装卸速度。此项内容一般均照搬租船合同中的条款。

②滞期费（Demurrage）是指在规定的装卸期限内，租船人未能完成作业耽误了船期，为了补偿船方的损失，租船人向船方支付的一定金额的罚金。

③速遣费（Despatch Money）是指租船人提前完成装卸，船方作为鼓励而付给租船人的奖金。通常，速遣费为滞期费的一半。

在程租船合同中规定滞期、速遣条款的主要目的是明确有关滞期费用负担的责任。如在 FOB 术语下，买方签订运输合同，通常卖方负责装船，这时滞期费应由卖方负担，但船方一般根据运输合同的规定向租船人（买方）索取。同样，在 CIF 和 CFR 术语下，由卖方签订运输合同，买方负责卸货，滞期费应由买方负担，而船方往往根据运输合同向卖方索取。因此，必须规定滞期、速遣条款。

一般情况下，买卖合同中有关这一条款的规定应与租船合同一致。

4.2.4 分批装运和转运

1）分批装运

分批装运（Partial Shipment）是指一笔交易的货物分若干批装运。但同一船只、同一航次、不同时间在不同港口装运货物，不属于分批装运。国际上对分批装运的解释不同，为避免争议，买卖双方应根据交货数量、运输条件和市场需要等因素，在买卖合同中订明是否允许分批装运。

分批装运的原因主要是：数量大，卖方生产能力达不到一次交付货物或备货资金不足；进口原料商自身无仓库，货到后直接送工厂加工，提前到货无处存放，迟交货可能造成停产；运输条件的限制。对于进口方来说，分批交货会增加接货手续、风险和费用。

一般可采取以下规定方法：

①只列明"允许分批装运"（Partial Shipment is Allowed）。

②列明"分若干批装运的时间和数量" Shipment During July/August/September 1 000 m/t monthly）。

③列明"不准分批装运"（Partial Shipment is not Allowed）。

根据国际惯例，在信用证业务中对具体规定各批装运时间和数量的分批装运，如果其中任何一批未按约定时间和数量装运，则该批与以后各批均为违约。因此，在出口合同中，不宜规定在很短的时间内分若干批装运，间隔应适当，并尽量避免作分批定量的规定,以免因安排装运困难而影响贸易。

在合同中,如果没有规定允许分批装运,一般应理解为必须一次装运交货。因为不同国家的法律有不同的解释,所以应在合同中明确规定。在信用证业务中,《UCP600号》规定:除非信用证另有规定,分批付款或装运均被允许。即除非信用证明示不准分批装运,卖方即有权分批装运。因此,若不同意分批装运,应在合同中明确订明"不准分批装运"条款。

2)转船

如果货物没有直达船或一时无合适的船舶运输,则需中途转船运输。国际上对转船也无一致解释,因此,应在合同中订明是否允许转船(Transshipment)。由于转船耽误时间、增加费用,也易产生货损货差,故买方往往在合同中要求加订"限制转船"条款。应当注意,在出口业务中,凡目的港没有直达船挂靠,或虽有直达船但船期不定或航次间隔时间太长,以及成交量大而港口条件差或拥挤严重的,均应在合同中加订"允许转船"(Transshipment to be Allowed)条款,以利装运。

根据国际商会《跟单信用证统一惯例》规定,除非信用证有相反规定,可准许分批装运和转船。但买卖合同如对分批装运、转船不作规定,按国外合同法,则不等于可以分批装运和转船。通常情况下,允许分批装运和转船对卖方来讲比较主动。所以,除非买方坚持不允许分批装运和转船,卖方原则上应明确在出口合同中订立"允许分批装运和转船"为好。

3)其他条款

除上述几个主要条款外,装运条款中还应包括装运通知等其他装运条款。OCP条款就是其中之一,"OCP"(Overland Common Points)意为"内陆地区",通常称"OCP"条款为美国内陆运输,即根据美国运费率规定,以美国西部9个州为界,即以落基山脉为界以东的地区,都属于OCP地区的范围。与美国按OCP条款达成的交易,出口商既可享受美国内陆运输的优惠费率,也可享受OCP活动的海运优惠费率。因此,此条款下的交易对买卖双方均有利。但在实际业务中,货物最终目的地必须属于OCP地区范围,货物必须由美国西岸港口中转,提单上也必须标明"OCP"字样。

示 例

①2006 年 4/5 月份分两批平均装运,允许转船。

Shipment during Apr/May 2006 in two about equal lots, transshipment allowed.

②3/4/5 月份装运,允许分批和转船。

Shipment during Mar/Apr/May with partial shipment and transshipment allowed.

③3 月份装运,自上海到纽约。卖方应于装运月份前30 天将备妥货物可供装船的时间通知买方。允许分批装运和转运。

Shipment during May from Shanghai to New York. The seller shall advise the buyer 30 days before the month of shipment of the time the goods will be ready for shipment. Partial shipment and transhipment allowed.

每日一读

首届诺贝尔经济学奖获得者拉格纳·弗里西

诺贝尔经济学奖是当今世界上最具影响力的经济学奖项。从 1969 年首届颁发到现在,每年一届。历届获奖的经济学家的理论基本上代表了当代西方经济学的主要成就,对西方社会的经济政策、经济运行及经济学研究产生了重大影响。在现代经济发展日益国际化的条件下,这种影响实际上是全球性的。

首届诺贝尔经济学奖获得者拉格纳·弗里西(Ragnar Frisch),是数理经济学和经济计量学研究领域的先驱者,主要致力于长期经济政策和计划,特别是关于发展中国家的问题,1969 年与简·丁伯根共同获得诺贝尔经济学奖。拉格纳·弗里西 1919 年毕业于挪威奥斯陆大学经济系,20 世纪 20 年代初,先后到法国、德国、英国、美国和意大利等国的大学研究经济学和数学,1926 年获得奥斯陆大学哲学博士学位,1931 年成为正教授,并成为奥斯陆大学新成立的经济研究所所长。在获得 1969 年阿尔弗雷德·诺贝尔经济学奖项前,得到的重要的科学奖有:1961 年由林西国家学院授予的大安东尼奥·费尔特林纳里奖等。主要成果有《定量、动态政治经济学》《经济计划研究》等。

主要贡献:他第一个提出了资本主义经济周期的数理模式,在创立这个模式时所使用的观点和方法,被经济学界公认为是现代经济周期分析上的最佳原理。他根据日益复杂的经济发展过程,创造了"统计合流分析"方法,为经济计量学的方法论打下了基础。在微观经济问题方面,他在"生产理论"上有过贡献,转而研究宏观经济问题后,他考察了发展中国家使用的经济模式,研制了许多专门为这些国家使用的经济模式和"最优方案"。此外,他在经济福利理论、指数论、国际贸易和人口理论上都有所建树。

弗里希精力过人,著述等身。但是,他从来不关心自己研究成果的出版,他最关心的是弄清某些亟待解决的问题。一旦这些问题获得解决,他便迅速着手开辟新的研究领域,而不忙于把自己的手稿细加推敲,拿去出版。因此,从1926年以来的近50年中,他公开发表的论著目录虽然有160多项,但专著却寥寥无几。弗里希对经济学的贡献大部分表现在各大学的讲演、教学讲义和各种手稿中。据说,仅其手稿一项重就有2吨多。1965年,为了庆祝他的70岁生日,他在奥斯陆大学的学生和同事,把他的论文汇装成27大册,共6 500页,作为寿礼献给了他。他的另外两本重要著作:《定量、动态政治经济学》和《经济计划研究论文集》都是论文集,是他1973年逝世后由他的学生和支持者分别于1974年在匈牙利、1976年在荷兰出版的。弗里希是经济计量学的创始人,但他生前没有出版过经济计量学的专著。他的这个特点反映了他在科学研究中勤于探索而不计较个人名利的精神。

——根据内蒙古人民出版社出版的《诺贝尔经济学奖得主演讲集》整理

思考训练

一、认识专业名词

班轮运输 租船运输 滞期费 速遣费 指示提单 空白提单 记名提单 倒签提单 预借提单 OCP条款 分批装运

二、解答问题

1. 在什么情况下,"装运"(Shipment)和"交货"(Delivery)可作同一解释?

2. 如何理解海运提单是物权凭证?

3. 提单上收货人"凭指定"(To Order),"凭××银行指定"(To Order of ××Bank),"限××公司收"(××Co,Ltd. Only),三者是否一样?

4. 班轮运费的计算标准有哪几种?

5. 陆、海、空、邮等运输方式中的运输单据有何区别?

三、作业

1. 合同中规定"共交货1 000箱。从3月到6月分4批每月平均装运",问卖方应如何交货才算符合合同规定?

2. 有一份合同规定"共交货3 600箱。自1/2/3月装运,共分3批装运,每月按等量装出",问卖方具体应如何交货才算符合合同规定?

3. 出口商品1 000箱到科威特,每箱体积为40厘米×30厘米×20厘米,毛重为30千克,净重28千克。查船公司运价表,该商品运费计算标准为W/M,等级为10级,查中国至科威特为海湾航线 10 级商品基本运费率为 228 港元,燃油附加费为 26%。问该批商品运费是多少?

4. 某轮船公司规定的货物分级表如下:

货名	计算标准	等级
农机	W\M	9
鹿茸	ad. val.	
未列名豆	W	3
钟及零件	M	10
棉布及棉织品	M	10
玩具	M	11

上述轮船公司规定由中国口岸至东非主要港口的费率(港元)如下:

等级	费率	等级	费率
1	153	9	254
2	159	10	278
3	166	11	302
4	172	…	…
5	…	20	646
…	Ad. val. 2%		

(按 FOB 货值计算)

(1)现有杂豆 130 吨运往东非某主要口岸,试计算运费(加 30% 燃油附加费)。

(2)现有棉布 350 件运往东非另一口岸,每件体积为 0.43 立方米,试计算该批棉布的运费(加 30% 燃油附加费)。

5. 根据下列条件草拟合同的装运条款:

2020 年 7 月 15 日前交货,装运港天津、目的港纽约。可以转船,不许分批装运。

四、案例分析

1. 有一批货物共 100 箱,由广州装运至纽约,船公司已签发了已装船清洁提单。但货到目的地,收货人发现下列情况:

(1)5 箱欠交。

(2)10 箱包装严重破损,内部货物已散失 50%。

(3)20 箱包装外表良好,箱内货物有短缺。

试分析上述 3 种情况中的责任归属。

2. 有一加拿大商人欲以每公吨 800 加元购我国某商品,12 月装船,即期信用证付款。此条件应如何考虑答复?

3. 合同规定:100 公吨红小豆从中国港口运至神户,不许分批装运。卖方交来单据中包含两套提单:

第一套提单表明载货船名为"Zhuang He",航程为"018",装运港为"Tianjin",卸货港为"Kobe",净重为"51.48 公吨",装运日期为"7 月 11 日"。

第二套提单表明载货船名为"Zhuang He",航程为"018",装运港为"Qingdao",卸货港为"Kobe",净重为"51.05 公吨",装运日期为"7 月 17 日"。

问:卖方交货是否符合约定？卖方装运日期应为哪一天？

学习情境5　货物的运输保险

学习目标

1.了解货运保险的基本常识,掌握保险公司的承保范围、承保险别、适用的保险条款。

2.了解英国伦敦保险协会海运货物保险条款。

3.熟悉货运保险业务流程及买卖合同中保险条款的主要含义。

能力目标

1.能够正确选择保险险种,熟练办理货运保险业务。

2.能够准确缮制保险条款。

任务1　认识货运保险

任务引入

张浚意识到货物由卖方运到买方的运输过程中有可能遇到难以预料的因自然灾害或意外事故而导致的损失,从而影响贸易方的经济利益,并有可能引起纷争。如何选择保险险别进行投保以弥补经济损失呢?

案例导读

【案情介绍】FOB 条件下的仓至仓争议案

2019 年,我国福建省某进出口公司(卖方)与法国某有限公司(买方)签订合同,约定由卖方提供 20 000 箱芦笋罐头,每箱 15.50 美元,FOB 厦门,合同总值为 310 000 美元,收到信用证后 15 天内发货。买方致电卖方,要求代其以发票金额 110% 将货物投保至法国马赛的一切险。卖方收到买方开来的信用证及派船通知后,按买方要求代其向 A 保险公司投保,保险单的被保险人是买方,保险单上所载明的起运地为供货厂商所在地龙岩

市,目的港为法国马赛。但是,3天后货物自龙岩市运往厦门港的途中,由于发生了意外,致使10%的货物受损。事后,卖方以保险单中含有"仓至仓"条款为由,向A保险公司提出索赔要求,但遭到拒绝。后卖方又请买方以买方的名义凭保险单向A保险公司提出索赔,同样遭到拒绝。在此情况下,卖方以自己的名义向福建省中级人民法院提起诉讼。

【案例评析】

由于以FOB厦门成交,FOB术语以装运港船舷作为划分买卖双方所承担风险的界限。即货物在装运港越过船舷之前的风险,包括在装船时货物跌落码头或海中所造成的损失,均由卖方承担;货物在装运港越过船舷之后,包括在运输过程中所发生的损坏或灭失,则由买方承担。在本案例中,虽然卖方在货物发生意外时,对该保险标的享有保险利益,保险单中也含有"仓至仓条款"(这个条款是规定保险公司所承担的保险责任,是从被保险货物运离保险单所载明的起运港发货人仓库开始,一直到货物到达保险单所载明的目的港收货人的仓库时为止),但保险单的被保险人为买方,保险公司和买方之间存在合法有效的保险合同关系,而福建进出口公司即卖方不是保险单的被保险人或合法持有人,故其没有索赔权。另外,虽然买方即法国公司是本案保险单的被保险人和合法持有人,但货物在装运港越过船舷之前,如果受到损失,被保险人不会受到利益影响,即其不具有保险利益。因此,尽管保险单中也含有"仓至仓条款",买方无权就货物在装运港越过船舷之前的损失向保险公司索赔。

在国际贸易中,进出口企业在长途运输过程中,常常会碰到各种自然灾害和意外事故,引发各种各样的损失,或是碰到一些事故(如货物的渗漏、破碎、被盗窃等)引来的损失。如何通过办理国际货物运输保险,将这些不可预测的、随时有可能发生的不定损失以保险费的方式固定下来呢?

上述案例是一则国际货物运输保险的纠纷。可以看出,如果卖方能够熟知国际货物运输保险的规则,正确选择和运用国际货物运输保险,那么,当风险发生时,通过获得保险公司的赔偿就能够避免或降低这种损失。办理国际货物运输保险时,如何正确选择货物运输保险是专业性较强的工作。投保时必须综合考虑各方面的因素,才能做到合理、有利,防风险隐患于未然。

在国际货物运输保险中,保险公司对索赔人承担赔偿责任,必须同时符合下列条件:保险公司和索赔人之间必须有合法有效的合同关系,即索赔人必须是保险单的合法持有人;向保险公司行使索赔权利的人,必须享有保险利益;被保险货物在运输过程中遭受的损失必须是保险公司承保范围内的风险造成的。

在上述案例中,卖方应该怎么做呢? 卖方代买方办保险,货物装船后背书给买方。这样装船前卖方可索赔,装船后买方可索赔。

在国际贸易中,货物的交接要经过长途运输、装卸和存储等环节,遇到各种风险而遭受损失的可能性比较大。为了在货物遭受损失时能得到经济补偿,就须办理货物运输保险。保险是一种经济补偿制度,从法律角度看,它是一种补偿性契约行为,即被保险人向保险人提供一定的对价(保险费),保险人则对被保险人将来可能遭受的承保范围内的损失负赔偿责任。国际贸易的货物运输保险(Insurance)是以运输过程中的各种货物作为标的(Subject),在保险人(Insured Insurer 即保险公司)对保险标的在运输过程中所发生的在约定范围内的损失给予被保险人以经济补偿的一种经济业务,它属于财产保险的一种。在国际贸易中,涉及货物运输保险问题,买卖双方洽商交易时必须谈妥,并在合同中具体订明。

5.1.1 海上货物运输保险的风险、损失和费用

由于运输方式的不同,货物运输保险的种类也不同,其中包括海上货物运输保险、陆上货物运输保险(公路或铁路)、航空运输保险和邮包运输保险。由于海上货物运输保险起源最早、应用最多,其他货物运输保险是以它为基础发展起来的,因此我们主要介绍海上货物运输保险(Marine Cargo Insurance)。

1)风险

海上货物运输保险承保的风险有海上风险和外来风险。这里介绍的是我国"海洋运输货物保险条款"保障的风险。

(1)海上风险

海上风险(Perils of the Sea)又称海难,是指被保险货物及船舶在海上运输中所发生的风险。根据保险界的解释,它不包括海上发生的一切风险,但也不是仅仅局限于航海过程中的风险。一般来讲,海上风险包括自然灾害和意外事故。

①自然灾害(Natural Calamities)。自然灾害是不以人们意志力转移的、由于自然界的变化而产生的破坏力量所造成的灾害。但海上货物运输保险并不承保一切由于自然力量引起的灾害,一般仅指恶劣气候、雷电、海啸、地震或火山爆发等人力不可抗拒的力量所造成的灾害。

②意外事故(Accidents)。是指由于偶然的、不能预料的,即由于不可抗力的原因所造成的事故。但意外事故并不泛指所有海上意外事故。根据1981年1月1日修订的"海洋运输货物保险条款",意外事故是指运输工具搁浅、触礁、沉没、与流冰或其他物体碰撞、互撞以及失踪、失火、爆炸等造成的货物损失。

（2）外来风险

外来风险（Extraneous Risks）是指海上风险以外的其他外来原因所造成的风险。外来风险可以分为以下3个部分：

①一般外来风险。一般外来风险是指被保险货物在运输途中由于偷窃、雨淋、短量、渗漏、玷污、破碎、受潮受热、串味、生锈、钩损、提货不着等原因所遭受的风险。

②特别外来风险。特别外来风险是指由交货不到、进口关税、黄曲霉素、舱面的货物损失、拒收、出口到港澳存仓失火等外来原因引起的风险。

③特殊外来风险。特殊外来风险是指运输过程中由于军事、政治、国家政策法令及行政措施等外来原因造成的风险。这些特殊原因包括战争、敌对行为及罢工等。

2）海上损失

海上损失是指海运途中因遭受海上风险所产生的任何损失。根据惯例，还包括与海陆连接的陆运过程中所发生的损失。根据海上损失的程度不同，可分为全部损失和部分损失。

（1）全部损失

全部损失（Total Loss），是指运输中的整批货物或不可分割的一批货物的全部损失，又称全损。根据情况不同，全损又分为实际全损和推定全损。

①实际全损（Actual Total Loss）。实际全损是指保险标的物完全灭失（或沉没），或损失已无法挽回（如被海盗劫去），或标的物已丧失商业价值或失去原有用途（如茶叶被水浸泡）、或载货船舶失踪，经过相当时间仍无音讯。

②推定全损（Constructive Total Loss）。推定全损是指货物在海上运输途中遭遇承保风险后，虽未达到完全灭失的状态，但是进行施救、整理和恢复原状所需的费用，或者再加上续运至目的地的费用总和估计要超过货物在目的地的完好状态的价值。在这种情况下，被保险人可以要求保险人按部分损失赔偿，也可要求按全损赔偿。如果要求按全损赔付，被保险人必须向保险人发出委付通知。所谓委付（Abandonment）是指被保险人表示愿意将保险标的物的全部权利和义务转移给保险人，并要求保险人按全损赔偿的行为。委付必须经保险人同意接受后才能生效。

（2）部分损失

部分损失（Partial Loss）是指保险标的物的部分损失或灭失。按其损失的性质不同，分为共同海损与单独海损。

①共同海损（General Average，GA）。共同海损是指载货船舶在海运途中遇到危及船、货的共同危险，船方为了维护船舶和货物的共同安全或使航程得以继续完成，有意地并且合理地作出的某些特殊牺牲或支出的特殊费用。

共同海损的成立应具备以下条件：第一，船方在采取措施时，必须确有危及船、货共同安全的危险存在，不能主观臆测可能有危险发生而采取措施。第二，船方所采取的措施必须是有意的、合理的。有意的是指共同海损的发生必须是人为的、有意识行为的结果，而不是一种意外的损失。第三，所作出的牺牲或支出的费用必须是非常性质的。非常性质是指这种牺牲或费用不是通常业务中所必然会遇到或支出的。第四,构成共同海损的牺牲和费用支出必须是有效的。即经过采取某种措施后,船舶和货物的全部或一部分最后安全抵达航程的终点港或目的港,避免了船货的同归于尽。

共同海损牺牲和费用应该由船舶、货物和运费3方共同按最后获救的价值的比例分摊,这种分摊叫作共同海损分摊。

②单独海损(Particular Average,PA)。单独海损是由承保风险直接导致的船或货的部分损失。该损失应由受损方单独负担。可以看出,单独海损在造成海损的原因及损失承担责任方面有别于共同海损。

3)海上费用

保险人承担的费用是指保险标的发生保险事故后,为减少货物的实际损失而支出的合理费用。包括以下两种:

(1)施救费用

施救费用(Sue and Labour Charges)又称单独海损费用,是指保险货物遭受保险责任范围内的自然灾害和事故时,被保险人或其代理人、雇佣人员和受让人等为抢救被保险货物,防止损失继续扩大而采取措施所支付的费用。这种费用保险公司负责赔偿。

(2)救助费用

救助费用(Salvage Charges)是指保险标的在运输途中遇到承保范围灾害事故时,由保险人和被保险人以外的无契约关系的第三者采取救助措施而向第三者支付的报酬。保险人负责赔偿救助费,但要求救助成功。

5.1.2 我国海洋运输货物保险条款

中国人民保险公司的《海洋运输货物保险条款》是我国进出口公司投保海洋运输货物保险的主要依据,主要规定了保险人的承保责任范围、除外责任、责任起讫以及被保险人的义务和索赔期限等内容。其保险险别主要分为基本险与附加险两大类。

1)保险险别及其承保的责任范围

(1)基本险

基本险,又称主险,是可以独立承保的险别。海洋货运保险的基本险有平安险、水渍险和一切险。

①平安险(Free from Particular Average 或 FPA)。平安险的责任范围包括:

A.货物在海运途中,遇到自然灾害或意外事故,造成被保险货物的全部损失,包括实际全损和推定全损。

B.在海运途中,运输工具遭到搁浅等意外事故造成的被保险货物的部分损失。

C.运输工具途中遇到意外事故,意外事故前后又遇到自然灾害致被保险货物的部分损失。

D.保险标的物在装卸转船过程中,一件或数件落海所造成的全部损失或部分损失。

E.被保险人在保险标的物遭受承保责任范围内的风险时,对其进行抢救所发生的合理费用,但不能超过保险标的物的保险金额。

F.运输工具遭遇自然灾害或意外事故,在中途港或避难港停靠而引起的装卸、存仓等特别费用损失。

G.发生共同海损引起的牺牲、分摊费和救助费用。

H.运输契约订有"船舶互撞条款",按规定,应由货方偿还船方的损失。

②水渍险(With Particular Average 或 WPA)。水渍险的责任范围,除包括"平安险"的各项责任外,还负责被保险货物由于各种自然灾害所造成的部分损失。

③一切险(All Risks)。一切险的责任范围除包括"平安险"和"水渍险"的各项责任外,还包括货物在运输途中由于一般外来风险所造成的被保险货物的全部或部分损失。也就是说,一切险包括一般附加险,但不包括特别附加险和特殊附加险。由于承保责任范围大,其保险费在 3 种基本险中也最高。

(2)附加险

在海运保险业务中,进出口商除了投保货物的上述基本险别外,还可以根据货物的特点和实际需要,酌情再选择投保若干适当的附加险别。附加险不能单独投保,必须依附于基本险项下,并另外支付保险费。但由于一切险的承保责任已包含了一般附加险,因此,在投保一切险时,不必加保一般附加险。附加险分为一般附加险、特别附加险和特殊附加险。

①一般附加险。一般附加险包括偷窃、提货不着险(Theft,Pilferage,and Non-Delivery 或 TPND),淡水雨淋险(Fresh Water Rain Damage 或 FWRD),短量险(Risk of Shortage),混杂,玷污险(Risk of Intermixture and Contamination),渗漏险(Risk of Leakage)、碰损、破碎险(Risk of Clash and Breakage)、串味险(Risk of Odor),受热受潮险(Sweating and Heating Risks),钩损险(Hook Damage),包装破裂险(Loss or Damage Caused by Breakage of Packing),锈损险(Risks of Rust)11 种。

②特别附加险。特别附加险包括交货不到险(Failure to Delivery Risk),进口关税险(Import Duty Risk),舱面险(On Deck Risk),拒收险(Rejection Risk),黄曲霉素险(Aflatoxin Risk)和出口到港澳存仓火险(Fire Risk Extension Clause for Storage of Cargo at Destination Hong Kong,Including Kowloon or Macao)6 种。这 6 种不包括在一切险范围之内。

③特殊附加险。包括战争险(War Risk)和罢工险(Strikes Risk)两种。它们也不包括在一切险范围内。

另外,还有一种可独立投保的"卖方利益险",是在无证托收支付方式下以 FOB 或 CFR 条件成交,买方如不赎单付款,卖方为其货物损失而投保的险别。

基本险可以单独投保,被保险人必须投保基本险,才能获得保险保障。附加险是基

本险的扩展,不能单独投保,必须在投保主险的基础上投保,它投保的是外来风险引起的损失。在投保了一切险的情况下,不需要加保一般附加险。

2)除外责任

除外责任是保险公司明确规定不予承保的损失和费用,它可起到划清保险人、被保险人和发货人各自应负责任的作用。

除外责任的一般规定有:被保险人的故意行为或过失;发货人的责任;由于货物本身的特性或缺陷、潜在的缺陷引起的损失;自然损耗或运输途中损耗引起的损失及运输延迟、货价上涨或下跌的损失。

基本险的除外责任包括:

①被保险人的故意行为或过失所造成的损失。

②属于发货人责任所引起的损失。

③保险责任开始前被保险货物已存在品质不良或数量短差所造成的损失。

④被保险货物的自然损耗、本质缺陷、特性以及市价跌落、运输延迟所引起的损失或费用。

⑤战争险和罢工险条款规定的责任及其除外责任。

3)承保责任的期限

(1)基本险责任的起讫期限

在正常运输的情况下,基本险承保责任的起讫期限适用"仓至仓条款"(Warehouse to Warehouse Cause,即 W/W)的规定。即保险责任自被保险货物运离保险单所载明的起运地发货人仓库开始,一直到运入保险单所载明的目的地收货人仓库为止。但如果在卸货港货物卸离海轮,不进入收货人仓库,只要满 60 天,其责任也告终止。另外,如果被保险货物在运至保险单所载明的目的地或目的地前的某一仓库被分配分派,则保险责任在分配分派开始即终止。

在非正常运输下,其保险责任期限有不同规定。即如果由于保险人无法控制的运输延迟、被迫卸货、航程变更等意外情况,被保险人在及时通知保险人、加付保费的前提下,可按"扩展责任条款"(Extended Cover Clause)办理。

(2)海运战争险的责任

海运战争险的责任期限不采用"仓至仓条款",只限于水上危险或运输工具上的危险。其责任自保险单所载明的起运港装上海轮或驳船开始,直至到达保险单所载明的目的港卸离海轮或驳船时为止。如果货物不卸离海轮或驳船,则保险责任最长延至货物到达目的港之日的午夜起算 15 天为止。如果中途转船,则不论货物在当地卸载与否,保险责任以海轮到达该港或卸货地点的当日午夜起算满 15 天为止,待再装上续运海轮时责任恢复有效。

4)保险索赔的期限

保险索赔的期限从被保险货物在最后目的地或目的港全部卸离海轮后起算,最多不超过 2 年。

被保险人向保险人索赔时,必须提供保险单正本、相关的发票、提单、装箱单、磅码单、货损货差证明、检验报告以及索赔清单等。如果涉及第三方责任,则必须提供有关第三方责任的单证、函电或证明文件。

5.1.3　伦敦保险协会海运货物保险条款

英国伦敦保险协会制定的"协会货物条款"(Institute Cargo Clauses,简称 ICC)最早制定于 1912 年。它是对世界各国保险业影响最大,应用最为广泛的保险条款。目前,世界上许多国家在海运保险业务中直接采用该条款,还有许多国家在制定本国保险条款时参考或采用该条款的内容。

1)伦敦保险协会海运货物保险条款的主要内容

(1) ICC 条款的6 种险别

①协会货物(A)险条款,即 ICC(A)。

②协会货物(B)险条款,即 ICC(B)。

③协会货物(C)险条款,即 ICC(C)。

④协会战争险条款(Institute War Clauses Cargo)。

⑤协会罢工险条款(Institute Strike Clauses Cargo)。

⑥恶意损害险条款(Malicious Damage Clause)。

上述6 种险别中,(A)险、(B)险、(C)险属于基本险,其他属于附加险。除恶意损害险外,前5 种险别可以单独投保。在 ICC 条款中,上述前5 种险别均按条款的性质统一划分为8 项主要内容,即:承保范围、险外责任、保险期限、索赔、保险利益、减少损失、防止延迟和法律与惯例。

(2)ICC 条款的特点

①ICC 条款的战争险和罢工险在需要时能单独投保。

②ICC 条款的各种险别取消了按全部损失与部分损失区分险别的规定。

③ICC 条款的各种险别赔偿时不计免赔率。

④ICC 条款规定的保单是一种空白格式的保险单,其内容简洁、明确,不包括保险条件,也取消了附注。

⑤ICC 条款增加了可保利益条款、续运费条款、增值条款、放弃条款和法律与惯例条款5 个条款。

2)伦敦保险协会海运货物保险条款中的主要险别

(1)ICC(A)险的承保责任范围与除外责任

①ICC(A)险的承保责任范围。

ICC(A)险的承保范围较广,采用"一切风险减除外责任"的方式,即除了"除外责任"项下所列的风险保险人不予负责外,其他风险均予负责。

②ICC(A)险的除外责任。

A. 一般除外责任。如:因包装或准备不足或不当所造成的损失;自然渗漏、重量或容量的自然损耗或自然磨损;使用原子或热核武器所造成的损失和费用等。

B. 不适航和不适货除外责任。主要是指被保险人在被保险货物装船时已知船舶不适航,以及船舶、运输工具、集装箱等不适货。

C. 战争除外责任。是指由于战争、敌对行为等造成的损失或费用;由于捕获、拘留所造成的损失或费用等。

D. 罢工除外责任。是指由于罢工者、被迫停工工人等造成的损失或费用;任何恐怖主义者或出于政治动机而行动的人所造成的损失或费用。

(2) ICC(B)和ICC(C)险的承保责任范围与除外责任

ICC(B)、ICC(C)险的承保范围采用"除外责任"之外列明风险的方式,即把其承保的风险一一列举出来。ICC(B)险的除外责任包括ICC(A)险的除外责任以外,保险人对"海盗行为"与"恶意损害险"不负责。ICC(C)险的除外责任与ICC(B)险的除外责任完全相同。其承保的风险较ICC(A)和ICC(B)都小得多,仅承保"重大意外事故"的风险,而不承保自然灾害及非重大意外事故的风险。

ICC(A)、ICC(B)、ICC(C)险的承保范围类似于我国海洋货物运输保险中的"一切险""水渍险"和"平安险"。其不同之处在于:

①海盗行为所造成的损失是ICC(A)险的承保责任范围,而在一切险中是除外责任。

②ICC(A)险包括恶意损害险,而一切险中不包括此种险。

③ICC(B)、ICC(C)险改变了水渍险与平安险对承保范围中某些风险不明确的弊病,采取"列明风险"的办法,即把承保风险和损失一一列明。

ICC(A)险、ICC(B)险、ICC(C)险条款的责任起讫也采用"仓至仓"条款,但比我国条款规定更为详细。

示 例

1. 险别条款: COVERING ALL RISKS AND WAR RISKS AS PER OCEAN MARINE CARGO CLAUSES AND OCEAN MARINE CARGO WAR RISK CALUSE OF PEOPLE'S INSURANCE COMPANY OF CHINA DATED 1/1/1981 INCLUDING WAREHOUSE TO WAREHOUSE CLAUSE.

上例的险别条款主要由4个部分组成:

①险别缩写: ALL RISKS, WAR RISKS

②依据的保险条款: AS PER OMCC AND OMC WRC OF PICC

③保险条款颁布年份: DATED 1/1/1981

④仓至仓条款: WAREHOUSE TO WAREHOUSE CLAUSES

2. 投保单(表5.1)。

3. 某公司保险单(表5.2)。

表 5.1 投保单

PICC	中国人民保险公司福建分公司 货物运输保险投保单 **APPLICATION FORM FOR CARGO TRANSPORTATION INSURANCE**

被保险人：

Insured:

发票号(INVOICE NO.)

合同号(CONTRACT NO.)

信用证号(L/C NO.)

发票金额(INVOICE AMOUNT)　　　　　　　　投保加成（PLUS）

兹有下列物品向中国人民保险公司福建分公司投保（INSURANCE REQUESTED ON THE FOLLOWING COMMODITIES）：

MARKS & NOS.	QUANTITY	DESCRIPTION OF GOODS	AMOUNT INSURED

起运日期：　　　　　　　　　　　　　装载运输工具：

DATE OF COMMENCEMENT　　　　　　PER CONVEYANCE:

自　　　　　　　经　　　　　　　　至

FROM　　　　　　VIA　　　　　　　　TO

提单号　　　　　　　　　　赔款偿付地点

B/L NO.　　　　　　　　　　CLAIM PAYABLE AT

投保险别：（PLEASE INDICATE THE CONDITIONS &/OR SPECIAL COVERAGES：）

请如实告知下列情况：（如"是"打"✓"；如"不是"打"✗"）

1.货物种类：　袋装　　散装　　冷藏　　液体　　活动物　　　机器/汽车　　　危险品等级

GOODS　BAG/JUMBO　BULK　REEFER　LIQUID　LIVE ANIMAL　MACHINE/AUTO　DANGEROUS CLASS

2.集装箱种类：　普通　　开顶　　框架　　平板　　冷藏

CONTAINER　ORDINARY　OPEN　FRAME　FLAT　REEFERAGERATOR

3.转运工具：　海轮　　飞机　　驳船　　火车　　汽车

BY TRANSIT　SHIP　PLANE　BARGE　TRAIN　TRUCK

4.船舶资料：　　　　船籍　　　　　船龄

PARTICULAR OF SHIP　REGISTRY　AGE

备注：被保险人确认本保险合同条款和内容已经完全了解。 THE ASSURED CONFIRMS HEREWITH THE TERMS AND CONDITIONS OF THIS INSURANCE CONTRACT FULLY UNDERSTOOD. 投保日期（DATE）	投保人（签名盖章）APPLICANT'S SIGNATURE 电话：（TEL） 地址：（ADD）

本公司自用（FOR OFFICE USE ONLY）

费率　　　　　　　　　保费

RATE:　　　　　　　　PREMIUM

经办人：　　核保人：　　负责人：　　　联系电话：　　　承保公司签章

By　　　　　　　　　　　　　　　　Tel　　　　　Insurance Company's Signature

表 5.2 中国人民财产保险股份有限公司保险单

PICC 中国人民财产保险股份有限公司
PICC PROPERTY AND CASUALTY COMPANY LIMITED

AEYIEA2008Z63 NO: 350009

货物运输保险单 **CARGO TRANSPORTATION INSURANCE POLICY**

印刷号（Printed Number）	35000900025024	
合同号（Contract No.）		保险单号（Policy No.） PYIE201135019700000389
发票号（Invoice No.）	1107PY00196	
信用证号（L/C No.）		
被保险人（Insured）:	PRO BENEFIT INTERNATIONAL LIMITED	

中国人民财产保险股份有限公司（以下简称本公司）根据被保险人要求，以被保险人向本公司缴付约定的保险费为对价，按照本保险单列明条款承保下述货物运输保险，特订立本保险单。
THIS POLICY OF INSURANCE WITNESSES THAT PLCC PROPERTY AND CASUALTY COMPANY LIMITED (HEREINAFTER CALLED "THE COMPANY") AT THE REQUEST OF THE INSURED AND IN CONSIDERATION OF THE AGREED PREMIUM PAID TO THE COMPANY BY THE INSURED, UNDERTAKES TO INSURE THE UNDERMENTIONED GOODS IN TRANSPORTATION SUBJECT TO THE CONDITIONS OF THIS POLICY AS PER THE CLAUSES PRINTED BELOW.

标记 MARKS & NOS.	包装及数量 QUANTITY	保险货物项目 GOODS	保险金额 AMOUNT INSURED
AS PER INVOICE NO. 1107PY00196	520 CTNS	MEN'S 100% POLY OXFORD WITH PU COATING PARKA	USD132,647.00

总保险金额： US DOLLARS ONE HUNDRED AND THIRTY TWO THOUSAND SIX
Total Amount Insured: HUNDRED AND FORTY SEVEN ONLY

保费（Premium）: AS ARRANGED 启运日期（Date of Commencement）: AS PER B/I
装载运输工具（Per Conveyance）: KANG PING V.017E
自: FUZHOU 经: Via 至: HAMBURG
From To

承保险别（Conditions）:
COVERING ALL RISKS AND WAR RISKS, INCLUDING FROM WAREHOUSE IN FUZHOU
UP TO WAREHOUSE IN ESCHWEGE, GERMANY, SUBJECT TO INSTITUTE CLAUSES. AL
L GOODS ARE INSURED AGAINST MILDEW DUE TO EXTERNAL CAUSE AND CAUSED BY
PERILS INSURED AGAINST AND INCLUDING RISK OF CONTAINER SWEAT, COVERIN
G 30 DAYS AFTER ARRIVAL IN BUYER'S WAREHOUSE.

所保货物如发生保险单项下可能引起索赔的损失，应立即通知本公司或下述代理人查勘。如有索赔，应向本公司提交正本保险单（本保险单共有 _____ 份正本）及有关文件。如有正本已用于索赔，其余正本自动失效。
IN THE EVENT OF LOSS OR DAMAGE WHICH MAY RESULT IN A CLAIM UNDER THIS POLICY, IMMEDIATE NOTICE MUST BE GIVEN TO THE COMPANY OR AGENT AS MENTIONED. CLAIMS, IF ANY, ONE OF THE ORIGINAL POLICY WHICH HAS BEEN ISSUED IN _____ TWO ORIGINAL(S) TOGETHER WITH THE RELEVENT DOCUMENTS SHALL BE SURRENDERED TO THE COMPANY. IF ONE OF THE ORIGINAL POLICY HAS BEEN ACCOMPLISHED THE OTHERS TO BE VOID.

RECK & CO GMBH
SCHOPENSTEHL 22 HAMBURG 20095
PHONE: +49 40 2780 6375 (24 HOURS)
FAX: +49 40 2780 6418
EMAIL: CLAIMS@RECK.DE

保险人 中国人民财产保险股份有限公司福州市六
Underwriter BUSINESS ADMINISTRATION DEPT.
QUANCC R&C FUJIAN, MARKET DEVEL级
电话（TEL）: 086-83358903
传真（FAX）: 086-87418360
地址（ADD）: Bldg. Gutian Rd.
Fuzhou, Fujian

赔款偿付地点
Claim Payable at HAMBURG IN USD
签单日期（Issuing Date） Aug. 05, 2011 授权人签字: 王盈庭
核保人: 王盈庭 制单人: Authorized Signature 王盈庭 经办人: www.picc.com.cn

第一正本 **THE FIRST ORIGINAL**

尊敬的客户：为保障您的利益，请在收到本保险单一周内拨打我们的24小时服务热线"95518"核实保险单资料。

任务2　保险费的计算和保险条款

任务引入

张浚在对保险公司承保风险、承保范围和保险险别有了充分地了解后,需要准确计算保费、拟订买卖合同中的保险条款,并在业务中根据相关信息制作投保单,办理相应的保险操作实务。

案例导读

【案情介绍】保险费计算不当案

某公司对美国客户报出的出口商品价格是每件1 500美元FOB中国某港口,客户回函称:最好运输和保险由中方办理,运输要求直达船致纽约港卸货,保险建议投保水渍险加保淡水雨淋险,要求我方重新报价。业务员小张查询到水渍险和淡水雨淋险的费率分别是2.4%和0.1%,根据外运公布的运价表每件从中国某港到纽约的运费为20美元。经过计算,小张准备报出每件1 561.25美元CIF纽约,遭到了老业务员的制止。

【案例评析】

出口商品报价中若包括保险费,那么业务员需要按照国际保险业的习惯做法确定保险金额,计算出保险费。保险金额是被保险人的投保金额,也是保险公司赔偿的最高金额,同时是计算保险费的基础。按照惯例,一般是按照CIF或CIP价格的总值另加10%作为保险金额,如果买方要求超过10%,卖方也可以接受。但如果买方要求过高,卖方应与保险公司商妥后才能接受。上述案例中小张的保险金额按照FOB货价计算的保险费,幸亏老业务员重新审核了价格,没有造成损失。

知识链接

5.2.1　保险金额与保险费的计算

保险金额(Amount Insured)是指保险公司可能赔偿的最高金额,也是核算保险费的基础(数)。原则上,保险金额应与货物价值相等,而一般又以CIF(CIP)价值作为保险金额,通常惯例在CIF价值的基础上加成10%作为保险金额。

这里所加的10%称为保险加成率,作为预期利润和业务费用的补偿。如果买方要求以较高的加成率计算保险金额投保,在保险公司同意承保的前提下,我方可以接受,但超出部分的保险费应由买方负担。

我国《海洋运输货物保险条款》(CIC)的习惯做法:出口以 CIF 价值加成 10% 作为保险金额,而进口合同直接以 CIF 总值计算,一般不加成。

保险金额的计算公式为:

保险金额=CIF 价格 ×(1+加成率)

投保人交付保险费是保险合同生效的前提条件。保险费是保险公司经营保险业务的基本收入,也是保险公司所掌握的保险基金,即损失赔偿基金的主要来源。计收保险费的公式是:

保险费=保险金额×保险费率

如按 CIF 或 CIP 价加成投保,则上述公式应改为:

保险费=CIF(或 CIP)价 ×(1+投保加成率)×保险费率

例 1:出口到伦敦的某商品成本为人民币 1 200 元,运费为人民币 100 元,保险费率为 0.35%,客户要求加成 10% 投保,计算保险费是多少?

解:依题意,CFR = 1 200+100 = 1 300 元

$$CIF = \frac{CFR}{1-\text{保险费率}\times(1+\text{加成率})} = \frac{1\ 300}{1-0.35\%\times(1+10\%)} = 1\ 305.02\ 元$$

保险费 = 1 305.02×110%×0.35% = 5.02 元

或:

保险费 = CIF−CFR = 1 305.02−1 300 = 5.02 元

例 2:我方以 50 美元/袋 CIF 向新加坡出口某商品 1 000 袋,货物出口前由我方向中国人民保险公司投保水渍险、串味险和淡水雨淋险,保险费率分别为 2.4%,0.2% 和 0.1%,按发票金额的 110% 投保。问该批货物的投保金额和保险费分别是多少?

解:CIF 货价 = 50×1 000 = 50 000 美元,保险加成率为 10%,则:

保险金额 = 50 000×(1+10%) = 55 000 美元

保险费率 = 2.4%+0.2%+0.1% = 2.7%

保险费 = 55 000×2.7% = 1 485 美元

5.2.2 我国国际货物运输保险实务

1)出口货物运输保险

按 CIF 或 CIP 条件订立的出口合同,由出口方负责投保。

按我国保险公司的有关规定,出口货物的投保一般需逐笔填写投保单,向保险公司提出书面申请,投保单经保险公司接受后由保险公司签发保险单。

小贴士

出口投保程序:

①投保人根据合同或信用证规定,在备妥货物并确定装运日期和运输工具后,按保险公司规定的格式逐笔填制投保单,送保险公司投保。

②保险公司以投保单为凭证出具保险单,作为接受保险的正式凭证。

③投保人在保险公司出具保险单后,若需更改险别、运输工具、航程、保险期限及保险金额等,必须向保险公司提出申请,保险公司立即出立批单,附在保险单上作为保险单的组成部分。

④投保人按规定缴纳保险费。

⑤被保险货物抵达目的地后,若发生承保责任范围内的损失,可由国外收货人凭保险单等有关凭证向保险公司或其代理人索赔。

2)进口货物运输保险

凡是按 FCA、FOB、CPT、CFR 条件订立的进口货物,由进口方负责投保。我国外贸企业为了防止漏保和延误投保,也为了简化手续,大都采用预约保险做法,即由我外贸企业与保险公司事先签订各种不同运输方式下的进口预约保险合同(Open Cover),又称预约保单(Open Policy)。按照预约保险合同规定,外贸企业无须逐笔填送投保单。在进口货物时,只需将国外客户的装运通知送交保险公司,即为办理了投保手续,保险公司对该批货物自动承担承保责任。对于不经常有货物进口的单位,也可逐笔办理投保。

在保险公司出立保险单后,被保险人如果需要变更险别、运输工具名称、航程、保险金额或扩展保险期限等,可向保险公司提出批改申请,按批改规定,出立批单(Endorsement),并对批改后的内容负责。

3)保险单据

保险单据是保险人与被保险人之间权利、义务的契约,是被保险人或受让人索赔和保险人理赔的依据,是进出口贸易结算的主要单据之一。在国际货物贸易中,保险单据可以背书转让。我国常用的保险单证主要有保险单、保险凭证、预约保单等。

(1)保险单

保险单(Insurance Policy)俗称大保单,是投保人与保险人之间订立的一种正规保险合同。目前,我国国内的保险公司大都出具这种保险单。

(2)保险凭证

保险凭证(Insurance Certificate),俗称小保单,是一种简化的保险合同。保险凭证在法律上与保险单具有同等法律效力。

(3)预约保险单

预约保险单(Open Policy),是一种没有总保险金额限制的预约保险总合同,是保险公司对被保险人将要装运的属于约定范围内的一切货物自动承保的总合同。在承保范围内的被保险货物一经启运,保险公司即自动承保。

5.2.3　合同中的保险条款

保险条款是国际货物买卖合同的重要组成部分之一,它涉及买卖双方的利益。一般来说,保险条款所涉及的内容有保险金额、投保险别、保险费、保险单证和保险适用条款等。

在国际贸易中,采用的贸易术语不同,办理投保的人不同。一般来说,我国进出口业务中多按 CIF 和 CIP 条件出口,而按 FOB 或 CFR 进口。同时,还应考虑被保货物中可能招致的风险与损失、货物的包装情况及港口的情况来选择适当的险别加以投保。

1)出口合同中的保险条款

签订出口合同时,如果按 CIF 成交,除双方约定险别、保险金额等内容外,由于我方投保,还应订明按 1981 年 1 月 1 日中国人民保险公司海运货物保险条款投保。例如,在合同中可写明"由卖方按发票金额 110% 投保水渍险,按 1981 年 1 月 1 日中国人民保险公司海运货物保险条款投保"。如果按 FOB 或 CFR 成交,保险条款可规定为"由买方处理保险"。如果买方委托代办,可订为"由买方委托卖方按发票金额 110% 代为投保××险,保险费由买方支付"。

2)进口合同中的保险条款

签订进口合同时,我国进口货物多由我方自办保险。因此,进口合同中保险条款一般只规定"保险由买方负责"。

①由买方负责投保。

Insurance to be covered by the buyers.

②由卖方按发票金额 110% 投保一切险及战争险、罢工险,按照 1981 年 1 月 1 日中国人民保险公司海运货物保险和战争、罢工险条款负责。

Insurance to be covered by the sellers for 110% of invoice value against All Risks, War and S. R. C. C. Risks as per Ocean Marine Cargo and Ocean Marine Cargo War Risks Clauses and Strikes Clauses of The People's Insurance Company of China dated 1/1/1981.

③由卖方按发票金额 110% 投保海运险,按照 1982 年 1 月 1 日伦敦保险协会货物(A)险条款负责。

Insurance to be covered by the sellers for 110% of invoice value against Marine Risks as per institute Cargo Clauses(A)dated 1/1/1982.

亚当·斯密与《国富论》

1723 年,亚当·斯密出生在苏格兰的一个名叫柯卡尔迪的港口小镇。父亲做过律师，并担任过苏格兰的军法官和柯卡尔迪的海关监督，母亲是当地一位大地主的女儿。亚当·斯密出生前6个月，父亲去世，从此他与母亲相依为命，并终身未娶。

亚当·斯密先后进入格拉斯哥大学和牛津大学学习。从牛津大学毕业后，亚当·斯密进入爱丁堡大学任教。1751年，亚当·斯密进入格拉斯哥大学任哲学教授。在任教期间，亚当·斯密于1759年出版了《道德情操论》，获得学术界极高的评价，被誉为英国第一流的学者。1764年，亚当·斯密辞去大学教授职务，开始担任政治家查尔斯·汤申德儿子的私人教师，并于1764年至1766年间陪同他的学生游历法国和瑞士。1767年，亚当·斯密辞去家庭教师的职务，回到故乡潜心著述，历时6年，终于完成《国富论》第一稿。之后3年，又进行重新修订，终于在1776年正式出版。《国富论》使亚当·斯密名垂青史。1790年7月17日，亚当·斯密这位"现代经济学之父""自由经济的守护神"与世长辞，在他的墓碑上只留下"《道德情操论》《国富论》作者"等寥寥数语。

《国富论》全名《国民财富的原因和性质的研究》(An Inquiry into the Nature and Causes of the Wealth of Nations)，共分五卷二部，全书达75万余字。在第一部的序言中，亚当·斯密对全书进行了概括描述，认为国民财富的产生主要取决于两个因素：一是劳动力的技术、技巧和判断力（劳动的分工）；二是劳动力和总人口的比例。在这两个因素中，第一个因素起决定性作用。全书从国富的源泉——劳动，说到增进劳动生产力的手段——分工，因分工而引起交换，论及作为交换媒介的货币，再探究商品的价格，以及价格构成的成分——工资、地租和利润。《国富论》中提出的反对政府干涉商业和商业事务、赞成低关税和自由贸易的观点在整个19世纪对政府政策都有决定性的影响。事实上，他对这些政策的影响今天人们仍能感觉出来。该书的另一伟大成就是摒弃了过去许多错误的概念。亚当·斯密驳斥了旧的重商学说，认为这种学说片面强调国家储备大量金币的重要性。他否决了重农主义者的土地是价值的主要来源的观点，提出了劳动的基本重要性。亚当·斯密（分工理论）重点强调劳动分工会引起生产的大量增长，抨击了阻碍工业发展的一整套腐朽的、武断的政治限制。在《国富论》中，亚当·斯密在一定程度上预见了马尔萨斯人口过剩的观点。

《国富论》是一部对后世经济学产生重要影响的巨著，它的出版标志着经济学从社会伦理学中分离出来，成为一门独立的学科。它可以视为是"现代经济学"的开山之作，奠定了资本主义自由经济的理论基础，第一次提出了市场经济会由"看不见的手"自行调节的理论，后来的经济学家大卫·李嘉图进一步发展了自由经济自由竞争的理论。马克思则从中看出自由经济产生周期性经济危机的必然性，提出用计划经济理论解决的思路。凯恩斯则提出政府干预市场经济宏观调节的方法。《国富论》在经济思想史上构建了第一个适应现代市场经济关系的经济学体系，被誉为西方经济学的"圣经"。英国著名历史学家巴克勒在其名著《文明史》中说："从最终效果来看，这（指《国富论》）也许是迄今为止最重要的书，这本书对人类幸福作出的贡献，超过了所有名垂青史的政治家和立法者所作贡献的总和。"直到今天，这句话似乎还没有被推翻。

——根据新世界出版社《国富论轻松读》一书整理

一、认识专业名词

全部损失　部分损失　推定全损　共同海损　单独海损　海上风险　施救费用
救助费用　保险险别　除外责任　"仓至仓条款"

二、解答问题

1. 中国海运货物保险条款规定的基本险和附加险有哪些？

2. 在什么情况下才构成共同海损？

3. 为什么在办理出口投保时,往往要按货价加1成？如果国外买方要求投保加4成、5成时,我方应如何掌握？

4. 我方按 CIF 条件成交,下列投保险别是否妥当,试说明理由。

(1)一切险、锈损险、串味险。

(2)平安险、一切险、偷窃提货不着险、战争险、罢工险。

(3)水渍险、受热受潮险。

(4)包装破裂险、钩损险、战争险、罢工险。

三、作业

1. 按照下列条件草拟一条保险条款。

按照 CIF 条件成交,根据中国人民保险公司保险条款(1981 年 1 月 1 日),按发票金额的110%投保平安险,加保战争险、罢工险。

2. 一批出口货物 CFR 价 20 000 美元,现客户要求改报 CIF 价,加 1 成投保一切险,保险费率3%,应交保险费多少？

3. 某出口商品对外报价每件 1 200 英镑 CIF,客户回电称欲由自己办理保险,要求我方重新报价。业务员查底单获悉原报价保险投保水渍险加保淡水雨淋险,保险费率分别为 2.4% 和 0.1%,按 CIF 加 1 成投保。试重新报价。

4. 某公司出口卡车 700 辆,该批货物均装于船面(国外买方同意接收舱面提单),航行途中遇到大风浪,有 20 辆卡车被冲入海中。后该船又触礁,严重漏水,为了挽救船和其他货物,船长下令将余下的 680 辆卡车推入海中。上述两种情况下的损失分别是哪类？

5. 甲乙两货轮上的货物均投保了平安险(FPA)。甲货轮在航行中发生碰撞事故,使轮船上货物受到损失。乙货轮航行中遭遇暴风雨,船身颠簸,货物相互碰撞而发生部分损失。试问保险公司是否对上述两单损失承担赔偿责任？

四、案例分析

1. 某一载货海轮在航行途中不慎搁浅,船上轮机受损并且船底划破,致使海水渗入货舱,造成船货部分受损。该船驶入附近港口修理并暂卸大部分货物,共花 1 周时间,增加了各项费用支出,包括船员工资 8 000 美元。船修复后装上原货物重新起航后不久,A舱失火,船长下令灌水灭火,灭火后发现部分玩具被烧毁,另一部分玩具和茶叶被水浸湿。

试分析上述各项损失的性质,并说明在投保何种险别的情况下保险公司负责赔偿责任?

2.我某外贸公司按 CIF 术语出口一批货物,装运前已向保险公司按发票总值的110% 投保平安险。但载货船只在开航后 10 天在海上遇到暴风雨,致使部分货物受到水渍,损失 3 200 美元。数天后,该船又突然触礁,致使该批货物又遭遇部分损失,价值15 000 美元。试问,保险公司是否赔偿该批货物的损失? 为什么?

3.某一海轮在航行中有一船舱失火,危及船货共同安全,船长下令灌水施救后被扑灭。事后检查该船舱的货物,原装在该舱内的 500 包棉花,除被烧毁部分外,剩下部分有严重水渍,只能作为纸浆出售给造纸厂,得价占原货值的 30%,即损失货价 70%;原装在该舱内的 500 包大米只有水渍损失,没有烧毁或热熏的损失,经晒干处理后,作为次米出售,得价占原货值的 40%,即损失货价 60%。按照上述情况,棉花损失价值占原价的70%,大米损失价值占原价的 60%。

试分析这两种情况的损失是否都属于部分损失? 为什么?

学习情境6 货款的结算

学习目标

1. 了解出口货款结算的方式、特点,认识各种结算单证的内容与作用。
2. 掌握货款支付的规定方法。
3. 熟悉各种支付条款的主要含义。

能力目标

1. 能合理选用不同的结算方式,懂得具体的运作程序。
2. 能审核各种结汇单证。
3. 能熟练运用和填制合同支付条款的内容。

任务1 认识结算工具

任务引入

张浚在与客户协商的准备中,作好了关于公司出口货物的描述。通过学习,在数量、包装方式、装运、保险等有关进出口交易条件方面做到了心中有数。但是,在有关货款的结算方面,张浚又再次迷惑了,进行货款结算的单证有什么要求吗? 通常使用哪种工具完成债权债务的结算呢?

案例导读

【案情介绍】付款方式与贸易诈骗

案例1:我国内地某公司先后向某尼日利亚商人(后简称尼商)出口两批手电筒并安全收汇,双方关系比较融洽。之后双方签订价值40万美元的手电筒出口合同,尼商预付了30%的定金,并承诺发货后凭提单副本支付余款。尼商收到提单副本后声称余款已付,我公司多次催收,尼商寻找各种理由搪塞拖延。货物到达目的港后,尼商表示拒绝付款。

我国内某公司在中国商品交易会结识某尼商,并先后完成两笔向尼出口总共52辆金杯牌汽车贸易,并安全收汇。之后,尼商称其与尼某工会组织达成协议,由其代理该工会分3个阶段从我公司进口5 000辆金杯牌汽车,并向我公司提供了委托进口协议等相关材料。材料中称,尼两家银行和一家保险公司承诺为该工会提供贷款支持。经我方了解,该尼商和工会没有实力购买5 000辆汽车,有关银行也并未同意向该工会提供贷款。

案例2:我某进出口公司与尼商签订价值3万多美元的出口合同,支付方式为传真提单副本后T/T付款。货物到达目的港后,尼商提出无货款可付,要求我公司放单,遭到我公司拒绝。我公司打算将货物转卖给我其他在尼公司,但尼商已按规定办理了CRI进口手续,转卖货物必须经尼商同意并协助办理。尼商拒绝提供任何帮助。

【案例评析】

近年来,中尼贸易纠纷呈不断增加的趋势。其客观原因是:尼日利亚金融信贷体制相对比较落后,我企业与尼日利亚公司所签合同的付款方式条款中存在严重漏洞,为开展贸易埋下了隐患。主要原因是:我出口企业缺乏足够的国际贸易经验,风险防范意识不强;尼日利亚诚信文化基础薄弱,社会信誉度整体不高,企业信用和银行信用较差,商业诈骗盛行;尼日利亚部分公司经常会由于市场或其他一些临时变故寻找各种借口推迟或恶意拒付货款。

按照尼日利亚通关手续规定,进口商必须办理CRI进口手续,否则不准货物入港。在货物到港尼商拒付货款的情况下,我公司转卖货物或退运均须得到尼商同意,且退运手续极其繁杂。因此,不法尼商与尼海关不法分子勾结,待货物到港后拒不付款,甚至不索要提单,最后以无主货名义由海关拍卖,从中牟取暴利。

尼日利亚商业诈骗盛行,货到T/T付款方式是不法尼商进行诈骗的惯用方法。通常,尼商第一单信守承诺,及时付款,没有任何推迟和延误,从而获取我公司的信任;第二单就开始诈骗。因此,在与尼商做生意时,无论新老客户,无论成交量大小,均须严格支付条款,要求以100% T/T预付;或T/T预付部分货款,其余在发货前T/T支付;或25%~30% T/T预付,其余70%~75%以保兑的不可撤销的即期L/C方式付款,并一定要求欧美等第三国银行保兑。在与尼商签订合同时,不要接受远期L/C或货到付款D/A,D/P等付款方式,以防上当受骗。

认真做好客户的资信调查,熟悉各种结算方式的流程和风险是每个外贸业务员必做的"功课"。

知识链接

国际贸易货款的结算主要涉及支付工具、付款时间、地点及支付方式等问题,买卖双方必须对此取得一致的意见,并在合同中作出明确的规定。

在国际贸易中,债权债务的清算离不开货币和票据。

6.1.1 货币

在国际贸易中,买卖双方分属于不同国家,各国的货币制度不一样,很难使用各自国家的货币,因此,在国际贸易中使用的货币属于外汇的范畴。在具体的业务往来中,使用货币结算有3种选择:买方所在国货币;卖方所在国货币;第三国的货币。对于每笔业务具体使用什么货币,应由交易双方洽商确定。

在具体选择计价货币时,需要结合政治和经济两方面因素决定。如我国与对方国家之间有贸易支付协定,则应使用协定中规定的货币。如无支付协定,则要考虑货币的稳定性和货币的可兑换性,在出口时尽量选择汇率稳定且呈上升趋势的币种(硬币),进口时则选择汇率趋势下跌的货币(软币),意在增加收益或减少风险。在出口业务中,由于各种因素不得不使用软货币时,应估计该货币币值疲软趋势,适当加价或在出口合同中订立保值条款。

6.1.2 票据

随着国际贸易和现代银行信用的发展,传统的现金结算方式已非常少见。大量使用的支付工具是一些票据,它们由出票人签发,以无条件支付一定金额为目的,在一般情况下还可以流通转让。国际贸易中常见的票据有汇票、本票和支票。票据行为示意图如图6.1 所示。

1)汇票

世界各国的票据法一般都对汇票(Bill of Exchange,Draft)进行了定义,例如,按《英国票据法》的规定,汇票是一个人向另一个人签发的,要求即期或定期或在可以确定的某一将来时间,对某人或其指定人或持票来人支付一定金额的无条件支付命令。我国在1996年1月1日起实施的《中华人民共和国票据法》第19条中也规定:"汇票是出票人签发的,委托付款人在见票时或在指定日期无条件支付确定金额给收款人或持票人的票据。"从这两种定义可以看出,它们只是在具体措辞上有所差别,对汇票本质的规定则是相同的。

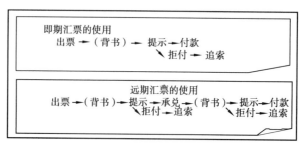

图6.1 票据行为示意图

（1）汇票的内容

汇票是国际贸易结算中最重要,也是运用最广泛的一种票据。各国票据法对其必需项目有不同的规定,但一张完整的汇票一般应包括以下内容:

①注明"汇票"字样。

②无条件支付命令或委托。这体现了汇票的本质,若支付命令或委托中附带有限制条件,汇票就成为无效汇票。

③一定金额的货币。金额必须是确切的或可以确定的,不能含混不清。

④出票人(Drawer)。即签发汇票的人,通常为出口商或其银行。

⑤受票人(Drawee)。接受汇票支付命令的人,即付款人(Payer)。在国际贸易中,它往往是进口商或其往来银行。

⑥受款人(Payee)。这是汇票的债权人,即有权凭汇票取得规定金额的人,有时又被称为抬头人。在进出口业务中,它通常是出口商或其往来银行。受款人的填写可以采取以下3种方法:

A.限制性抬头。如"仅付 B 公司"(Pay B Co. only)或"付 B 公司,不得流通"(Pay B Co. Not Negotiable)或"付 B 公司"(Pay B Co.),同时,在汇票上任意一处注明"不得转让"(Not Transferable)。这种抬头表明,汇票金额只能付给特定抬头的人,该汇票不能转让。尽管这种汇票在各种汇票中最具安全性,但因其流通性差而在贸易中较少使用。

B.指示性抬头。如"付 B 公司的指定人"(Pay to the Order of B Co)或"付 B 公司或其指定人"(Pay B Co. or Order)。这种抬头的汇票可以由受款人根据自己的需要,通过背书转让给其他人,具有一定的流通性。同时由于汇票的转让需经原债权人背书,因此有一定的安全性,成为贸易中使用最多的汇票。

C.持票来人抬头。这种抬头的汇票无须背书即可转让,它的流通性最强。但由于任何人都可以凭票取款,其安全性最差,在贸易中的使用也较少。至于它的写法,凡在汇票抬头人一栏中有"来人(Bearer)"字样,无论在其前后是否还有其他内容,均构成持票人抬头。

⑦付款期限。这是对付款人履行付款义务的时间的规定,常见的情况有以下几种:

A.即期付款(Pay at Sight),指付款人在持票人向其提示汇票时应立即付款。

B.定期付款,或在可以确定的将来时间付款。这种付款期限被统称为"远期"。常见的期限有 30 天、60 天、90 天几种,在对付款期限作具体规定时,一般可以采用以下方法:见票后若干天付款(At... days after sight);出票日后若干天付款(At... days after date of draft);在指定日期付款(Fixed Date),即在汇票上明确规定汇票的到期日。

C.延期付款,是指在汇票上规定提单日或交单日或其他特定日期后若干天付款。

⑧出票日期与出票地点。它们一般连在一起写在汇票的右上方,通常是地点在前而日期在后。出票地点应与出票人的地址相同,日期则要写明具体的年、月、日。

⑨付款地点一般就是付款人所在地。

以上是任何一张汇票都必须具备的基本项目。

（2）汇票的种类

根据汇票的当事人、付款期限等不同特征，可以从不同角度对汇票进行分类：

①按出票（Commercial Bill）人不同，汇票可分为商业汇票（Commercial Bill）和银行汇票（Banker's Bill）。前者由工商企业签发，常用于托收和信用证业务；后者由银行签发，主要用于银行的票汇业务。

②按是否随附货运单据，可以将汇票分为光票（Clean Bill）和跟单汇票（Documentary Bill）。

在国际贸易中，大多数汇票都附有证明货物价值或货物已发运的货运单据，属于跟单汇票。光票则是不附带货运单据的汇票，其流通只能靠出票人的信誉。因此，国际贸易中的光票多是银行汇票，商业汇票性质的光票一般用于向对方收取佣金、劳务费或货款尾数等，使用相对较少。

③按付款时间的不同，可以将汇票分为即期汇票（Sight Bill）和远期汇票（Time Bill）。由于前者能使出口商立即收回货款，因此很受出口商的欢迎。

此外，汇票还可以有其他的分类方法，同时一张汇票往往会同时具有几种不同的特征，如一张即期的银行汇票。

（3）汇票的使用

总的来说，即期汇票的流通和使用程序比远期汇票简单。汇票在使用时都要经过出票、提示或承兑、付款的环节，有时候还可以有背书、贴现、拒付等程序。

①出票（Issue）。是出票人填写汇票的各个必要项目并签字，然后将汇票交付给受票人的行为。

②提示（Presentation）。是持票人向付款人提交汇票，要求其承兑或付款的行为。付款人见到汇票叫作见票（Sight）。它分为两种：

A. 承兑提示。指远期汇票的持票人向受票人提交汇票要求其承兑的行为。

B. 付款提示。指即期汇票或已承兑并已到期的远期汇票的持票人向汇票的受票人提交汇票，要求付款的行为。

③承兑（Acceptance）。远期汇票的受票人在汇票上签字，承诺将按出票人的命令，在汇票到期时履行付款责任的行为。受票人在承兑时要在汇票正面写明"承兑"字样，加注日期并签名。受票人在承兑汇票后成为承兑人，在汇票到期时，他不得以任何理由否认汇票的效力，拒绝对该汇票付款。

④付款（Payment）。汇票的持票人向受票人提示汇票、要求付款的行为。受票人应在确认汇票真实可靠后立即对持票人付款。这时，有关汇票的一切债务都被解除。

⑤背书（Endorsement）。大多数汇票可以通过背书在国际市场上流通转让。背书是指汇票的受款人在汇票的背面签名，有时还注明受让人的名称，然后将汇票交与受让人的行为。通过背书，汇票的受款人将凭票收款的权利转让给受让人。而受让人可以通过背书将汇票再次转让。但无论这个过程如何继续，汇票的第一个背书人一定是汇票的受款人，第二个背书人则一定是第一个被背书人，以后按此类推。在汇票的连续转让过程

中,对任意一个受让人而言,在他之前的所有背书人和汇票的出票人都是他的"前手"。对于任意一个背书人而言,所有在他之后的受让人都是他的"后手"。前手要向后手保证该汇票一定被承兑或被付款。汇票持有者也可经过背书将未到期的承兑汇票转让给银行,银行扣除一定利息后将票款付给持票人,这叫贴现(Discount)。银行贴现后,就成为汇票的持有人,可在市场上继续转让或到期向付款人索取票款。

常见的汇票背书有3种方式:

1. 限制性背书,即背书人在背书时写明"仅付被背书人"或"付给被背书人,不得转让"等字样。这时被指定的被背书人只能凭票取款,而不能将汇票继续转让给他人。

2. 特别背书,又称记名背书,是指背书人在背书时注明将汇票金额"付被背书人或其指定人",该指定的被背书人既可以凭票要求付款也可以将汇票继续转让。

3. 空白背书,也称不记名背书,是指背书人在背书时只需签名,无须记载被背书人名称。经空白背书的汇票与持票人汇票一样,仅凭交付就可以转让。

⑥拒付(Dishonor)。是指持票人向付款人提示汇票要求承兑或要求付款时遭到拒绝,或是由于付款人破产、死亡等原因,使承兑或付款实际上成为不可能。

在汇票遭拒付时,最后的持票人有权向所有的"前手"及出票人行使追索权。为及时行使追索权,持票人应立即向付款地的公证人或法院、银行、公会等依法有权作出证书的机构申请办理拒绝证书,并以此作为法律依据向其所有前手行使追索权,追索票款及有关费用。有时出票人或背书人为避免日后被追索,在出票或背书时在汇票上注明了"无追索权"字样,但这种汇票在市场上很难流通转让。

2)本票

依照多数国家的法律规定,本票(Promissory Note)是一个人向另一个人签发的,保证于见票时或定期或在可以确定的将来时间对某人或其指定人或持票人支付一定金额的无条件书面承诺。简言之,本票是出票人对受款人承诺无条件支付一定金额的票据。《中华人民共和国票据法》第73条对本票作了如下定义:"本票是由出票人签发的、承诺自己在见票时无条件支付确定金额给收款人或持票人的票据。"

本票并没有固定格式,一般应在票面上注明"本票"字样,写出无条件的支付承诺、收款人或其指定人、付款期限与付款地点、一定金额的货币、出票日期和地点并由出票人签发。

常见的本票有商业本票与银行本票。商业本票即一般本票,由工商企业或个人签发,付款期限可以为即期,也可以为远期。银行本票则由银行签发,付款期限均为即期。在国际贸易中最常见的就是银行本票,《中华人民共和国票据法》中所规定的本票是银行本票,并且只有经中国人民银行审定的银行及其他金融机构才能签发本票。

同汇票相比,本票具有以下特征:

①从性质上看,本票是无条件的付款承诺,允诺由自己付款,而不是命令他人付款。

②本票只有出票人与收款人两个基本当事人。

③由于本票的出票人与付款人是同一人,因此远期本票无须承兑。

④本票只能开出一张而不是一套。

⑤本票的出票人始终是本票的主债务人,承担在规定期限内付款的责任。

3)支票

简单地讲,支票(Cheque 或 Check)是以银行为付款人的即期汇票,即支票是存款人向其开户银行开出的,要求该银行即期支付一定金额的货币给特定人或其指定人或持票人的无条件的付款命令。《中华人民共和国票据法》第 82 条规定:"支票是出票人签发,委托办理支票存款业务的银行或其他金融机构在见票时无条件支付确定金额给收款人或持票人的票据。"

出票人在签发支票后,应负票据上的责任和法律上的责任。前者是指出票人对收款人担保支票的付款;后者是指出票人签发支票时,应在付款银行存有不低于票面金额的存款。如存款不足,支票持有人在向付款银行提示支票要求付款时,就会遭到拒付。这种支票叫空头支票。开出空头支票的出票人要负法律上的责任。

在大多数国家,支票可以分为一般支票与划线支票。

一般支票也称为未被划线的支票,支票的持票人既可以通过银行将票款收入自己的账户,也可以凭票在付款行提取现金。

票面左上角被划上两道平行线的支票就是划线支票。这种支票的持票人不能凭票提取现金,而只能通过银行收款入账。划线支票比一般支票更安全,若支票丢失或被窃,失主可以通过银行查寻票款的下落,然后向冒领者讨还票款。

《中华人民共和国票据法》对支票种类的规定与多数国家的上述做法不同。我国将支票分为现金支票与转账支票两种:现金支票只能用来提取现金;转账支票则只能通过银行收款入账。

如上所述,支票实际上是以银行为付款人的即期汇票,同一般汇票相比,支票具有以下特点:

①支票的出票人一定是银行存款客户,付款人一定是其开户银行。

②支票都是即期的,因此不存在承兑这一票据的行为。例如,我国《票据法》规定,自支票开出之日起,若超过 10 天持票人才向付款银行提示,则付款银行可以不予付款。

③支票的主债务人是出票人。

④支票可以保付。银行可以应出票人的要求,在支票上注明"保付"字样并签字,这时银行成为支票的主债务人,保证在收款人提示支票时一定付款。

⑤出票人由于种种原因,可以向付款银行发出书面通知,办理支票的止付手续,银行应按出票人的要求对该支票停止支付。

⑥支票只能开出一张而不是一套。

汇票

如表6.1所示。

表6.1　汇票

BILL OF EXCHANGE

凭 Drawn Under ………………	不可撤销信用证　第 Irrevocable L/C　No.	号	
日期 Dated ………………	按　　　　息 Payable with interest　@　　　%	per annum	
号码 No. ………………	汇票金额 Exchange for	中国　　年　月　日 China ……………………………	

见票　　　　日后 (本汇票之副本未付) 付
At　　　　sight of this FIRST of Exchange　(Second of Exchange Being unpaid)

Pay to the order of

或其指定人

金额
the sum of

此致　…………………………………………
To　　…………………………………………

任务2　结算方式的选用和支付条款

任务引入

　　张浚在对复杂多样的支付工具有了认识后,再次面临着一个选择:应该选择哪种结算方式,对公司来讲是能安全迅速结汇的? 其操作程序是怎样的?

案例导读

　　【案情介绍】信用证单证一致的理解

　　某地 A 公司在 2016 年间与 B 贸易公司成交一笔出口芸豆的贸易。信用证有关部分条款规定:"600 M/Tons of Kidney Beans. Partial shipments are allowed in two lots. 400 M/Tons to Antwerp not later than May31,2016. 200M/Tons to Brussels not later than June 30,2016."(600 吨芸豆,允许分批装运,分两批。400 吨于 2016 年 5 月 31 日前运至安特卫普。200 吨于 2016 年 6 月 30 日前运至布鲁塞尔。)

A 公司有关人员经审查信用证条款,未发现什么问题,即与有关船方代理联系租船,根据 5 月末前的船期和船舱的情况,去安特卫普港的舱位不够,400 吨必须两条船分装。A 公司有关运输人员向有关业务员提出,安特卫普的 400 吨须两条船装是否可以,信用证是否允许分批装运。业务员查对信用证认为没有问题,因为信用证允许分批装运。所以 A 公司于 5 月 18 日在 A 轮装 200 吨至安特卫普港,19 日装 B 轮 200 吨至安特卫普港。装运完毕,于 20 日即备齐信用证项下的所有单据向议付行办理议付。但经议付行审核单据提出异议:信用证规定:"Partial shipments are allowed In two lots."意即要求分两批装运:400 吨到安特卫普一批;200 吨到布鲁塞尔一批。A 公司第一批只装 200 吨至安特卫普,第二批又装 200 吨至安特卫普,所以不符合信用证要求。A 公司对该条款理解与议付行不一致,A 公司认为:"Partial shipments are allowed In two lots.条款中的'in two lots'是指 400 吨到安特卫普和 200 吨到布鲁塞尔的两批。其中又规定"Partial shipments are allowed"是指在 400 吨到安特卫普一批中或在 200 吨到布鲁塞尔一批中还允许再分批。所以装运至安特卫普港的货分为 200 吨和 200 吨两批装。议付行仍不赞同 A 公司的这种理解,不同意议付。最后决定由 A 公司向议付行提供担保函件,如开证行有异议由 A 公司负责,议付行对开证行仍照常寄单而不表明不符点的情况。但单到国外,开证行于 5 月 29 日提出:"第×××号信用证项下的单据收到经审核发现不符点我信用证规定只分两批装运,4 000 吨至安特卫普 200 吨至布鲁塞尔。你于 5 月 18 日只装 200 吨至安特卫普,5 月 19 日又装 200 吨至安特卫普。如此说来,你方起码要装 3 批以上,违背了我信用证规定。我行经研究,无法接受单据,请告你方对单据处理的意见。

5 月 29 日,A 公司对开证行上述的单据异议虽然其意见与议付行的意见一致,但仍以自己对信用证条款所理解向开证行抗辩:"你 5 月 29 日电悉。对于第×××号信用证项下第×××号单证不符事,我们认为单证完全相符。你信用证原条款是这样规定的:Partial shipments are allowed in two lots."其意思就是在两批之中(in two lots)允许分批装运(Partial shipments are allowed),所以在安特卫普的 400 吨之中我又分批装,完全符合信用证要求。你们所谓"不符点"是不存在的,你行应接受单据按时付款。5 月 31 日,A 公司发出上述反驳意见后,6 月 3 日又接到开证行的复电:"你 5 月 31 日电悉。对于第×××号信用证项下你方不符点事,我们信用证原文规定:Partial shipments are allowed in two lots. 400M/Tons to Antwerp not later than May 31, 2016. 200 M/Tons to Brussels not later than June 30, 2016. 该条款意思很明确:"允许分批装运"(Partial shipments are allowed)已被"两批装运"(in two lots)所限制,即分 400 吨至安特卫普;200 吨至布鲁塞尔。每批之中不能再分批。你方认为每批之中又可以再分批,完全是对原条款的误解。所以其不符点是明显存在的,我行经与申请人联系也不同意接受单据,速复对单据处理的意见。

【案例评析】

本案的争议焦点在于:A 公司认为,在 400 吨到安特卫普一批中或在 200 吨到布鲁塞尔一批中还允许再分批。最后 A 公司对信用证条款作进一步的探讨,才认为以前是误解信用证条款。只好又向买方 B 贸易公司商洽,最后以降价为条件而结案。

国际贸易中审证工作是一项非常重要而又细致的工作,需要对信用证条款有一定理解能力的人员担任这项工作,才能对企业起到把关的作用。出口业务程序从成交签订合同到备货、审证、政证、租船订舱、报关、报验、保险直至装运,任何一个环节出现问题,最后均在单证工作上暴露出来,造成单证不符,被对方拒付货款或拒收货物。本案例的分批装运问题,虽然当时有船舱不足的原因,但审证人员当时认为可以再分批,误解信用证条款,所以才违背信用证规定而造成事故。

知识链接

6.2.1 常用结算方式

在国际贸易业务中,交易双方要采用一定的支付工具并通过一定的结算方式,才能实现资金从债务人向债权人的转移。

1)汇付

汇付(Remittance)又称汇款,是付款人委托银行采用各种支付工具,将款项汇交收款人的支付方式,它属于顺汇法。

(1)汇付方式的当事人

汇付方式一般涉及4个当事人:

①汇款人,即付款人,通常就是进口方。

②收款人,也称受益人,通常就是出口方。

③汇出行,是接受汇款人的委托代其汇出款项的银行。

④汇入行,有时被称为解付行,是接受汇出行的委托,将款项付给收款人的银行。汇入行通常在收款人所在地,往往是汇出行的分行,或事先与汇出行订有代理合同的其他银行。

汇款人在委托银行汇款时要提交书面的汇款申请书,一旦汇出行接受其汇款申请,就按申请书中的指示通知汇入行向收款人解付汇款。

(2)种类

根据采用的支付工具的不同,可以将汇付方式分为电汇、信汇、票汇3种。

①电汇(Telegraphic Transfer,简称 T/T)。电汇是指汇款人将款项交与汇出行,同时委托汇出行以电报或电传等的方式,指示国外的汇入行将款项解付给收款人。

②信汇(Mail Transfer,简称 M/T)。信汇是指汇款人将款项交汇出行,由汇出行开出信汇委托书或支付委托书,并航寄给国外汇入行,委托汇入行解付款项给收款人。

③票汇(Remittance by Banker's Demand Draft,简称 D/D)。票汇是指汇款人向汇出行购买一张以国外汇入行为付款人,以汇出行为出票人,以汇款的收款人为汇票收款人的银行即期汇票,然后自行交给或寄给国外的收款人,由收款人凭票向汇入行取款。

票汇与电汇、信汇明显不同。首先,在票汇方式下,收款人主动凭票取款,而不像电汇、信汇方式那样,需要汇入行向其发出汇款到达通知;其次,由于汇票往往可以通过背书在市场上流通转让,因此票汇方式下收款人的收款权是可以转让的;最后,电汇、信汇方式下,收款人只能从汇入行得到付款,而票汇方式下,汇出行在国外的任何一家代理行只要证明了汇票上出票人的签字真实可靠,都愿意对持票人支付现款。可见,票汇方式比电汇、信汇更具有灵活性。

在实际业务中,电汇有两种形式:

1. 前 T/T(Payment in Advance),是指进口商在交货前全款电汇,然后卖方按合同规定将货物发给买方的一种结算方式。该种结算方式对卖方有利。

2. 后 T/T(Deferred Payment),是指出口商按照合同规定先发货,买方见到提单传真件或收到提单后全款电汇。该种结算方式对买方非常有利。

(3)汇付方式下应注意的问题

汇付方式下应注意对具体的汇付方式的选择。在进出口业务中,应依据不同汇付方式的不同特点对它们加以选用。电汇是交款最迅速的汇付方式,可以使收款人及时收回货款,有利于其资金周转,并在一定程度上避免了汇率变动的风险;但采用电汇方式,汇款人要承担较高的银行电报费用,而且往往以压低货价的方法将这笔费用转嫁给收款人,因此一般只有在急需资金、或金额较大、或使用的货币汇率下跌的风险很大的情况下才选用电汇方式。在一般情况下,速度较慢、费用较低的信汇方式对交易双方都较为理想。应特别注意,票汇方式的索偿路线比较复杂,汇票可能经过多次转让,所以收取货款的速度最慢,可能使收款人遭受某种意外的损失。信汇和电汇的一般业务程序和票汇的一般业务程序如图6.2和图6.3所示。

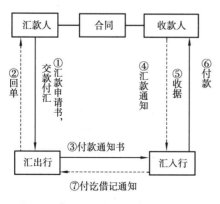

图6.2 信汇和电汇的一般业务程序

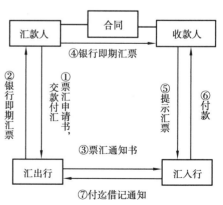

图6.3 票汇的一般业务程序

（4）汇付方式在国际贸易中的应用

汇付方式可以用于预付货款或货到付款。虽然汇付方式的手续简单、费用也相对较低，但在这种方式下，银行只为交易双方提供有偿服务，并不保证买方一定付款、卖方一定提交货运单据，因选用汇付方式有赖于买卖双方的相互信任。而由于目前当事人双方存在互不信任，在付款时间上很难达成一致，因此汇付方式在国际贸易中的作用有限，一般只用于小额交易、佣金、预付订金、货款尾数以及一些零星费用的支付上，或在分期付款、延期付款的交易中被用来支付各期的应付款项。

电汇、信汇和票汇所使用的结算工具（如委托书通知、汇票）的传送方向与资金的流向相同，因此，称为顺汇法。需要注意的是，在预付货款的交易中，进口方为减少预付风险，往往要求"凭单付汇"，出口方只有向汇入行提交了指定单据后方可拿到货款。汇款在尚未被收款人支取前，可随时撤销。因此，出口方在接到汇入行的汇款通知后，应尽快发运货物，从速办理交单取款。

2）**托收**

托收（Collection）是出口人委托银行代收货款的支付方式。具体来讲，托收方式是由出口人开立以进口人为付款人的汇票，连同全套货运单据，向其所在地的银行提出申请，委托该银行通过它在进口人所在地的分行或代理行向进口人收款，款项收妥后再通过银行转给出口人。在我国的进出口业务中，为与信用证支付方式相区别，有时也将这种方式称为"无证托收"。

（1）托收方式的主要当事人

根据1996年1月1日生效的新的《托收统一规则》（国际商会第522号出版物）的规定，托收方式下的主要当事人包括：

①委托人（Principal），又称出票人，是开出汇票委托银行向付款人收款的人，通常是进出口业务中的出口人。

②付款人（Payer），是汇票的受票人，是应该支付货款的进口人。

③托收行（Remitting Bank），又称寄单行，是接受委托人的委托，为其办理托收业务的银行，通常是出口人所在地的银行。

④代收行（Collecting Bank），是接受托收行的委托，向付款人收款的银行。代收行经常在进口人所在地，是托收行的分支机构或事先与托收行订有代理协议的其他银行。代收行以托收行对其发出的托收委托书为依据，代托收行办理收款业务。

（2）托收的种类

托收可以分为光票托收与跟单托收两大类。

①光票托收(Clean Collection),是指卖方仅开立不附带货运单据的光票,委托银行代其收款。在国际贸易中,这种托收方式使用不多,主要用于收取货款尾数、样品费、佣金及其他贸易从属费用。

②跟单托收(Documentary Collection),是国际贸易中比较常见的一种支付方式,它是指卖方将附有代表货物所有权的全套货运单据的跟单汇票,或是不开出汇票,仅将全套货运单据交托收行,再转托国外的代收行代收货款。按货运单据与货款的交付是否同时进行,可以将跟单托收进一步分为付款交单与承兑交单两类。

A.付款交单(Documents Against Payment,简称 D/P),是指代收行根据出口方的指示,只有在进口方付清全部货款时才向其交出货运单据。按付款时间的不同,付款交单可以分为即期付款交单与远期付款交单。

a.即期付款交单(D/P At Sight),是指代收行向付款人提示跟单汇票,付款人在审单无误后要立即付清全部票款并从代收行取得全套货运单据提货。

b.远期付款交单(D/P After Sight),是指出口方开立远期跟单汇票,由代收行向付款人作承兑提示,付款人审单无误后先承兑汇票,待汇票到期时再由代收行向付款人作付款提示,并在付款人付清全部票款后向其交出全套货运单据。

在远期付款交单方式下,为了鼓励进口方尽快付款,出口方往往要求在托收委托书中加列利息条款,规定若付款人在汇票到期日前付款,可以从应付票款中减去付款日与到期日之间的利息;若迟于汇票到期日付款,则要按一定的利率加收付款日与到期日间的利息。

即期付款交单一般业务程序和远期付款交单一般业务程序如图6.4 和图6.5 所示。

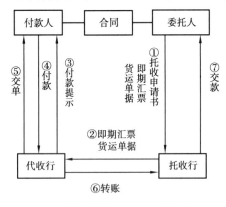
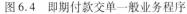

图6.4　即期付款交单一般业务程序

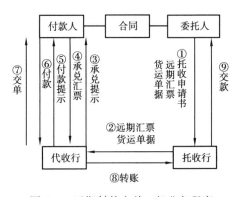

图6.5　远期付款交单一般业务程序

B.承兑交单(Document Against Acceptance,简称 D/A)。承兑交单只能用于远期汇票的托收。在这种方式下,只要进口方承兑了远期汇票,就可以从代收行取得货运单据,到汇票到期时才履行其付款义务。

虽然承兑交单与远期付款交单都是对远期汇票的托收,都有付款人对汇票的承兑,但对买方而言,远期付款交单是付款在先,提货在后,而承兑交单则是先提货,后付款。如果买方在提货后拒付货款,卖方就要遭受很大损失。因此,对于卖方而言,承兑交单的风险远大于远期付款交单。使用这种方式时要特别谨慎。

承兑交单一般业务程序如图6.6所示。

（3）托收方式的特点

①在托收方式下，作为支付工具的汇票由卖方传递给买方，与资金的流动方向恰好相反，所以托收方式属于逆汇法。

②托收方式属于商业信用的性质，托收行与代收行只是依照卖方的指示，为交易双方提供有偿服务，并不保证买方一定付款，也不保证卖方提供的货运单据一定完整、正确。

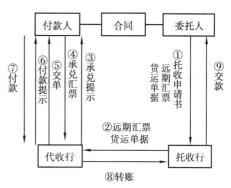

图6.6 承兑交单一般业务程序

③在托收方式下，卖方只有在运出货物、取得货运单据后才能向买方要求付款，因此，卖方承担的风险大于买方。另外，同其他支付方式相比，买方在以托收方式支付货款时所承担的费用也较低，所以，托收方式在总体上有利于买方，不利于卖方。

（4）使用托收方式时应注意的问题

在激烈竞争的国际市场上，卖方常允许买方以托收方式付款作为吸引客户的竞争手段。在采用托收方式时，应注意以下问题。

①出口商应注意防范风险。由于托收方式对出口方的风险较大，因此，出口方应从以下几方面着手，尽量减轻或避免风险。

A.在决定出口业务以托收方式收款之前，卖方应了解进口国的外汇管制情况及有关进出口贸易的其他法律规定，尽量避免对外汇及进口管制较严的国家以托收方式收取货款，以防出现货物不能进口或进口后不能对外付出外汇的问题，使出口方蒙受损失。

B.采用托收方式之前，卖方应对进口国的"习惯做法"或商业惯例有足够的了解，例如，拉美地区的一些国家通常将远期付款交单与承兑交单作同样的处理，只要进口方承兑了远期汇票便能够得到全套货运单据提取货物，这无疑使卖方风险大大增加。针对这类"习惯"或"惯例"，出口方应仔细考虑能否接受，并在合同的支付条款中对托收方式的具体做法作出明确的规定。

C.采用托收方式支付货款之前，出口方一定要了解进口方的资信状况、经营能力与经营作风。

D.如果交易双方决定以托收方式结算货款，出口商应尽量采用付款交单的托收方式。另外，出口方最好争取买方预付一部分订金，以便在买方拒付货款时以此弥补卖方遭受的损失或付出的费用。

E.若决定采用托收方式收取货款，出口方应争取按CIF或CIP条件成交，自办保险。若不能以CIF或CIP条件成交，也要在保险公司投保卖方利益险，以便在货物于运输途中遇险的情况下，从保险公司得到部分补偿。

F.出口方在决定采用托收方式收取货款后，可以向保险公司投保出口信用险。如果出口方在托收方式下因进口方自身原因,或因进口国的政治与政策方面的原因不能或不能及时收回货款,保险公司可按实际损失金额的 70% ~90% 对出口方进行赔付。

G. 在托收方式下,出口方可以通过保理业务(Factoring)转移风险。它是指出口方在托收方式下出售商品,将全套跟单汇票卖断给承购应收账款的财务公司或专门组织(统称保理公司),从而收回部分或全部货款的业务。

②在托收方式下,进出口双方都可以从银行得到资金融通的便利,出口商在以跟单托收方式收取货款时,可以凭跟单汇票向托收行申请抵押贷款,由托收行根据出口商的资信状况与经营作风,将一定比例的票款扣除利息和手续费后贷给出口商。当代收行将货款收妥后要先归还贷款,再由银行将余额付给出口商。若进口商拒付款,托收行有权向出口商索还贷款,否则可以处理货运单据下的货物。这种做法被称为托收出口押汇,有利于出口商的资金周转。

对资信较好的进口商而言,在远期付款交单的托收方式下,若付款日期晚于货到日期,则可以向代收行申请,在付款之前提前凭信托收据(Trust Receipt,简称 T/R)向代收行借单提货,然后在汇票到期时将票款偿还代收行,换回自己的信托收据。信托收据是一种书面信用担保文件,说明进口商是以代收行的受托人的身份来办理进口货物的提货、报关、存仓、保险、出售等事项,而货物的所有权仍属于银行,进口商出售货物所得的货款要在汇票到期时付给银行。若进口商在汇票到期时不能付款,除非代收行是按出口商的指示对进口商借单,否则一切责任要由代收行承担。这种做法通常被称为"付款交单凭信托收据借单 D/P,T/R",可以帮助进口商及时提货出售,加快其资金周转或使其得到较高的售价。但是,由于代收行要承担一定的风险,因此,它一般只对少数资信可靠的进口商提供这种便利。

3)信用证

信用证(Letter of Credit,简称 L/C)支付方式是随着国际贸易的发展,在银行与金融机构参与国际贸易结算的过程中逐步形成的。信用证支付方式把由进口人履行付款责任,转为由银行付款,在一定程度上解决了进出口人之间互不信任的矛盾。对出口商来说,可以保证出口商凭单取得货款,并可以取得资金融通;对进口商来说,可以保证按时、按质、按量收到货物,并可提供资金融通。对银行来说也有一定的好处,如收取各种手续费以及利用资金的便利。

(1)信用证的含义、主要内容及其特点

①信用证的含义。

根据国际商会《跟单信用证统一惯例》的解释,信用证是指由银行(开证行)依照客户(申请人)的要求和指示或自己主动,在符合信用证条款的条件下,凭规定单据向第三者,(受益人)或其指定的人进行付款,或承兑和(或)支付受益人开立的汇票,或授权另一银行进行该项付款,或承兑和支付汇票,或授权另一银行议付。

简言之,信用证是一种银行开立的有条件的承诺付款的书面文件。

②信用证的主要内容。

信用证虽然没有统一的格式,但其基本项目是相同的,主要包括以下几个方面:

A.对信用证本身的说明。如信用证的种类、性质及其有效期和到期地点、交单期限等。

B.对货物的要求。包括货物的名称、品种、规格、数量、包装、金额、价格等。

C.对运输的要求。如装运的最迟期限、起运地和目的地、运输方式、可否分批装运和转运等。

D.对单据的要求。单据主要可分为3类:货物单据(以发票为中心,包括装箱单、重量单、产地证、商检证明书等);运输单据(如提单,这是代表货物所有权的凭证);保险单据(保险单)。除上述3类单据外,还有可能提出其他单证,如寄样证明、装船通知电报副本等。

E.特殊要求。根据进口国政治经济贸易情况的变化或每一笔具体业务的需要,可以作出不同规定。如:要求通知行加保兑;限制由某银行议付;具备规定条件信用证方始生效等。

F.开证行对受益人及汇票持有人保证付款的责任条款,根据国际商会《跟单信用证统一惯例》开立的文句,开证行签字和密押等。

③信用证的特点。

A.信用证是一种银行信用。信用证支付方式是一种银行信用,由开证行以自己的信用作出付款的保证。在信用证付款的条件下,银行处于第一付款人的地位。《跟单信用证统一惯例》规定,信用证是一项约定,按此约定,根据规定的单据在符合信用证条件的情况下,开证银行向受益人或其指定人进行付款、承兑或议付。信用证开出后,便构成开证行的确定承诺。可见,信用证开出后,开证银行首先是付款人,开证银行对受益人的责任是一种独立的责任。

B.信用证是一种自足的文件。信用证的开立是以买卖合同作为依据,但信用证一经开出,就成为独立于买卖合同以外的另一种契约,不受买卖合同的约束。《跟单信用证统一惯例》规定,信用证与其可能依据的买卖合同或其他合同,是相互独立的交易。即使信用证中提及该合同,银行也与该合同无关,且不受其约束。所以,信用证是独立于有关合同以外的契约,是一种自足的文件。

C.信用证是一种单据的买卖。在信用证方式下,实行的是凭单付款的原则。《跟单信用证统一惯例》规定:"在信用证业务中,各有关方面处理的是单据,而不是与单据有关的货物、服务及其他行为。"所以,信用证业务是一种纯粹的单据业务。在信用证业务中,只要受益人提交的单据符合信用证规定,开证行就应承担付款责任。反之,单据与信用证规定不符,银行有权拒绝付款。但应指出,按《跟单信用证统一惯例》规定,银行虽有义务"合理小心地审核一切单据",但这种审核,只是用以确定单据表面上是否符合信用证条款,开证银行只根据表面上符合信用证条款的单据付款。所以在信用证条件下,实行所谓"严格符合的原则"。"严格符合的原则"不仅要做到"单、证一致",即受益人提交的单据的表面上与信用证规定的条款一致;还要做到"单、单一致",即受益人提交的各种单据之间表面上也要一致。

信用证业务中存在的契约：在国际贸易结算中，信用证业务除了信用证以外，实际上还存在其他契约维系着各个当事人之间的确定关系：

首先，在开证申请人（进口商）和信用证受益人（出口商）之间存在一份贸易合同。由这份贸易合同带来了对支付信用的需要。

其次，在开证申请人和开证银行之间存在一份开证申请书。由这份开证申请书保证了信用证下收进的单据和付出的款项将由开证申请人赎还。

最后，在开证银行与信用证受益人之间则由信用证锁定。信用证保证了信用证受益人交到银行的符合规定的单据将必定得到支付。

（2）信用证的主要当事人

信用证方式涉及的当事人较多，主要当事人有以下几个：

①开证申请人。开证申请人（Applicant），通常被称为开证人（Opener），是向银行申请开立信用证的人，一般是贸易中的进口商。开证人应在合同规定的期限内开立信用证，并向开证行交付押金。在开证行对单据付款后，及时向开证行付款赎单。但若开证人发现受益人提交的单据不符合信用证条款的规定，他有权拒绝付款。

②开证行。开证行（Issuing Bank）是接受开证申请人的委托，为其开出信用证的银行，一般是开证人所在地的银行。开证行一旦接受了开证人的申请，就必须按后者提交的开证申请书的内容，正确、完整、及时地开出信用证，并对受益人提交的符合信用证规定的单据付款。若开证人不付款赎单，开证行有权处理单据和货物，也有权向开证人追索垫款。

③通知行。通知行（Advising Bank）一般是开证行在出口人所在地的代理行，它受开证行的委托，将信用证通知给受益人，并证明信用证的表面真实性，帮助受益人澄清有关信用证的疑点。

④受益人。受益人（Beneficiary）是信用证上指定的、有权使用该信用证的人，一般是交易中的出口商。如果受益人发现其收到的信用证条款与合同条款不符，应立即要求修改信用证或表示拒绝接受；一旦接受了信用证，就要在信用证规定的期限内装运货物并向银行交单，若银行不能付款，则有权要求进口商履行付款义务。

⑤议付行。议付行（Negotiating Bank）是买入或贴现受益人提交的符合信用证规定单据的银行。议付行可以是信用证中所指定的特定的银行，若信用证中未作规定，则可以是受益人选定的任意一家银行。大多数情况下，受益人愿意选择通知行作为议付行。

⑥付款行。付款行（Paying Bank）是开证行在信用证上指定的，在单据与信用证规定相符时付款的银行，也就是信用证下汇票的付款人。付款行往往由开证行自己兼任，但

也可以是开证行在信用证中所指定的另外一家银行。

除了以上这些主要当事人外,在信用证业务中还可能遇到其他当事人。但无论如何,信用证所有当事人的权利和义务都要受信用证各项条款的约束。

(3)信用证方式的一般业务程序

采用信用证方式结算货款,从进口人向银行申请开出信用证,一直到开证行付款后又向进口人收回垫款,其中经过多道环节,并需办理各种手续。加上信用证的种类不同,信用证条款有着不同的规定,这些环节和手续也各不相同。信用证的支付流程如图6.7所示。

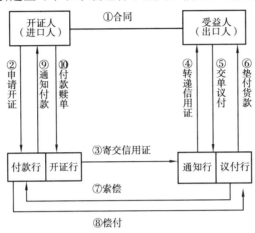

图6.7 信用证的支付流程

但一般来说,大体要经过以下几个基本环节。

①开证申请人向开证行申请开证,并按合同中的有关内容填写开证申请书,交纳押金、手续费,或提供其他担保。

②开证行按开证人开证申请书的内容开立信用证,委托受益人所在地的通知行,将信用证通知或转递给受益人。

③通知行审查印鉴、密押无误后,将信用证通知或转递给受益人。

④受益人审核并接受信用证后,按信用证规定运出货物,取得货运单据,并在信用证有效期限内备齐信用证要求的所有单据,向银行交单议付。

⑤议付行审单无误后,从汇票金额中扣除贴现息和手续费,将余额垫付给受益人。

⑥议付行将受益人提交的全套单据分次寄交开证行或付款行要求偿付。

⑦开证行或其指定的付款行审单无误后,将票款偿付给议付行。

⑧开证行向开证人发出通知,开证人审单无误后向开证行付款,同时取得全套单据。

(4)信用证的种类

按信用证是否要求提供货运单据,可以将其分为光票信用证与跟单信用证。跟单信用证是国际贸易中最常见的信用证,银行凭跟单汇票或仅凭单据对受益人付款。根据跟单信用证的性质、期限、流通方式等的不同特点,又可以对其进行进一步的分类。常见的信用证有以下几种:

①可撤销信用证与不可撤销信用证。以开证行所负的责任为标准,信用证可以分为

不可撤销信用证和可撤销信用证。

A. 可撤销信用证（Revocable L/C），是指开证行可以不征得出口方的同意，也不提前通知出口商，有权随时修改或撤销信用证，只是要将修改或撤销的行为及时通知给有关当事人。但若有关银行在收到开证行的撤销或修改通知时已议付或承兑了该信用证，则该证不能被修改或撤销。可撤销信用证因缺乏对出口商的收款保证，在国际贸易中使用较少。《跟单信用证统一惯例（2007 年修订本）》（UCP600）取消了《UCP500》中"可撤销信用证"类型，即新的惯例于 2007 年 7 月 1 日正式实施后，所有的信用证都将是不可撤销的。

B. 不可撤销信用证（Irrevocable L/C），是指信用证一经开出，在其有效期内未经出口商及有关当事人的同意，开证行不得单方面撤销或修改信用证，必须对出口商提交的符合信用证规定的单据付款。若进口方或出口方提出修改信用证，必须征得各有关当事人的同意，由开证行按原证的传递顺序，委托通知行将信用证修改通知书交与受益人。这种信用证对出口商提供了比较可靠的收款保证，所以在进出口业务中使用最广。

②保兑信用证与不保兑信用证。按有没有另一银行加以保证兑付，信用证可分为保兑的和不保兑的信用证。

A. 保兑信用证（Confirmed L/C），保兑信用证是指开证行开出的信用证，由另一银行保证对符合信用证条款规定的单据履行付款义务。对信用证加保兑的银行，叫作保兑行（Confirming Bank）。

根据《跟单信用证统一惯例》规定，信用证一经保兑，即构成保兑行在开证行以外的一项确定承诺。保兑行与开证行一样承担付款责任，保兑行是以独立的"本人"（Principal）身份对受益人独立负责，并对受益人负首先付款责任。保兑行付款后对受益人或其他前手无追索权。

信用证的"不可撤销"是指开证行对信用证的付款责任。"保兑"则是指开证行以外的银行对信用证的付款责任。不可撤销的保兑的信用证，则意味着该信用证不仅有开证行不可撤销的付款保证，而且还有保兑行的兑付保证。两者的付款人都是负第一性的付款责任。所以，这种有双重保证的信用证对出口商最为有利。保兑行通常是通知行，也可以是其他银行。要注意，保兑行不应与开证行处于同一个国家或地区，否则当开证行受该国家或地区的有关政策法规限制不能对外付款时，保兑行也会受到同样的限制，同样无法向受益人付款。

小贴士

信用证一经保兑，受益人可直接向保兑行交单索偿，保兑行对受益人负第一性付款或议付的责任。只要在信用证有效期内，保兑行不能撤销其保兑责任，即使议付后发生开证行倒闭或拒付，保兑行也不能向受益人追索。

B. 不保兑信用证(Unconfirmed L/C),就是一般的不可撤销信用证,它只有开证行的付款承诺。当开证银行资信较好或成交金额不大时,一般都使用这种不保兑的信用证。

③即期信用证、远期信用证。根据付款时间的不同,信用证可分为即期信用证和远期信用证。

A. 即期信用证(Sight L/C),是指开证行或付款行在收到符合信用证规定的单据后,要立即履行付款责任。即期信用证下,受益人一般不需要开立汇票,开证行或付款行只凭全套合格的货运单据付款。这种信用证的特点是:出口人收汇迅速、安全,有利于资金周转,是国际贸易中最常见的一种信用证。

在即期信用证中,有时还加列电汇索偿条款(T/T Reim-Bursement Clause)。这是指开证行允许议付行用电报或电传等电讯方式通知开证行或指定付款行,说明各种单据与信用证要求相符,开证或指定付款行应立即用电汇将货款拨交议付行。因此,带有电汇索偿条款的信用证,出口方可以加快收回货款。付款后如发现单据与信用证规定不符,开证行或付款行有行使追索的权利。这是因为此项付款是在未审单的情况下进行的。

B. 远期信用证(Usance L/C),是指开证行或付款行收到符合信用证规定的单据时不立即付款,而是在规定期限到来时才付款的信用证。持这种信用证,卖方先交单、后收款,实际上是为买方提供了资金融通的便利。常见的远期信用证有:

a. 银行承兑远期信用证(Banker's Acceptance Credit),以开证行指定的某一银行作为远期汇票付款人的信用证,议付行在审核受益人提交的单据无误后,将远期跟单汇票交该银行承兑。只要该银行承兑了汇票,就将单据交给该银行,待汇票到期时再向其要求付款,款项收妥后交受益人。

在这种信用证项下,若出口商在汇票到期前出现资金周转的困难,可以委托议付行将银行已承兑的汇票在当地贴现市场贴现,从而提前收回资金。还应注意,进口方只有在汇票到期、对开证行付清全部货款后才能取得货运单据。而在实际业务中,货物往往在汇票到期前就已运抵目的地,这时资信状况与经营作风俱佳的进口商可以与开证行协商,凭信托收据向银行借单提货。

b. 延期付款信用证(Deferred Payment Credit),是指开证行在信用证中约定,将在货物装船后或开证行见单后若干天付款,而不需要卖方开出汇票的信用证。由于出口方不开立汇票,不能利用贴现市场的资金,只能自行垫款或向银行借款。因此,在这种信用证项下,货物的价格较高。

c. 假远期信用证(Usance Credit Payable at Sight),是指信用证中规定受益人开立远期汇票,由付款行负责贴现,并规定一切利息和费用由进口人负担。这种信用证,表面上看是远期信用证,但从上述条款规定来看,出口人却可以即期收到十足的货款,因而习惯上称之为"假远期信用证"。这种假远期信用证对出口人而言,实际上仍属即期收款,但对进口人来说,要承担承兑费和贴现费。因此,人们把这种信用证又称之为买方远期信用证(Buyer's Usance L/C)。进口商开立假远期信用证可以套用付款行的资金,并可摆脱某些进口国家在外汇管制法令上的限制。

假远期信用证与远期信用证的主要区别：

第一，开证基础不同。假远期信用证是以即期付款的贸易合同为基础；而远期信用证是以远期付款的贸易合同为基础。

第二，信用证的条款不同。假远期信用证中有"假远期"条款；而远期信用证中只有利息由谁负担条款。

第三，利息的负担者不同。假远期信用证的贴现利息由进口商负担；而远期信用证的贴现利息由出口商负担。

第四，收汇时间不同。假远期信用证的受益人能即期收汇；而远期信用证要到汇票到期才能收汇。

④付款信用证、承兑信用证、议付信用证。按付款方式的不同，信用证可分为即期付款信用证、承兑信用证和议付信用证。

A. 即期付款信用证（Sight Payment L/C），是指采用即期兑现方式的信用证，证中通常注明"付款兑现"（Available by Payment）字样。即期付款信用证的付款行可以是开证行，也可以是出口地的通知行或指定的第三国银行。付款行一经付款，对受益人均无追索权。以出口地银行为付款人的即期付款信用证的交单到期地点在出口地，便于受益人交单取款，可以及时取得资金。所以，这种信用证对受益人最为有利。而付款行为开证行本身或第三国银行，交单到期地点通常规定在付款行所在地，受益人要承担单据在邮寄过程中遗失或延误的风险。

B. 承兑信用证（Acceptance Credit），承兑信用证是指付款行在收到符合信用证规定的远期汇票和单据时，先在汇票上履行承兑手续，待汇票到期日再行付款的信用证。按《跟单信用证统一惯例》规定，开立信用证时不应以申请人作为汇票的付款人。承兑信用证的汇票付款人可以是开证行或其他指定的银行，不论由谁承兑，开证行均负责该出口方汇票的承兑及到期付款。由于承兑信用证是以开证行或其他银行为汇票付款人，因此，这种信用证又称为银行承兑信用证（Banker's Acceptance L/C）。

C. 议付信用证（Negotiation Credit），是开证行允许受益人向某一银行交单议付的信用证，一般都注明了"议付兑现"的字样。议付信用证分为限制议付和自由议付两种情况，前者指开证行在信用证中规定受益人只能向某一指定银行交单议付，后者则是开证行允许受益人向任何一家银行交单议付。议付信用证下，除非议付行就是保兑行或是开证行，议付行对受益人有追索权，在不能从开证行得到偿付时，可以要求受益人退还垫款。

小贴士

议付信用证与付款信用证的主要区别：前者当议付行议付货款后，如因单据与信用

证条款不符等原因未能向开证行收回款项时,可向受益人追索;后者当付款行一经付款,无权以任何理由向受益人追索。

⑤可转让信用证。根据受益人对信用证的权利可否转让,分为可转让信用证和不可转让信用证。可转让信用证是为方便中间商从事进出口贸易而采用的支付方式。

A.可转让信用证(Transferable Credit),根据《跟单信用证统一惯例》的规定,只有注明"可转让"(Transferable)字样,信用证方可转让。可转让信用证只能转让一次,信用证不禁止分批装运,在总和不超过信用证金额的前提下,可分别按若干部分办理转让,即可转让给几个第二受益人。信用证只能按原证规定条款转让,但信用证金额、单价、到期日、交单日及最迟装运日期可以减少或缩短,保险加保比例可以增加。信用证申请人可以变动。信用证在转让后,第一受益人有权以自身的发票(和汇票)替换第二受益人的发票(和汇票),其金额不得超过信用证规定的原金额。在替换发票(和汇票)时,第一受益人可在信用证项下取得自身发票和第二受益人发票之间的差额。另外,信用证的转让并不等于合同的转让,如第二受益人不能按时履行义务,第一受益人仍要对合同的履行负责。在实际业务中,要求开立可转让信用证的第一受益人,通常是中间商。为了赚取差额利润,中间商可将信用证转让给实际供货人,由供货人办理出运手续。

B.不可转让信用证(Non-Transferable Credit),是指受益人不能将信用证的权利转让给他人使用的信用证,凡是未注明"可转让"的,则是不可转让信用证。

⑥循环信用证。循环信用证(Revolving Credit),是指信用证金额被全部或部分使用后仍恢复到原金额,可多次使用,直至信用证规定的次数或总金额用完为止。循环信用证上必须注明"循环"字样。

A.按时间循环的信用证是受益人在一定的时间内可多次支取信用证规定的金额。

B.按金额循环的信用证是信用证金额议付后,仍恢复到原金额可再次使用,直至用完规定的总额为止。具体做法有3种:

a.自动式循环信用证。即每期用完一定金额,不需要等待开证行的通知,即可自动恢复到原金额。

b.非自动循环信用证。即每期用完一定金额后,必须开证行通知到达,信用证才恢复到原金额继续使用。

c.半自动循环信用证。即每次支款后若干天内,开证行未提出停止循环使用的通知,自第×天起即可自动恢复至原金额。

循环信用证与一般信用证的不同之处就在于:一般信用证使用后即告失效;而循环信用证则可多次循环使用。

循环信用证的优点在于:进口方可以不必多次开证从而增加开证费用,同时也可简化出口方的审证、改证等手续,有利于合同的履行。所以,循环信用证一般在分批均匀交货的情况下采用。

⑦对开信用证。对开信用证(Reciprocal Credit),是指在对销贸易中交易双方分别向

各自的银行申请开立的,以对方为受益人的信用证。它经常出现在来料加工、来件装配、补偿贸易及一般的易货贸易之中。

对开信用证下的第一张信用证在开出后通常暂不生效,待对方开来第二张信用证(即回头证),并经受益人(即第一张信用证的开证申请人)接受时,两张信用证同时生效。如果交易双方彼此信任,也可以规定第一张信用证开出后立即生效,回头证以后再开,但这时先开证的一方要承担对方不开证的风险。

⑧对背信用证(Back to Back L/C),又称从属信用证或转开信用证,它是中间商在收到以其为受益人的信用证后,以该证为担保,请求通知行或其他银行开出的、以信用证项下货物的真正供货人为受益人的新的信用证。开出对背信用证的银行也被称为第二开证行。

对背信用证的开出及使用与可转让信用证的转让使用很相似。它们的区别在于:对背信用证毕竟是独立于原证的新的信用证,第二开证行对供货人要承担第一性的付款责任,信用证的表面也不注明"对背信用证"字样。实际上,这笔交易中的供货人、进口商及原证的开证行很可能都不知道中间商对背开证,供货人与进口商更是不知对方的存在。正因为这样,中间商才能稳居供货人与进口商之间,赚取差价好处。

⑨预支信用证。预支信用证(Anticipatory L/C)是指开证行在信用证中规定,出口商可以在货物装运前开出以开证行为付款人的光票,由议付行买下后向开证行索偿;开证行也可以在信用证中授权垫款行在受益人交单前就可以向其垫付全都或部分货款,同时说明利息要收回,受益人在交单议付时只能取得扣除垫款本息后的余额。如果受益人到期不能交单,开证行保证偿还垫款行垫款的本息。预支信用证使出口方凭光票就可以拿到货款,实际相当于进口方给出口方的预付货款。由于这种预支货款的条款在信用证中有时会以红字打出,以引起人们的注意,因此这种信用证也被称为"红条款信用证"(Red Clause L/C)。

6.2.2　各种支付方式的选用

在进出口业务选择支付方式时,一般要对各种因素进行全面考虑,如对方资信状况与经营作风的好坏、货物本身是否畅销、市场竞争是否激烈、交易金额是否较大等,并在此基础上确定采用一种对交易双方都比较安全的支付方式。但为了吸引客户、促成交易,有时也需要采用对对方较为有利、对自己风险较大的支付方式。

信用证方式因属于银行信用的性质,被认为是最安全的一种支付方式,受到出口方的欢迎,尤其是在我国的出口贸易中使用最多。一般用即期信用证,收汇安全迅速,若采用远期信用证,则价格中应将利息因素考虑在内。但是,这种方式并非十全十美,例如,买方在申请开证时除向银行交纳手续费之外,往往还要提供开证押金或其他担保,而信用证从开立到最终付款通常需要相当长的一段时间,这就造成了进口方相当数量的资金占用,影响其资金周转,进而影响其正常经营,这可谓信用证支付方式最大的缺点。

近几年来,国际市场早已从原来的卖方市场转为买方市场,信用证的缺点在不断变化的市场中越来越明显,不能适应市场的要求,用更灵活的付款方式替代信用证的呼声日益高涨。在这种背景下,国际保理业务出现,并使传统的托收支付方式在国际贸易结算中得到了广泛应用。

进口时,使用信用证、托收、汇款和银行保证函,金额大的尽量争取托收,或银行保函,尽量少用即期信用证。

另外,由于国际贸易金额日益增大,交易条件日趋复杂,交易双方有时将各种支付方式结合在一起,采用综合支付方式。主要有以下几种情况:

①汇付与托收相结合,以汇付方式支付订金,以付款交单的托收方式支付大部分货款。

②汇付与信用证相结合,以信用证支付大部分货款,货到目的地经检验计算出真实重量及确切的货款总额,或经安装测试证明货物品质完全合格后,以汇付方式支付货款余额。这种方式常见于粮食、矿砂等散装货物或成套设备的交易。

③汇付与银行保函或各种信用证相结合,常见于大型机械、成套设备的交易。进口方以汇付方式支付订金及每期货款与利息,同时以银行保函或备用信用证为出口方的收款提供可靠保证。

④托收与信用证相结合,是指部分货款以信用证方式收取,部分货款通过托收方式来收取。应特别注意,出口方的全套货运单据要随附在托收项下的汇票下,而信用证部分则凭出口方开出的光票付款。

⑤托收与银行保函或备用信用证相结合,是指货款以托收方式收取,同时进口方要开出银行保函或备用信用证,为出口方的收款提供保证。

 示 例

合同中的支付条款:

1. 汇付方式支付条款

①买方应不迟于 6 月 25 日将 100% 的货款用票汇预付至买方。

The buyers shall pay 100% of the sales proceeds in advance by Demand Draft to reach the sellers not later than June,25.

②买方应于 4 月 20 日前将 30% 货款电汇至卖方,其余货款收到正本提单传真后 5 日内支付。

The buyers shall pay 30% of the sales proceeds by telegraphic not later than April,20. The remaining part will be paid to the sellers within 5 days after receipt of the fax concerning original B/L by the buyers.

2. 托收方式支付条款

(1)付款交单(D/P)

①即期付款交单。

买方根据卖方开具的即期跟单汇票,于见票时立即付款,付款后交单。

Upon first presentation the buyers shall pay against documentary draft drawn by the sellers at sight. The shipping documents are to be delivered against payment only.

②远期付款交单。

买方根据卖方开具的跟单汇票,于见票后 60 天付款,付款后交单。

The buyers shall pay against documentary draft drawn by the sellers at 60 days' sight, the shipping documents are to be delivered against payment only.

(2)承兑交单(D/A)

买方根据卖方开具的见票后 60 天付款的跟单汇票,于提示时承兑,并于汇票到期日付款,承兑后交单。

The buyers shall duly accept the documentary draft drawn by the sellers at 60 days' sight upon first presentation and make payment on it's maturity. The shopping documents are to be delivered against acceptance.

3.信用证方式支付条款

开立100%保兑的、不可撤销的即期信用证,该证须于 5 月 20 日前开出。

By confirmed irrevocable L/C for 100% invoice value available by sight draft, the L/C is to reach sellers not later than May,20.

4.不同结算方式结合使用的支付条款

买方通过卖方接受的银行,于装船月份前 20 天开立并送达卖方不可撤销即期,规定 50% 发票金额凭即期光票支付,其余 50% 的金额用即期跟单托收方式付款交单。全套货运单据附于托收项下,在买方付清发票的全部金额后交单。如买方不能付清全部发票金额,则货运单据须由开证行掌握,凭卖方指示处理。

The buyers shall open through a bank acceptable to the sellers an irrevocable sight L/C to reach the sellers 20 days before the month of shipment, stipulating that 50% of the invoice value available against clean draft at sight while the remaining 50% on documents against payment at sight on collection basis. The full set of shipping documents shall accompany the collection draft and shall only be released after full payment of the full invoice value, the shipping documents shall be held by the issuing bank at the seller's disposal.

 每日一读

信用证的开证形式

按照开立的手段来分,信用证有信开和电开的形式。

一、信开信用证

信开信用证(Mail Credit)是指开证行根据开证申请人的要求,将信用证的全部内容用书信格式缮制,用函寄方式与其在出口地的代理银行联系,要求该行通知信用证给受

益人(出口商)。开证行与通知行之间应事先建立代理行关系,互换签字样本和密押,以便通知行可凭签字样本核对信开信用证上开证行的签字。这种开证方式时间长,但费用较低。对于装运日期较长或金额较小的信用证通常以信开方式开出。由于通信技术发达,现在信开信用证已不多见。

信开信用证是传统的信用证开立形式,一般一式两份或两份以上。

二、电开信用证

电开信用证(Teletransmission Credit)是用电讯方式开立和通知的信用证。电开信用证的具体方式还可以进一步分为电报方式、电传方式和SWFT方式。

1.在电报和电传方式下,开证行将信用证内容以加注密押的电报或电传通知出口商所在地的通知行。并且有简电本和全电本两种情况。

简电开证(Brief Cable L/C)是指开证行根据开证申请人的要求,将信用证金额、有效期等主要内容以电信方式预先传递给通知行或受益人,同时将内容全面的信用证证实书(Confirmation)以邮寄方式传递给通知行或受益人。通常也被称为"预通知信用证"(Pre-advice L/C)。在简电本后一般都注有"随寄证实书"字样,证实书则是随后寄来的信开信用证。这种简电信用证由于内容不完整,不是有效的信用证。简电本的目的是使受益人早日备货订仓,但受益人不能凭以装运货物,银行也不能凭以付款/承兑/议付。发出简电通知的开证行必须毫不延迟地向通知行寄送有效信用证文件,受益人方可凭以议付单据。

全电信用证(Full Cable L/C)是指开证行根据开证申请人的要求,将信用证的全部内容以加注密押的电讯方式通知受益人所在地的银行,请其通知受益人的一种开证方式。相对于简电开证,有时也被称为"全电开证"。开证行一般会在电文中注明"This is an operative instrument no airmail confirmation to follow."后面不注有"随寄证实书"字样。这样的信用证是有效的,可以凭以交单议付。

常见的电开信用证有SWIFT或电传开证。由于电传开立的费用高,安全性差,因此目前已被逐渐淘汰。而以SWIFT方式发送电文的成本特别低廉。目前,外汇指定银行大多用SWIFT电讯方式开证。

2.SWIFT方式是根据"环球同业银行金融电讯协会"(SOCIETY FOR WORLDWIDE INTERBANK FINANCIAL TELECOMMUNICATION S.C.,缩写S.W.I.F.T.)提供的标准电文格式——MT700/701来开立跟单信用证。

SWIFT是一个国际银行同业间非营利的国际合作组织,全称为"环球同业银行金融电讯协会"(Society for Worldwide Interbank Financial Telecommunication S.C,简称SWIFT),总部设在比利时的布鲁塞尔。该组织成立于1973年5月,由北美和西欧15个国家的239家银行发起,董事会为最高权力机构。目前,SWIFT在全世界拥有会员国197个,会员银行6 000多家,其环球计算机数据通信网在荷兰和美国设有运行中心,在各会员国设有地区处理站,共连接了7 300多家用户,日处理SWIFT电讯671万多笔,为SWIFT会员提供安全、可靠、快捷、自动化、标准化的通信服务。

SWFT 电文格式分为 10 大类,MT700/701 是其中的第 7 大类电文格式,用于跟单信用证和保函。MT700/701 各项目解释:

SWFT 电报由 5 部分数据块组成,各部分开头均以大括号标注。它们是:

　{ 1:BASIC HEADER BLOCK } 基本报头

　{ 2:APPLICATION HEADER BLOCK } 应用报头

　{ 3:USER HEADER BLOCK } 用户报头

　{ 4:TEXT BLOCK } 电报正文

　{ 5:TRAILER BLOCK } 报尾

——根据《外贸业务员考试用书》整理

思考训练

一、认识专业名词

汇票　本票　支票　背书　提示　承兑　商业汇票　银行汇票　光票汇票　跟单汇票　即期汇票　远期汇票　信汇　电汇　票汇　光票托收　跟单托收　付款交单的托收　即期付款交单的托收　远期付款交单的托收　信托收据　承兑交单　可撤销的信用证　不可撤销的信用证　跟单信用证　光票信用证　保兑信用证　不保兑信用证　即期信用证　远期信用证　银行承兑的信用证　延期付款的信用证　假远期信用证　可转让信用证　不可转让信用证　循环信用证　对开信用证　对背信用证　预支信用证　付款信用证　承兑信用证

二、解答问题

1.试述票据的含义、种类及其作用。

2.在远期付款交单的情况下,如果买方急于提取货物,可以采取什么样的通融做法?

3.简述信用证下的各方当事人的权利义务。

4.简述信用证交易的特点。

5.简述信用证交易原则。

6.试比较汇付、托收、信用证 3 种支付方式。

三、作业

1.根据以下条件草拟支付条款。

支付条件:30% 货款于装运前 45 天电汇至我方,其余货款采用即期信用证支付,信用证不得迟于 7 月 20 日开抵我方。

2.审核以下信用证条款是否妥当,试说明理由。

(1)1/3 正本提单直接寄送客户。

（2）货物抵达目的港后经买方检验合格方能给予付款。

（3）品质证书由开证申请人出具，或须由开证行核实，或须与开证行存档之样相符。

（4）受益人必须提供指定船公司出具的提单或货物必须装上指定船只。

（5）受益方只有取得开证申请人指定验货人签发的装船通知后才能装船。

3. 试审核下列信用证，指出其不当之处：

汇丰银行吉隆坡分行

通知行：中国银行天津分行　　　　　　　　　日期：2014 年 1 月 5 日吉隆坡

受益人：中国纺织品进出口公司天津分公司

申请人：宋清隆号

金额：30 000 美元　　　　　　　　　有效期：2014 年 3 月 10 日在我方到期

敬启者：

兹开立跟单信用证第 KHL86176 号，以贵方为受益人，金额为美元叁万零伍佰元整，受益人可开具即期汇票，以宋清隆为付款人并须注明以下条款："根据 2014 年 1 月 4 日跟单信用证第 KHL86171 号开具本汇票。"

随附下列单据：

1. 签署的商业发票 2 份。

2. 全套清洁已装船的海运提单，做成"凭发货人指示"，通知"宋清隆号"并注明"运费已付"。

3. 保险单按发票金额加 10%，投保一切险及战争险（按 CIC 条款）。

4. 英国太古公司证明信一封，证明该批货物已经装上该公司的轮船。

5. 英国劳合氏船级社证明信一封，证明装运货物轮船的船龄不超过 15 年。

600 条纯羊毛地毯，每条 55 美元 CFR 巴生港，一次装出。

装运期：不得超过 2013 年 3 月 15 日自中国口岸运往巴生港。

允许分批装运　允许转船

本证所产生的任何费用均由受益人负担。

唛头

SCL

槟城

No. 1

本证受国际商会之跟单信用证统一惯例 500 号出版物约束。

四、案例分析

1. 出口方按照信用证要求交付货物后，提交规定单据向银行议付，适逢开证人破产，开证行以开证人倒闭为由拒绝付款，但提出愿意以托收行身份向买方收款。对银行的建议，出口方应如何处理？

2. 合同约定分批交货，卖方在第一批货物交付后，提交了合格单据，银行履行了付款。但买方收到货后发现与合同要求不符，便指示银行对剩余的两批货物不再付款。银行是否应遵照执行?

3.我某公司与往来多年的一国外客户签订某畅销商品合同,交货条件为12月至次年6月,每月等量装运,凭不可撤销信用证自提单日后60天付款。该客户按时开出不可撤销信用证。信用证规定的总金额和总数量与合同相符,最迟装运期为6月30日,并有"分数批装运"条款。公司除在12月按照原定的数量装运外,因见来证未列明"每月等量装运"条款,为了"早出口,早收汇",便于1月底将一季度应交数量一并装出,我中国银行凭单议付。2月底又将2季度应交数量一并装运,中国银行再凭单议付,并先后向开证行索汇,开证行审单后认为单、证无误。当客户接到装船通知后,发现第二批和第三批货物装出的时间和数量与合同规定不符,随即提出异议,开证行根据客户申请致电中国银行:"开证申请人要求缓付第二批和第三批货款待买卖双方达成协议后,再告受益人确认。"以致我方未能按时收到第二批和第三批货款。开证行如此做是否合理? 我方公司应如何应对?

4.我国某公司向一日本客户提出以即期付款交单方式销售某商品。客户提出:若我方同意采用以见票后90天付款交单的支付方式,并以日商指定的甲银行为代收行,则日商愿意接受我方提出的其他交易条件,与我方达成交易。试分析日商的意图。

学习情境7　货物的检验

学习目标

1. 掌握货物检验的基本知识、基本程序以及检验的依据与内容。

2. 学会报检和填制合同检验条款的相关流程和技巧。

能力目标

1. 能独立完成报检业务操作。

2. 能正确缮制合同中的检验条款。

任务1　进出口商品检验的有关知识

任务引入

张浚在与客户协商的准备过程中,有关出口商品的主要交易条件已经确定,但此时他又遇到了新的难题,出口货物的有关品质、数量等要求由谁作界定? 由卖方在交货时提供有关证明文件? 还是货到目的地后由买方提供的证明文件作最后有效地证明? 出证机构有没有要求? 等等。

案例导读

【案情介绍】货物品质争议引起的纠纷案

上海甲公司(卖方)与新加坡乙公司(买方)分别于 2019 年 4 月 26 日、2019 年 9 月 2 日、2019 年 9 月 17 日和 2019 年 9 月 20 日订立 4 份售货确认书,由上海甲公司向新加坡乙公司出售汗衫、背心等物,4 份确认书的金额分别为 52 114 美元、28 344 美元、1 107 美元和 12 800 美元,约定付款方式为 D/A90 days。上述确认书签订后上海甲公司按约积极而全面地履行了供货义务,而新加坡乙公司则仅支付了 20 000 美元的货款,其余货款未付。经交涉多次无结果,上海甲公司向有关机构提起仲裁。

新加坡乙公司称,因为 SH96CH—8 合同项下金额为 26 980 美元的货物订单上海甲公司已同意取消,无须再支付货款;另外,上海甲公司根据 SH96CH—1 合同提供的 T 恤衫存在多处质量问题。为此新加坡乙公司曾提出将货物打折或将剩余货物退回上海甲公司等解决办法,但均未获上海甲公司的同意。

对此,上海甲公司称,SH96CH—1 合同的货款为 52 114 美元,后新加坡乙公司提出货物存在色差及重量问题,上海甲公司出于今后继续合作的考虑,同意新加坡乙公司提出的少付 4 320 美元的要求,并同意将货款推迟到 2011 年 3 月 15 日前支付完毕,但该 4 320 美元由于牵涉外汇核销问题,并没有在上述合同的货款中一次扣除,而是在以后的几次贸易款中分批扣除。关于 SH96CH—8 合同问题,实际上并没有取消,原规定供货 1 600 打,后因新加坡乙公司的要求,分割成 3 个合同,分别提供 1 000 打、100 打和 1 000 打,合计 2 100 打,货款总计为 26 980 美元。申请人向新加坡乙公司提供的商品,均不属于法定检验的商品。

【案例评析】

该案的争议焦点可以归纳为:新加坡乙公司提出的货物质量的异议能否成立。关于货物质量的异议能否成立的问题,涉及索赔的依据即商品的检验问题。仲裁庭注意到,在该案的 4 份确认书中,双方对检验条款均未作规定。在这种情况下,仲裁庭认为,在双方当事人对检验条款未作约定时,应依据国际贸易惯例中的有关规定来判断。根据《华沙—牛津规则》第 19 条的规定,新加坡乙公司不仅未在检验后的 3 日内发出上述通知,而且始终未向仲裁庭提交任何足以证明上述货物质量不符的检验证书,由此仲裁庭对新加坡乙公司提出的诸如退货、折价等主张均不予支持。

在国际贸易实践中,商品的检验是比较重要的问题。如果当时一方未在规定时间内提出对商品质量的异议,则有可能免除对方的责任,自己却要承受巨大的损失。所以,在贸易实践中,双方应该尽可能在合同中对商品的检验做出具体详尽的规定,以免发生不必要的损失。

国际货物买卖中的商品检验是指商品检验机构(以下简称商品检验机构)对商品的品质、数量、包装、安全性能、卫生指标、残损情况、货物装运技术条件等进行检验和鉴定,从而确定货物的品质、数量(重量)和包装等是否与合同条款相一致,是否符合交易双方国家有关法律和法规的规定。

《中华人民共和国进出口商品检验法》规定,列入《商品检验机构实施检验的进出口商品种类表》的进出口商品和其他法律、行政法规规定须经商品检验机构检验的进出口商品必须经过商品检验机构或国家商检部门、商品检验机构指定的检验部门检验。凡列入《商品检验机构实施检验的进出口商品种类表》的进出口商品,除非经国家商品检验部门审查批准免于检验的,进口商品未经检验或经检验不合格的,不准销售、使用。出口商品未经检验合格的,不准出口。

除《中华人民共和国进出口商品检验法》外,其他国家的法律及包括《联合国国际货物销售合同公约》在内的有关国际公约也都就商品检验问题作了规定。依据这些规定,买方"收到"货物与"接受"货物是两个不同的概念,除非买卖双方另有约定,买方在收到货物之后、接受货物之前,应享有对所购货物进行检验的权利。但买方对货物的检验权并不是强制性的,若买方没有利用合理的机会检验货物,就意味着他自动放弃了检验货物的权利。

我国出口商品进行检验的程序为:

①检验检疫机构受理报验。首先由报验人填写"出入境检验检疫出境货物报验单",并提供有关的单证和资料,如外贸合同、信用证、厂检结果单正本等;检验检疫机构在审查上述单证符合要求后,受理该批商品的报验;如发现有不合要求者,可要求申请人补充或修改有关条款。

②抽样。由检验检疫机构派员主持进行。报验人应提供存货地点情况,配合商检人员工作。

③检验。

④签发证书。检验检疫机构对检验合格的商品签发检验证书,并在"出境货物通关单"上加盖检验检疫专用章。出口企业在取得货物报关地检验检疫机构签发的检验证书和通关单后,在规定的有效期内报运出口。

7.1.1 商品检验的内容

商品检验应针对商品不同方面的状况进行,以下几种检验在进出口商品检验中比较常见:

1)品质检验

品质检验的主要内容是对商品的外观、化学成分、物理性能等进行检验。一般采用仪器检验和感官检验两种方法。仪器检验是利用各种有关仪器和机械对商品进行物理检验、化学分析和微生物检验等,而感官检验则是通过耳、鼻、眼、口、手对商品进行鉴定。

2)数量(重量)检验

商品数量(重量)检验,是使用合同规定的计量单位和计量方法对商品的数量(重量)进行鉴定,以确定其是否符合合同规定的数量(重量)。检验的各种方法都有一定的局限性,实际业务中允许有一定的合理误差。

3）包装检验

包装检验主要是对商品包装的牢固性和完整性进行检验,看其是否适合商品的性质和特点,是否适于货物流转过程中的装卸、搬运,是否符合买卖合同及其他有关规定,是否有符合标准或合同规定的内包装和衬垫物料或填充物料。在对包装进行检验时,还要对包装标志的各项内容进行核对,看其是否与合同规定相符。

4）卫生检验

对进出口贸易中与人类生命健康密切相关的肉、蛋、奶制品及水果等都必须进行卫生检验,对发现细菌或寄生虫的产品一律不准出口和进口。

5）残损检验

进口商品残损检验,主要是对受损货物的残损部分予以鉴定,了解致残原因以及对商品使用价值的影响,估定损失程度,并出具证明,作为向有关方面索赔的依据。商品的残损主要指商品的残破、短缺、生锈、发霉、虫蛀、油浸、变质、受潮、水渍、腐烂等情况。进口商品残损检验的依据主要包括发票、装箱单、保险单、重量单、提单、商务记录及外轮理货报告等有效单证或资料。

除上述检验内容外,进出口商品检验还包括船舱检验、监视装载、签封样品、签发产地证书和价值证书、委托检验等内容。

7.1.2 商品检验机构

1）国际上的商品检验机构

在进出口货物的检验过程中,商品检验机构作为公正的第三方对商品进行各方面的检验和鉴定,并出具真实、公正、具有权威性的检验证书。凡是开展进出口贸易的国家或地区,一般都设有商品检验机构。虽然它们的名称各异,但按其性质划分,包括以下几种情况:

（1）官方商品检验机构

这一类机构由政府出资设立。依据国家有关法律、法规对进出口商品进行强制性检验、检疫和监督管理。如美国食品药物管理局（FDA）、美国粮谷检验署、法国国家实验室检测中心、日本通商产业检验所等都是世界著名的商品检验机构。

（2）半官方商品检验机构

这类机构就其性质而言应属于民间机构,但它们却由政府授权,代表政府进行某项商品检验或某一方面的检验管理工作。例如,在国际上具有相当知名度的美国担保人实验室。各国出口到美国的与防盗信号、化学危险品以及与电器、供暖、防水等有关的产品都要在通过其检验,并贴上"UL"标志后,才能在美国市场销售。

（3）非官方机构

这类机构由私人开设,具有专业检验、鉴定技术能力,并被当地法律所认可,如同业公会、协会开办的公证行、检验公司等。如英国劳埃氏公证行、香港天祥公证化验行,还有些更是发展为规模庞大、具有垄断性的全球性机构,如瑞士日内瓦通用鉴定公司等。

2)我国的商品检验机构

（1）我国商品检验机构概况

新中国成立后,我国成立了"中华人民共和国进出口商品检验局",并在各省、自治区、直辖市及进出口口岸、进出口商品集散地设立了分支机构,对一般的进出口商品进行检验。与此同时,各专业部门的检验机构也根据专业特点和分工承担有关进出口商品的检验工作。例如,农业部的"中华人民共和国动植物检疫所"及其所属各省、自治区、直辖市和陆、海、空港口的检疫局,中华人民共和国药品检验所,食品卫生检验所等。

改革开放后,为适应我国对外贸易迅速发展的需要,1980年我国又成立了中国进出口商品检验总公司,并在各省、自治区、直辖市开办了分公司,以非官方身份独立开展进出口商品的检验、鉴定业务,签发相应的证书,并对进出口双方当事人提供咨询服务,为促进我国对外贸易的发展作出了贡献。

1998年,原国家商检局、原卫生部卫生检疫局、原农业部动植物检疫局共同组建了"中华人民共和国出入境检验检疫局",简称"国家出入境检验检疫局"或"中国出入境检验检疫局",对我国出入境商品检验进行统一管理。它的成立标志着我国进出口商品检验工作又进入了一个新的时期。2001年,为适应形势发展的需要,国务院又决定将国家质量技术监督局与国家出入境检验检疫局合并,组建中华人民共和国国家质量监督检验检疫总局(正部级,简称国家质检总局),对各直属出入境检验检疫局实行垂直管理。2018年,根据国务院机构改革方案,国家质量监督检验总局的职责进行了整合,新组建了中华人民共和国国家市场监督管理总局,将国家质量监督检验检疫总局的出入境检验检疫管理职责划入海关总署,不再保留国家质量监督检验检疫总局。

（2）国家出入境检验检疫机构的任务

①对进出口商品实施法定检验。

法定检验是指国家出入境检验检疫机构及其指定的检验机构,根据我国有关法律、行政法规的规定,对特定的进出口商品和有关的检验事项实施强制性检验。法定检验是对每一批进出口商品进行检验,并对每一批货物出具检验证书、换证凭单或货物通关单,表示该货物合格,准许出口或进口销售使用;未经检验或检验不合格的,一律不准进口或出口。

目前,国家出入境检验检疫机构实施法定检验的范围包括两大部分:一是列入《出入境检验检疫机构实施检验检疫的进出境商品目录》必须实施检验的商品;二是法律、行政法规规定必须经出入境检验检疫机构检验的其他进出口商品,比如,根据《中华人民共和国进出口商品检验法》《中华人民共和国食品卫生法》《中华人民共和国认证认可条例》等法律法规的规定,对出口食品进行卫生检验;对出口危险货物包装容器进行性能鉴定和使用鉴定;对装运出口易腐烂变质食品、冷冻品的船舱、集装箱等运载工具进行适载检验;对有关国际条约规定须经商品检验机构检验的进出口商品进行检验。

②对进出口商品的质量和检验工作进行监督管理。

出入境检验检疫机构及设在各地的分支机构负责实施以下工作:对《出入境检验检疫机构实施检验检疫的进出境商品目录》外商品实施抽查;对涉及安全、卫生、健康、环保的重要进出口商品实施注册、登记或备案制度;对进口许可制度民用商品实施入境验证管理;对法定检验商品的免验进行审批;对一般包装、危险品包装实施检验;对运载工具和集装箱实施检验检疫;对进出口商品鉴定和外商投资财产价值鉴定进行监督管理;依法审批并监督管理从事进出口商品检验鉴定业务的机构。

③办理进出口商品的公证鉴定。

除对部分商品实施法定检验外,对不属于法定检验范围的进出口商品,进出口商也可以根据贸易合同,在规定范围内向国家出入境检验检疫局提出检验申请,并要求出具检验证书。

国家出入境检验检疫局公证鉴定业务的范围包括:进出口商品的质量、数量(重量)、包装鉴定;车辆、船舶、集装箱等运输工具的清洁、密固、冷藏效能等装运技术条件鉴定;舱口检视、监视装卸载,验残、海损货物鉴定;鉴封样品、货载衡量、签发产地证明书、价值证明书以及其他公证鉴定业务。

出境货物报检单,如表7.1所示。

表7.1 中华人民共和国出入境检验检疫出境货物报检单

报检单位(加盖公章):   *编 号_____

报检单位登记号: 联系人: 电话: 报检日期: 年 月 日

发货人	(中文)	
	(外文)	
收货人	(中文)	
	(外文)	

货物名称(中/外文)	H.S.编码	产地	数量/重量	货物总值	包装种类及数量

续表

运输工具名称号码			贸易方式			货物存放地点		
合同号			信用证号				用途	
发货日期		输往国家(地区)			许可证/审批号			
启运地		到达口岸			生产单位注册号			
集装箱规格、数量及号码								

合同、信用证订立的检验检疫条款 或特殊要求	标志及号码	随附单据(画"√"或补填)	
		□合同 □信用证 □发票 □换证凭单 □装箱单 □厂检单	□包装性能结果单 □许可/审批文件 □ □ □

需要证单名称(画"√"或补填)		*检验检疫费	
□品质证书　　__正__副　□植物检疫证书　　__正__副 □重量证书　　__正__副　□熏蒸/消毒证书　　__正__副 □数量证书　　__正__副　□出境货物换证凭单　__正__副 □兽医卫生证书 __正__副　□ □健康证书　　__正__副　□ □卫生证书　　__正__副　□ □动物卫生证书 __正__副　□		总金额 (人民币元)	
		计费人	
		收费人	

报检人郑重声明： 　1.本人被授权报检。 　2.上列填写内容正确属实，货物无伪造或冒用他人的 厂名、标志、认证标志,并承担货物质量责任。 　　　　　　　　　　　签名:_____	领取证单	
	日期	
	签名	

注:有"＊"号栏由出入境检验检疫机关填写。　　　　　　　◆国家出入境检验检疫局制

任务2 出口项目检验条款

任务引入

张浚在对国际贸易商品检验已形成的规则有了一定认识后,在制定出口项目检验条款时需要思考:如何选择检验的时间和地点? 检验的依据与内容、检验机构、要求提供什么种类的检验证书? 检验程序如何规定?

案例导读

【案情介绍】检验时间和地点的重要性

美国某公司(买方)与澳大利亚商人(卖方)签订了一份食品购销合同,对合同中的商品检验条款做了如下规定:该批食品的品质检验证明由澳大利亚商品检验机构提供。货到美国目的港后,经美国卫生检疫部门抽样化验发现霉菌含量超过美国标准,决定禁止在美国销售并建议就地销毁。美国公司将货物销毁后,凭美国当地公证检验机构出具的检验依据,向澳大利亚商人提出索赔,遭到了拒赔。

【案例评析】

按照进出口商品检验的惯例,谁行使检验权就要以谁提供的检验证书作为商品质量、数量或包装等情况的证据。上述案例提到合同规定"该批食品的品质检验证明由澳大利亚商品检验机构提供",这意味着该批商品交货品质的最后依据是装船地商检报告,即澳大利亚商品检验机构出具的检验报告。除非美国公司所在地的公证检验机构能够证明货物确系装船前就存在内在缺陷,否则,澳大利亚商人没有义务承担理赔责任。在规定了由装船地检验就够出具的检验证书作为交货品质的依据的情况下,买方虽可委托目的地检验机构对货物进行检验,但原则上无权提出异议。

知识链接

7.2.1 检验条款的内容

国际货物买卖合同中检验条款的主要内容有:检验时间和地点、检验机构、检验标准和方法以及检验证书等。

1)检验的时间和地点

检验时间与地点不仅仅涉及交易当事人在何时、何地对货物进行检验,而且通过对检验时间与地点的规定,可以确定何方享有对货物的检验权,也就是说,谁拥有对货物的品质、数量(重量)、包装等诸方面内容进行最后评判的权利。在实际业务中,对检验时间与地点的规定方法主要有以下几种:

(1)在出口国检验

总体上看,在出口国检验属于货物在装运前的检验,它又包括了在产地(工厂)检验和在装运港(地)检验两种做法。

①在产地(工厂)检验。这是指货物在产地启运或工厂出厂前,由产地或工厂的检验部门,有时还要会同买方的验收人员对货物进行检验和验收,由合同规定的检验机构出具检验证书,作为卖方交货的品质、数量(重量)等内容的最后依据。卖方只承担货物启运或出厂前的责任,对于日后货物在流转过程中可能发生的一切问题不承担任何责任。这是在国际贸易,特别是大型机械设备的交易中常见的做法——这类货物在发货前一般都会在生产厂家进行安装测试,一旦发现问题,由供货商立即解决。

②在装运港(地)检验。这种方法习惯上被称为"离岸品质和离岸重量",是指买卖双方在合同中规定,货物在装运港或装运地装运前,由双方约定的商品检验机构对商品的品质和重量进行检验,并出具相应的检验证书,作为证明卖方所交货物的品质、重量与合同规定相符的最后依据。

采用以上两种方法规定检验时间和检验地点时,即使买方在货到目的港(地),经检验发现货物的品质或数量(重量)、包装等方面不符合合同规定,也不能就此向卖方提出异议,除非买方能证明这种不符是由于卖方违约或是由于货物存在内在缺陷造成的。可见,这类规定方法否定了买方对货物的复验权利,对买方极为不利。

(2)在进口国检验

在进口国检验是指货物在目的港(地)卸载后进行检验,它也可以分为两种情况:

①在目的港(地)检验。这种方法经常被称为"到岸品质和到岸重量",是指买卖双方在合同中约定,货到目的港(地)卸货后由双方约定的目的港(地)商品检验机构对货物的品质、重量(数量)、包装等进行检验,并出具相应的检验证书,作为决定货物品质和重量的最后依据。按这种做法,买方可以凭上述检验证书及到货品质或重量向卖方提出索赔或按双方事先的约定处理。

②在用户所在地检验。有些货物因不便拆开密封包装,或因需要一定的检验条件和设备而无法在进口目的港(地)卸货后进行检验。为此,可在进口方营业处所或最终用户所在地由合同规定的检验机构对这类货物进行检验,并以该机构出具的检验证书作为判断卖方交货品质、数量(重量)等是否符合合同规定的最终依据。

采用这两种方式约定检验时间与检验地点时,卖方必须保证货物到达目的港(地)时的品质、数量(重量)、包装等与合同规定相符。如果由于卖方责任致使货到时出现品质、数量(重量)、包装等方面与合同不符的情况,进口方可以凭双方约定的商品检验机构出具的检验证书,向卖方索赔。显然,这类规定方法对买方有利,而对卖方不利。

（3）出口国检验,进口国复验

在这种规定方法下,卖方在货物装运时,要委托合同约定的、装运港（地）的商品检验机构检验货物并出具检验证书,作为向当地银行议付货款的单据之一,但不作为卖方交货品质和数量（重量）的最后依据。待货到目的港（地）后,再由双方约定的、目的港（地）的商品检验机构对货物进行复验,如果发现货物的品质或数量（重量）与合同不符,并确属卖方责任时,买方可以凭对商品进行复验的商品检验机构出具的检验证书向卖方提出异议。这种方式比较公平合理,在国际贸易中被广泛采用。我国进出口业务中也多用此种规定方式来约定检验地点和检验时间。

但也可能出现两地检验结果不一致,原因可能是多方面的,如检验标准不一,方法不同,或自然损耗等。为避免争议,一般在检验条款中作下列规定:

①凡属保险公司及承运人责任者,买方不得向卖方提出索赔,只能追索有关责任方。

②如两地检验结果的差距在一定范围内,则以出口国检验为准;超出一定范围,由双方协商,或交第三方仲裁性检验;或规定超过范围部分由双方均分。

应注意的是,对进出口商品检验时间与地点的规定,与交易中所采用的贸易术语有密切联系。例如,在采用 E 组或 D 组术语时,卖方要将货物实际交付给买方,这时商品检验应在卖方对买方交货的地点、买卖双方交接货物时进行;若检验合格,买方就接受货物;卖方也就不再对货物承担责任。但若采用 F 组或 C 组术语时,卖方对买方是象征性交货,货物风险转移给买方时,买方并未收到货物,也就无法对货物进行检验。在这种情形下,出口国检验,进口国复验便是对双方最合理的规定方法。

近年来,在检验的时间、地点及具体做法上,国际上也出现了一些新的做法和变化。例如,在出口国装运前预检验,在进口国最终检验,即在买卖合同中规定货物在出口国装运前由买方派员自行或委托检验机构人员对货物进行预检验,货物运抵目的港（地）后,买方有最终检验权和索赔权。采用这一做法,有的还伴以允许买方或其指定的检验机构人员在产地或装运港或装运地实施监造或监装。对进口商品实施装运前预检验,这是当前国际贸易中较普遍采用的一种行之有效的质量保证措施。在我国进口交易中,对关系到国计民生、价值较高、技术复杂的重要进口商品和大型成套设备,必要时也应采用这一做法,以保障我方的利益。

2）检验机构

在国际货物买卖中,商品检验工作通常都由专业的检验机构负责办理。各国的检验机构,从组织性质来分,有官方的,有同业公会、协会或私人设立的,也有半官方的;从经营的业务来分,有综合性的,也有只限于检验特定商品的。

在具体交易中,确定检验机构时,应考虑有关国家的法律法规、商品的性质、交易条件和交易习惯。检验机构的选定还与检验时间、地点有一定的关系。一般来讲,规定在出口国检验时,应由出口国的检验机构进行检验;在进口国检验时,则由进口国的检验机构负责。但是在某些情况下,双方也可以约定由买方派出检验人员到产地或出口地点验货,或者约定由双方派员进行联合检验。

3）**检验标准和方法**

根据《商检法》规定,凡列入目录的进出口商品,按照国家技术规范的强制性要求进行检验;没在国家技术规范的强制性要求的,可以参照国家商品检验部门指定的国外有关标准进行检验。法律、行政法规规定由其他检验机构实施检验的进出口商品或者检验项目,依照有关法律、行政法规的规定办理。此外,买卖合同中规定的质量、数量和包装条款通常也是进出口商品检验的重要依据。

商品检验的方法主要有感官检验、化学检验、物理检验、微生物检验等。

4）**商检证书**

（1）作用

商品检验证书是商品检验机构对商品进行检验、鉴定后出具的证明文件,它是国际货物买卖中的重要单据之一,可以起到以下作用:

①它可以证明卖方所交货物的品质、重量（数量）、包装以及卫生条件等是否符合合同的规定。如果检验证书中所记载的检验结果与信用证的规定不符,银行有权拒绝议付货款。

②它是卖方向银行议付货款的单据之一。如果不能提交,或不能提供合格的检验证书,卖方就无法从银行取得议付款。

③它是海关通关验放货物的有效证件。按国家法律及有关行政法规的有关规定,在向海关报关时,一般都必须提供有关的商检证书,否则海关不予通关。

④它是买方对货物品质、重量（数量）、包装等条件提出异议,拒收货物或对外索赔的依据。

（2）种类

商品检验证书的种类由商品检验的内容所决定。根据商品检验内容的不同,常见商品检验证书有以下几种:

①品质检验证书。运用合同规定的各种检验方法,对报验商品的质量、规格、等级进行检验后出具的书面证明文件。

②重量检验证书。利用合同规定的计重方法对商品的重量予以鉴定后出具的书面证明。

③数量证明书。这是证明商品实际数量的书面证明文件。

④卫生证明书。对出口的食用动物产品,如罐头食品、蛋制品、乳制品、冷冻鱼虾等商品实施卫生检验后出具的、证明货物已经检验和检疫合格,可供食用的书面文件。

⑤兽医检验证书。对动物商品进行检验,表明其未受任何传染病感染的书面证明。皮、毛、绒及冻畜肉等货物都须进行此项检验。

⑥消毒检验证书。证明某些出口的动物产品已经过消毒处理,符合安全、卫生要求的书面文件。在猪鬃、马尾、皮张、羽绒、羽毛等商品的贸易中,经常会要求这种检验证明。

⑦产地检验证书。对出口产品的原产地的书面证明,包括一般的产地检验证书、普

惠制产地证书、野生动物产地证书等几种。

⑧价值检验证书。证明出口商品价格真实、可靠的书面证明,可以作为进口国进行外汇管理和对进口商品征收关税的依据。

⑨验残检验证书。证明进口商品的残损情况、判断残损原因、估定残损价值的书面文件,供有关当事人对外索赔使用。

在实际的进出口业务中,由于交易的商品不同,所需提供的商检证书的种类也不相同,买卖双方应对此在合同中作出具体约定。此外,提供证书的种类还要符合与合同相关的国家的法律、法规及对外贸易政策的规定。例如,我国规定,对动物产品除出具品质证书、重量证书外,还需提供兽医证书;而对食用动物产品,除出具品质证书、重量证书外,还需提供卫生检验证书。另外,还应注意,商品检验证书的有效期一般为两个月,鲜果、蛋类为两个星期。如果因特殊原因在取得检验证书后未能按时将货物装船出运,则检验证书逾期后,应向检验机构申请展期,必要时还须重新检验。

7.2.2 出口合同检验条款

一般采用装船前我出口口岸商品检验机构签发的检验证书作为银行议付的依据,货到目的港允许买方有权复验,并以目的港检验证书作为索赔依据的规定方法。

7.2.3 订立检验条款应注意的问题

①检验条款应与合同其他条款相一致,不能互相矛盾。
②规定应切合实际,不能接受国外商人提出的不合理的检验条件。
③要明确规定复验的期限、地点和机构,复验期限实际就是买方索赔期限,逾期则无追索权。
④应在检验条款中明确规定检验标准和方法。
⑤进口合同应规定我方有复验权。

示 例

检验:以中国商品检验局出具的品质重量证书作为付款依据。

Inspection:The Certificates of Quality and Weight Issued by the China Commodity Inspection Bureau are to be taken as the basis for effecting Payment.

发货前,制造厂应对货物的质量、规格、性能和数量/重量作精密、全面地检验,出具检验证明书,并说明检验的技术数据和结论。货到目的港后,买方将申请国家出入境检验检疫局(以下简称商检局)对货物的规格和数量/重量进行检验,如发现残损或规格、数量与合同规定不符,除保险公司或轮船公司的责任外,买方得在货物到底目的港_____日内凭商检局出具的检验证书向卖方索赔或拒收该货。在保证期内,如货物由于设计或制造上的缺陷而发生损坏或品质和性能与合同规定不符时，买方将委托中国商检局进行检验。

The manufacturer shall, before delivery, make a precise and comprehensive inspection of the goods with regard to its quality, specifications, performance and quantity/weight, and issue inspection certificates the technical date and conclusion of the inspection. After arrival of the goods at the port of destination, the Buyer shall apply to China Exit and Entry Inspection and Quarantine Bureau(hereinafter referred to as CEEIQB) for a further inspection as to the specifications and quantity/weight of the goods. If damages of the goods are found, or the specifications and/or quantity are not in conformity with the stipulations in this Contract, except when the responsibilities lies with Insurance Company or shipping Company, the Buyer shall, within _____ days after arrival of the goods at the port of destination, claim against the Seller, or reject the goods according to the inspection certificate issued by CEEIQB. In case of damage of the goods incurred due to the design or manufacture defects and/or in case the quality and performance are not in conformity with the Contract, the Buyer shall, during the guarantee period, request CEEIQB to make a survey.

每日一读

N.格里高利·曼昆谈学习经济学的原因

N.格里高利·曼昆(N.Gregory Mankiw)是哈佛大学经济学教授。作为学生,他曾在普林斯顿大学和麻省理工学院学习经济学;作为教师,他讲授过宏观经济学、微观经济学、统计学和经济学原理。多年前他甚至还在长滩岛做过一个夏天的帆船运动教练。曼昆教授是一个高产的学者和一位学术与政治争论的经常参与者。他的著作发在许多学术杂志上,如《美国经济评论》《政治经济学杂志》和《经济学季刊》,以及更具普及性的报刊上,如《纽约时报》《金融时报》《华尔街日报》和《财富》杂志。他也是最畅销的中级经济学教科书《宏观经济学》(沃思出版公司)的作者。除了数学、研究和写作之外,曼昆教授还是美国国家经济学研究局的合作研究人员、波士顿联邦储备银行和国会预算办公室的顾问,以及ETS考试研发委员会下设的经济学高阶水平考试委员会成员。从2003年到2005年,他担任总统经济顾问委员会主席。

曼昆教授在其著作《经济学原理》出版的前言中指出:作为一个21世纪的学生,为什么应该从事经济学学习的3个原因。

学习经济学的第一个原因:它有助于你了解你所生活在的世界。有许多经济问题会激起你的好奇心。为什么在纽约市找公寓如此困难?为什么如果旅客周六停留一个晚上,航空公司对往返机票的收费会低一些?为什么罗宾·威廉姆斯作为电影明星得到的

报酬如此之高？为什么许多非洲国家的生活水平如此低下？为什么一些国家通货膨胀率高，而另一些国家物价稳定？为什么在一些年份找工作容易，而在另一年份困难？这些只是经济学课程可以帮助你回答的许多问题中的几个。

学习经济学的第二个原因是：它将使你更精明地参与经济。在你的日常生活中，你要作出许多经济决策。当你是学生时，你要决定在学校学习多少年。一旦你参加了工作，你要决定把多少收入用于支出，多少用于储蓄，以及如何将你的储蓄用于投资。有一天你会发现你要管理一家小企业或一个大公司，而且你要决定为你的产品制定多高的价格。本书各章提出的观点将使你从一个新角度去思考如何最好地作出这些决策。学习经济学本身不会使你富有，但它将提供一些有助于你努力致富的工具。

学习经济学的第三个原因是：它将使你更好地理解经济政策的潜力与局限性。作为一个选民，你要帮助选择指导社会资源配置的政策。当决定支持哪一种政策时，你会发现自己提出了各种经济学问题：各种不同形式税收带来的负担是多少？与其他国家自由贸易的影响是什么？保护环境的最好方法是什么？政府的预算赤字如何影响经济？这些问题以及类似的经济问题总是萦绕在市政机关、州长办公室和白宫的决策者的脑海里。对经济学知识的理解将有助于你履行这一职责。

因此，经济学原理可以运用到生活中的方方面面。无论你以后阅读报纸、管理企业还是坐在白宫椭圆形的办公室中，你都将会为学习过经济学而感到欣慰。

——摘自曼昆《经济学原理》前言

思考训练

一、认识专业名词

　　进出口商品检验　　法定检验　　检验证书　　装运港（地）检验　　出口国检验进口国复验

二、解答问题

　　1. 检验条款中规定检验时间和地点的方法有哪几种？

　　2. 简述买方复验权的含义。

　　3. 简述我国法定检验的范围。

　　4. 在合同中订立检验条款时应注意哪些问题？

三、作业

　　1. 浏览国家质量监督检验检疫总局相关网页，查看报检管理、法检目录等信息。

　　2. 为了保证出口产品交货符合合同约定，张浚随同公司业务员到生产厂家对出口产品进行检查，记录下了公司检验的内容、要求和流程。

　　面料检验：对进厂的面料进行抽查。

辅料检验:对进厂的辅料进行抽查。

面辅料检验报告:面料、辅料检验后,必须完成一份检验报告,如实反映面料、辅料的质量情况。

产前样品:在大货生产前必须制作一件产前样品给我司确认。

半成品报告:工厂品检员必须每周完成一份半成品质量报告及尺寸报告,如实反映车间各班组的质量情况。

成品报告:对每一款的衣服,在检验后的成品完成 10%,50% 时,商品检验员必须各完成一份成品质量报告,必须如实反映此款衣服的质量情况。

终期报告:由客户验货员对全部包装的成品进行最后的检验。

四、案例分析

1. 我国某公司向某国出口一批冻鸡,到货后买方在合同规定的索赔期内向我方提出品质索赔,索赔金额占合同金额的半数以上。买方附来的证件有:

(1)法定商品检验证,注明该商品有变质现象(表面呈乌黑色,实际上为一小部分乌皮鸡),但未注明货物的详细批号,也未注明变质货物的数量与比例。

(2)官方化验机构根据当地某食品零售店送检的食品而做出的品质变质证明。我方未经详细分析就复函对方同意赔偿。

试分析我方对此处理有何不当之处?

2. 澳大利亚某客户是与我方来往多年的棉布商,寄来上衣一件,声称系我某出口合同项下所交染色棉布经其转销给某制衣厂制作成衣的样品,该上衣两袖的色泽有明显的不同,随附的检验证书也证明该批货物有严重色差,不能使用。为此要求将全部已缝制的成衣退回,并重新按合同规定的品质和数量交货,请问我方应如何处理? 简述理由。

学习情境8　商务纠纷的预防和处理

学习目标

1. 掌握进出口货物索赔的基本要领,领会索赔条款的基本含义。

2. 理解仲裁的含义和仲裁协议的作用,掌握签订仲裁条款的相关内容。

3. 了解不可抗力的含义及不可抗力事件的认定与处理原则,掌握不可抗力条款的相关内容。

能力目标

1. 能运用进出口货物索赔的相关知识学会处理索赔事宜。

2. 能正确熟练地填制进出口合同的索赔条款、仲裁条款和不可抗力条款。

任务1　货物的索赔

任务引入

张浚在工作过程中意识到进出口交易履约时间长、涉及面广、业务环节多,一旦在货物的生产、收购、运输等任何一个环节发生差错,都会影响交易的顺利履行。如何预防和处理该类纠纷呢?

案例导读

【案情介绍】关于贸易合同中索赔条款的陷阱

中国甲公司与英国乙公司签订了1亿条沙包袋出口合同,交货期限为合同成立后的3个月内,价格条款为1美元CIF香港,违约金条款为:如合同一方在合同履行期内未能履行合同规定的义务,则必须向另一方支付合同总价3.5%的违约金。甲公司急于扩大出口、赚取外汇,只看到合同利润优厚,未实际估计自己是否有能力履行合同,便与外商订立了合同。而实际上甲公司并无在3个月内加工1亿条该类沙包袋的能力。合同期满,能够向乙公司交付的沙包袋数量距1亿条还相差很远。甲公司无奈,只有将已有的沙包袋向乙公司交付并与之交涉合同延期。乙公司态度强硬,认为甲公司在合同约定期限内交付的货物数量与合同规定的数量不符,因而拒收货物,并要求甲公司按照合同支付违约金。最后双方协商未果,甲公司只得向对方支付违约金300多万美元,损失巨大。

【案例评析】

在国际贸易合同条款欺诈中,利用索赔条款进行欺诈也是常有发生的,有买方对卖方的欺诈,也有卖方对买方的欺诈。上述是一起以合法手段隐盖非法目的,利用合同违约金条款欺诈的较为典型的案例。防范违约金条款欺诈的主要措施在于对自己的实际履约能力做到心中有数,在签订合同时能够从自己的实际能力出发,实事求是,不要被表面的优厚利润所迷惑,丧失判断事物的理性,毫无欺诈防范意识。卖方应逐项分析己方履约能力的构成因素,诸环节落实,确保能够在合同规定的履约期内完全履行自己的义务。

一般说来,中方作为出口方时,其履约能力的构成因素主要包括:

第一,货源。在签订农副产品、矿产品以及本地没有生产基地,需要到外地组织货源的商品出口合同时,尤其要考虑到货源供应情况。

第二,生产加工能力。凡受科技水平和生产能力限制,甚至自己在国内厂家目前都不能生产加工,或者能够生产加工但质量难以达到要求的,一定不能盲目成交,否则一旦履约困难,合同中又订有违约金条款,买方将适用违约金条款要求卖方赔偿损失,卖方将陷入极为不利的被动局面。

第三,原材料供应。

第四,收购资金。外贸企业在对外签订出口合同时,要考虑国内金融市场的走向,银根是否吃紧,收购货源的资金是否落实。

第五,出口许可。很多国家,包括我国在内,都实行进出口许可制度。如果我方作为卖方对外签订出口合同时,合同标的物属于国家实行许可证管理的商品,则出口方必须有把握能够及时取得所需的出口配额和许可证。关于许可证制度,还有一个值得加以注意的问题是,国家有时可能会对实行许可证制度的商品和实行主动配额管理的出口商品范围适时作出调整。

第六,履约期限。国际贸易合同的履行环节很多,涉及面广,所以,在合同中规定装运期、信用证结汇期等期限时,一定要结合实际情况周密测算,留有余地,确保有足够的时间完成应由己方负责完成的各项工作。

在该案中,中方甲公司如果在合同签订之初,能理性地分析自己的履约能力,并充分考虑对方的违约金条款,加强防范意识,就不至于遭受那么大的经济损失。

8.1.1 争 议

国际货物买卖合同对合同双方当事人具有法律约束力,任何一方当事人都必须按照合同规定严格执行其合同义务,否则即构成违约。违约一方面会引起买卖双方之间的争议;另一方面也会给对方造成经济损失。对此,违约的一方当事人应承担相应的违约责任。争议是指交易的一方认为另一方未能全部或部分履行合同规定的责任而引起的业务纠纷。

引起争议的原因主要有:

①在交货的品质、数量(重量)、交货期等问题上,表现为卖方不交货或不按时交货,或交货的品质、数量(重量)不符合合同规定。

②买方不按时开来信用证或不付款、不按时付款。

③买卖双方的责任,如条款不明确,有关法律、惯例、解释不统一等。

争议的主要内容:是否构成违约,对违约的事实有争议;对违约的责任和后果有不同的看法。

8.1.2 索赔和理赔的概念

1)索赔和理赔

索赔就是受到损失的一方当事人向违约的一方当事人提出损害赔偿的要求。相对而言,违约的一方受理受到损失的一方所提出的索赔要求,即称为理赔。

根据事故性质及责任对象确定索赔方式。索赔方式主要有3种:一是要求货币偿付的赔偿,具体包括赔款、折价、退货还款及拒绝付款;二是非货币的索赔,具体有补交、修复、调换及延期付款等;三是混合索赔。

2)对违约后果的法律规定

依据各国的法律规定,对违约进行损害赔偿的目的是补偿,即赔偿受害人因对方违约所遭受的损失。损害赔偿以受害人受到的损失为基础,而不是以违约人从违约行为中的获利为基础。因此,即使违约人为赚取更大利润而违反合同,另一方当事人也只能就其遭受的损失来要求赔偿,而不能请求法院剥夺违约者的利润。受害人的损失可以是有形的,也可以是无形的;可以是现实的损失,也可以是既得利益的损失,但这些损失必须是实际发生的和确实的。损害赔偿的数额应当与受害人的损失相等。法律不允许受害人得到超过其损失的损害赔偿。损害赔偿的性质是赔偿性的,而不是惩罚性的。

索赔是处理违约的一种最常用的补救措施。此外,还可以根据违约程度,采取其他补救措施,一般包括延迟履行、替代履行、减价、修理、换货、退货,甚至解除合同等。按照惯例和一般的法律规则,在采取其他违约补救措施时,不会影响受损害的一方当事人向违约方提出索赔的权利。但是,受损害方向违约方提出索赔时是否能同时要求解除合同,则需视违约的具体情况而定。在这个问题上,各国的法律规定也不尽相同。主要有以下几种情况:

第一,英国的法律把违约分成"违反要件"与"违反担保"两种。违反要件受害方有权解除合同并要求损害赔偿;违反担保受害方只能要求损害赔偿而不能解除合同。"要件"指合同中重要和根本性的条款,一般认为与商品相关的品质、数量、交货期等条件属于要件。"担保"是指合同中次要的和附属性条款,是与商品无直接联系的条件。

第二,美国的法律将违约分为"重大违约"与"轻微违约"。重大违约是指一方当事人违约,致使另一方当事人无法取得这项交易下他本应获得的主要利益,这时受损失的一方当事人可以要求解除合同,同时要求损害赔偿。轻微违约是指一方当事人的违约情况比较轻微,没有影响对方在交易中取得的主要利益,此时受损害的一方只能要求损害赔偿,而不能要求解除合同。

第三,《公约》把违约分为"根本性违约"和"非根本性违约"两类。只有在违约行为属于根本性违反合同时,受损害方才有权既宣告合同无效,又要求损害赔偿;如果违约行为属非根本性违反合同,则受损害方只能要求损害赔偿而不能宣告合同无效。《公约》对"根本性违约"的解释是:"一方当事人违反合同的结果,如使另一方当事人蒙受损害,以至于实际剥夺了他根据合同规定有权期待得到的东西,即为根本性违反合同。"

第四,《中华人民共和国合同法》第107条规定:"当事人一方不履行合同义务或者履行义务不符合约定的,应承担继续履行、采取补救措施或者赔偿损失等违约责任。"

总之,各国法律对违约行为的解释不同,使受损害方得以采取的补救措施的规定也有所不同。因此,买卖双方在磋商交易并订立合同时,应针对有可能产生争议的问题、就受损害方可以采取的补救措施在合同中作出明确规定。这就是合同中的"索赔条款",有时也被称为"异议与索赔条款"。

8.1.3 索赔条款

国际货物买卖合同中的索赔条款通常有两种规定方法,即"异议索赔条款"和"罚金条款"。

1）异议索赔条款

异议索赔条款常见于一般商品买卖合同,主要是针对卖方交货质量、数量或包装不符合合同规定而订立的。由于商品品质、数量方面的情况比较复杂,可能发生的损失程度也各不相同,无法事先规定具体的赔偿金额。因此,异议索赔条款的内容一般只包括索赔的证据、索赔期限、损失赔偿的办法等内容。

（1）索赔依据

索赔依据是指受损害的一方在提出索赔时必须提供的、证明对方违约事实真相的书面材料,主要是各种检验证书,并且这些证书应由双方约定的出证机构出具,我国通常规定国家出入境检验检疫局为出证机构。

（2）索赔期限

索赔期限是指受损害一方有权向违约方提出索赔的期限。按照法律和国际惯例,受损害的一方只能在一定的索赔期限内提出索赔,否则即丧失索赔权利,索赔期限有约定的与法定的之分。"约定索赔期限"是指买卖双方在合同中明确规定的索赔期限;"法定索赔期限"是指根据有关法律或国际公约受损害一方有权向违约方要求损害赔偿的期限。约定索赔期限的长短,须视货物的性质、运输、检验的繁简等情况而定。索赔期限的规定方法通常有:"货物到达目的港/地后××天内""货物到达目的港/地卸离海轮或运输工具后××天内""货物到达买方营业所或用户所在地××天内"等。如合同未规定索赔期限的,则按法定索赔期限。例如,根据《公约》规定,自买方实际收到货物之日起两年之内。《中华人民共和国合同法》也规定,买方自标的物收到之日起两年中,如标的物有质量保证期的,适用质量保证期。

买方的索赔期限实际上也就是买方行使对货物进行复验权利的有效期限,有些合同将检验条款与索赔条款结合起来订立,称为"检验与索赔条款"。

2）罚金条款

罚金条款,又称为违约金条款、罚则,一般适用于卖方延期交货或买方延期接货等情况。当一方未能履行合同业务时,应向另一方支付一定数额的违约金,以补偿其损失。违约金数额的大小根据违约时间的长短而定,并规定出最高限额。

应该指出,各国对违约金本质和罚金条款效力的法律规定存在着极大的差异,德国等大陆法国家一般都承认违约金的惩罚性性质,承认罚金条款的效力。而且一般均允许当事人在请求违约方在支付违约金的同时,继续执行合同。在这种情况下,违约金只是对违约方不完全履行或延迟履行合同的违约行为的惩罚,与该违约行为给对方造成的损失没有直接关系,与合同义务的履行也并不矛盾。

在英美法各国,罚金条款是否有效取决于它属于惩罚性的"罚金"还是补偿性的"预约赔偿金"。如果当事人订立此条款的目的是在于惩戒和预防违约的发生,违约金即为"罚金",该条款是无效的。如果当事人是为了减少将来计算违约损害的麻烦而规定违约金,则它属于预约赔偿金,该条款便是有效的。但在违约行为发生时,受损害方只能根据罚金条款获得固定数额的赔偿,即使这一数额远远少于实际损失。因此,有时违约金如被判定为罚金要比被判定为预约赔偿金对受害人更有利。因为罚金条款虽然无效,但受害人仍可以请求损害赔偿,而预约赔偿金虽然有效,却往往无法补偿受害人所遭受的全部损失。

《中华人民共和国合同法》对违约金制度作了原则规定,认为合同双方当事人约定的违约金,应属于对违反合同的损害赔偿,具有预定赔偿金的性质。但如果合同规定的违约金过分高于或过分低于违反合同所造成的损失,有关仲裁机构或人民法院有权根据当事人的请求予以适当减少或增加。这与德国、法国等国家的有关规定类似。

我国进出口业务中,大多使用固定格式合同,罚金条款一般都已事先拟订,并印妥在合同的"一般条款"中。因此,在对外签订合同时,应注意根据对方当事人所在国、合同履行地所在国的有关法律规定,对罚金条款作适当的修改和补充,以免因此遭受损失。

品质与数量、重量的异议与索赔:货到目的口岸后,买方如发现货物品质及/或数量及/或重量与合同规定不符,除属于保险公司及/或船公司的责任外,买方可以凭双方同意的检验机构出具的检验证书向卖方提出异议。品质异议须于货到目的口岸之日起30天内提出,数量/重量异议须于货到目的口岸之日起15天内提出。卖方应于收到异议后30天内答复买方。

Quality/Quantity Discrepancy and Claim:

In case the quality and/or quantity and/or weight are granted by the Buyers to be not in conformity with the Contract after arrival of the goods at the port of destination, the Buyers may lodge claim with the Sellers supported by survey report issued by an inspection organization agreed upon by both portties, with the exception, however, of those claims for which the insurance company and/or the shipping company are to be held responsible. Claim for quality discrepancy should be filed by the Buyers within 30 days after arrival of the goods at the port of destination, while for quantity/weight discrepancy claim should be filed by the Buyers within 15 days after arrival of the goods at the port of destination. The Sellers shall, within 30 days after receipt of the notification of the claim, send reply to the Buyers.

任务2 仲 裁

任务引入

张浚意识到交易的一方认为对方未能部分或全部履行合同规定的责任与义务而引起的纠纷是业务中常见的事情。遇到问题时,是采取交易双方协商解决呢,还是请求第三者进行调解? 或者提交仲裁机构进行裁决? 甚至是采用司法诉讼的方式来解决? 张浚很苦恼如何选择。

案例导读

【案情介绍】申请确认提单仲裁条款无效案

1998 年 5 月,铁行渣华有限公司向华兴海运(中国)有限公司托运 10 个集装箱的货物,装于"Guang Bin Ji 74"轮由香港运到广东云浮六都,华兴海运(中国)有限公司于1998 年 5 月 16 日在香港签发提单,提单号为 74/9805LD02。该提单背面条款第 2 条内容为:"管辖权:所有因此提单产生的争议应按照中华人民共和国法律在中华人民共和国法院审理或在中华人民共和国仲裁。"当事人事后没有关于仲裁的补充协议。铁行渣华有限公司认为该条款既约定了法院管辖,又约定了仲裁,两种约定相互排斥,该条款约定的争议管辖不确定,请求仲裁的意思表示也不明确。条款仅规定"在中国仲裁",未约定仲裁委员会。该条款缺少《中华人民共和国仲裁法》第 16 条所规定的仲裁协议应当具备的构成要素,铁行渣华有限公司对该仲裁条款的效力有异议。根据《中华人民共和国仲裁法》第 20 条规定,申请法院裁定确认上述仲裁条款无效。华兴海运(中国)有限公司辩称:74/9805LD02 号提单背面条款第 2 条作为司法管辖条款是有效的。该条款明确了法律适用问题和司法管辖问题,不违反中华人民共和国法律的规定,因而是有效的。该条款既约定在中华人民共和国法院审理,又约定在中华人民共和国仲裁,根据中华人民共和国法律,如果双方事后未达成明确的仲裁协议,则根据该条款,有关争议不能由仲裁机构仲裁,而只能由法院管辖。该条款并不是一个简单的仲裁条款,而是一个法律适用及司法管辖条款。即使该条款中有关仲裁的约定部分无效,并不影响整个条款的效力,即这个条款关于"所有因此提单产生的争议应按照中华人民共和国法律在中华人民共和国法院审理"这部分内容仍然是有效的。

【案例评析】

广州海事法院经审理认为:该案属涉外案件,对于认定该案所涉仲裁协议效力的法律适用,当事人确定的准据法是中华人民共和国法律,故该案应适用中华人民共和国法律。74/9805LD02 号提单背面条款第 2 条是一个管辖权条款,旨在确定解决该提单项下争议的途径和方法。一项争议的解决如果约定了提交仲裁,那么它本身应排斥诉讼,仲裁和诉讼不能同时进行,否则就违背了仲裁制度的根本原则。在本案所涉管辖权条款中,当事人既约定了进行仲裁又约定了进行诉讼,该仲裁协议应认定无效。最后,根据《中华人民共和国仲裁法》第18条、第20条、《中华人民共和国民事诉讼法》第140条第1款第11项的规定,广州海事法院于2000年6月5日作出如下裁定:74/9805LD02号提单背面条款第2条管辖权条款中的仲裁协议无效。

从上述案例可以看出,仲裁这种解决争议的方式的选用受到约定的仲裁条款或协议的约束,一旦约定采用仲裁方式解决贸易争端,就要遵照合同规定的仲裁条款或事后签订的仲裁协议选定仲裁机构,由仲裁庭对争议作最终裁决。

买卖双方签订合同后,由于情况复杂多变,有时双方当事人会发生争议,仲裁是解决争议的一种重要方式。

8.2.1　解决国际贸易争议的方式

在国际贸易中,当事人如发生争议,一般通过和解解决。当和解不成,则分情况采取调解、诉讼和仲裁等方式。

和解,即友好协商,是指当事人双方自行磋商解决争议。即双方各自做出一定的让步,最后达成和解。争议双方如自行协商不成,则可邀请第三者,即专门的调解机构居间调停。调解人不具有强制作用,即在双方和解的基础上解决争议。诉讼是指一方当事人向有管辖权的法院起诉,由法院按法律程序来解决双方的贸易争议。

仲裁(Arbitration)是指买卖双方达成协议,自愿将有关争议交给双方同意的仲裁机构进行裁决,而裁决是终局的,对双方都有约束力,双方必须遵照执行。

仲裁是解决国际贸易争议较好的一种方式。仲裁方式既不同于和解和调解,又不同于诉讼。和解和调解是自愿性,在双方同意的基础上才能进行,但和解与调解的结果是没有强制作用的,而诉讼是强制性,诉讼的提起可以单方面进行,法院的判决也可强制执行。仲裁方式既有自愿性,又有强制性。自愿性主要体现在仲裁的提起要有双方达成的协议,双方当事人可自行选定仲裁机构、仲裁规则和仲裁员。强制性则表现在仲裁裁决是终局性的,双方必须遵照执行。此外,仲裁比诉讼具有更大的灵活性,因为仲裁员是由双方当事人指定的,且仲裁员一般是熟悉国际贸易业务和法律的专家。仲裁程序较简单,处理问题比较迅速。仲裁费用也较低,有利于争议问题的解决。而采用司法诉讼,一方当事人不需要事先取得对方同意,即可向有管辖权的法院起诉,且任何一方都无权选择法官。法院判决后,另一方不服,可在规定时间内向上一级法院提出上诉;诉讼程序较复杂,费用较高,且双方关系紧张,不利于今后贸易关系的继续发展。因此,在实践中,当争议双方通过和解或调解不能解决争议时,一般都愿意通过仲裁方式裁决。

8.2.2 仲裁协议的形式和作用

我国法律规定,当事人采用仲裁方式解决争议,应当双方自愿达成仲裁协议。没有仲裁协议,一方申请仲裁时,仲裁机构不予受理。

1)仲裁协议的形式

仲裁协议是指有关当事人根据意思自治和协商一致的原则,自愿将他们之间已经发生或将来可能发生的争议提交仲裁解决的一种书面协议。

仲裁协议必须是书面的,它有两种形式:一种是合同中的仲裁条款(Arbitration Clause),即在争议发生前,合同当事人在买卖合同中订立仲裁条款,表明在争议发生时,当事人自愿将争议交付仲裁解决。另一种是提交仲裁协议(Arbitration Agreement;Submission of Arbitration),即双方当事人在合同争议发生后订立的提交仲裁的协议,包括双方来往信件、数据电文等或其他书面形式。这两种仲裁协议具有同等的法律效力。

2)仲裁协议的作用

根据我国和其他国家的仲裁法,仲裁协议的作用主要表现为:

①表明双方当事人在争议发生时自愿提交仲裁,约束双方当事人在和解或调解不成时只能以仲裁方式解决争议,任何一方不得向法院起诉。

②使仲裁机构取得对争议案件的管辖权。任何仲裁机构无权受理没有仲裁协议的争议案件。

③可排除法院对争议案件的管辖权。我国法院不受理争议双方订有仲裁协议的争议案件。

以上3个方面的作用是互相联系的,其中核心是排除法院对争议案件的管辖权。因为,只要双方订立了仲裁协议,就不能把有关争议案件提交法院审理。如果任何一方违反协议,自行向法院提起诉讼,另一方可根据仲裁协议要求法院停止司法诉讼程序,把争议案件发还仲裁机构审理。因此,买卖双方如不愿将争议提交法院审理,就有必要在合同中订立仲裁条款。

8.2.3 合同中的仲裁条款

仲裁条款的内容一般包括仲裁地点、仲裁机构、仲裁规则、裁决的效力等。

1)仲裁地点

在订立仲裁条款时,双方当事人都非常重视仲裁地点的选择,因为仲裁地点通常与仲裁时所适用的法律和仲裁规则有密切的关系。规定方法有3种:一是首先争取在我国仲裁;二是在被告国进行仲裁;三是在双方同意的第三国进行仲裁。

2)仲裁机构

国际的仲裁机构有两种,一种是常设仲裁机构;另一种是临时性仲裁机构。目前,国际上很多国家、地区和一些国际性、区域性组织都设有常设的仲裁机构。

国际上常设的仲裁机构主要有：瑞典商会仲裁院、瑞士商会仲裁院、英国伦敦仲裁院、意大利仲裁协会、美国仲裁协会、日本商事仲裁协会、印度仲裁院、奥地利联邦经济商会仲裁中心以及亚洲地区仲裁中心（在吉隆坡）等。

我国常设仲裁机构有隶属于中国国际贸易促进委员会（中国国际商会）的中国国际经济贸易仲裁委员会（又称中国国际商会仲裁院）。

仲裁委员会设在北京，在深圳和上海分别设有分会。中国国际经济贸易仲裁委员会受理争议的范围是：国际和涉外争议，特定种类的外向型国内争议，以及当事人由仲裁委员会仲裁的其他国内争议。此外，根据《中华人民共和国仲裁法》成立的我国各地方仲裁委员会，也可受理涉外仲裁案件。

3）仲裁规则

仲裁规则是规定进行仲裁的程序和具体做法，例如，如何申请仲裁，如何指定仲裁员，如何审理和作出裁决，裁决的效力等。仲裁机构通常都制定仲裁规则，一般都按该仲裁机构制定的仲裁规则进行仲裁，但也允许当事人自由选用其他仲裁规则。如我国现行的《中国国际经济贸易仲裁委员会仲裁规则》（以下简称《仲裁规则》）规定，凡当事人同意将争议提交中国国际经济贸易仲裁委员会仲裁的，均视为同意按照该仲裁规则进行仲裁，但当事人另有约定且仲裁委员会同意的，从其约定。

4）仲裁裁决的效力

我国法律对仲裁裁决实行一裁终局制度。我国《仲裁规则》规定，仲裁裁决是终局的，对双方当事人均有约束力。任何一方当事人均不得向法院起诉，也不得向其他任何机构提出变更裁决的请求。为有利于仲裁裁决的顺利执行，在订立仲裁条款时，通常都规定仲裁裁决是终局的，对双方当事人均有约束力。

为保证仲裁裁决在国际上得到承认和执行，联合国主持下1958年在纽约缔结的《承认和执行外国仲裁裁决的公约》（简称《1958年纽约公约》）是目前国际上有关承认和执行外国仲裁裁决的一项重要国际公约。截至2002年11月，已有132个国家批准参加了该公约。我国政府于1987年参加该公约，但我国在加入时作了两项保留：互惠保留和商事保留，即我国只在互惠的基础上，对在另一缔约国领土内作出的仲裁裁决的承认和执行适用该公约；我国只对我国法律认定属于契约性和非契约性商事法律关系所引起的争议适用该公约。目前，我国仲裁机构的涉外仲裁裁决在世界上很多国家得到承认和执行。

订立仲裁条款时,应写明在哪个国家、哪个城市进行裁决;仲裁中使用的法律应是跟合同最有关系的那个国家的法律;应写明按哪一个国家、哪一个仲裁机构的仲裁程序仲裁;应规定仲裁是终局的,对双方均有约束力;应明确仲裁费用由谁负担。

仲裁:凡因执行本合同或与本合同有关事项所发生的一切争执,应由双方通过友好方式协商解决。如果不能取得协议时,则在被告国家根据被告仲裁机构的仲裁程序规则进行仲裁。仲裁决定是终局的,对双方具有同等的约束力。仲裁费用除非仲裁机构另有决定外,均由败诉一方负担。

Arbitration:All disputes in connection with this Contract or the execution thereof shall be settled by negotiation between two parties. If no settlement can be reached, the case in dispute shall then be submitted for arbitration in the country of defendant in accordance with the arbitration regulations of the arbitration organisation of the defendant country. The decision made by the arbitration organization shall be taken as final and binding upon both parties. The arbitration expenses shall be borne by the losing party unless otherwise awarded by the arbitration organization.

任务3 不可抗力

任务引入

张浚看到公司老业务员在工作过程中遇到了意外情况,8 月一次台风导致货物装运延迟,他很担心是否需要承担违约责任? 如何处理这次事故呢?

案例导读

【案情介绍】以不可抗力为免责事由引发的争议案

2020 年 3 月 6 日,买方 A 与卖方 B 签订了中英文对照的格式合同,约定由 B 向 A 出售 3 000 吨印尼产的甲醇,约定印尼 BunYu 港为货物发运港。合同明确规定了不可抗力条款,将战争、火灾、自然灾害、劳资纠纷、内乱和任何超出卖方控制的原因均列为不可抗力情势。合同签订后,A 于 3 月 7 日以 B 为受益人向中国银行申请开立了信用证。4 月 5 日,B 向 A 请求将装船期推至 5 月底,5 月 10 日又向 A 发出传真,以甲醇生产工厂遭遇不可抗力为由要求解除合同。A 当日即以传真向 B 明确指出,以不可抗力为由要求解除合同必须提供相关证据。次日,A 再次向 B 指出,甲醇生产工厂遭遇不可抗力不能作为合同解除的理由,B 对此未作答复。至 5 月底,B 未向 A 履行交货义务。后经 A 多次催促,B 仍不履行合同。事实上,在合同签订后,B 立即着手开始履行合同,向印尼 BunYu 港唯一的甲醇生产厂 C 订货。不料该生产商于 3 月 9 日发来传真告知,该厂生产所需的天然气供应商 D 所供天然气存在氯化物,严重污染并损坏了生产设备,已无法生产甲醇,该厂被迫紧急关闭。B 随后将上述情况通知 A,要求按照不可抗力条款的规定延迟交货,并得到了 A 的同意。直到月初,甲醇生产商停产已达 60 日,仍不能恢复生产,B 不得不按照合同不可抗力条款的规定通知 A 要求解除合同,但遭到 A 的拒绝。A 方认为 B 所提出的甲醇生产商管道爆炸不能算作不可抗力,因为合同中规定的产地是印尼,而不是 BunYu,BunYu 只是装运港,装运港与生产厂商是两个完全不同的概念。位于 BunYu 港的生产商由于管道爆炸而停产,不能供货,B 仍可向印尼的其他地方组织货源,继续履行合同。B 方认为合同中的不可抗力条款明确规定了“超出卖方控制的原因均列为不可抗力情势”,甲醇生产商 C 的意外事故使得 B 无法从该厂取货,故无法履行供货义务。同时,合同规定了 BunYu 为发运港,而 C 是唯一在 BunYu 发货的生产商,即无其他同类产品生产商在 BunYu 发货,因此 B 无法在该港口另行组织货源。这一切都是 B 无法预料,也是 B 无法控制的,所以已经构成了不可抗力事实。

【案例评析】

该案的焦点在于是否发生了不可抗力事件? B 是否应承担违约责任? 按照《公约》第 79 条第 1 款规定,B 要证实其不履行交货义务,不应负责,其前提是发生的这次事件能够构成不可抗力的条件,即:这种事件是在订立合同之后发生的;是当事人在订立合同时不能预见的;不是当事人所能控制的,而且它是无法避免、无法预防的;不是任何一方当事人的疏忽或过失造成的。案例中的事故其实不能认定为不可抗力事故,理由如下:①甲醇生产商的停产是由于技术问题而非自然灾害、战争、动乱、政府禁令等原因。根据各国的贸易惯例和司法实践,技术原因不能界定为无法预见且无法克服的不可抗力。而且,供应商并未主张不可抗力免责,而 B 却以此向 A 主张“不可抗力”缺乏法律依据。②合同的标的物甲醇是一种被广泛使用的化工产品,而非特定物,所订立合同仅约定装运港为印尼 BunYu 港,并未约定 A 所购买的、B 所出售的甲醇应当是某指定公司生产的。B 在原定的供货商无法供货,能够而且理当立即设法从其他供货渠道寻找替代货物。B 在得知 C 停产时距离交货期还有 1 个多月,B 有充分的时间寻找替代货物,但是 B 并未这么做。交易链中的第一个环节是天然气供应出现障碍,也不能构成 B 不履行卖方义务的充分理由,这与 A 和 B 之间的合同履行无直接的因果关系。否则,国际贸易中的买方也可以其债务人拖欠债务导致其无法向卖方支付货款作为“不可抗力”了。

买卖双方签订合同后,有时会出现一些意外事故而影响合同的履行,为避免产生不必要的矛盾,双方当事人应在合同中订立不可抗力条款。

8.3.1 不可抗力的含义和范围

1)不可抗力的含义

不可抗力,即人力不可抗拒,它是指在货物买卖合同签订之后,不是由于合同任何一方当事人的过失或疏忽,而是由于发生了当事人既不能预见和预防,又无法避免和克服的事件,以致不能履行或不能如期履行合同,遭受意外事件的一方可以免除履行合同的责任或延期履行合同。

目前,国际条约和国际惯例对不可抗力还没有一个统一的定义,各国国内法的解释差别也比较大。例如,法国的法律称这类事件为"不可抗力",英美法称之为"合同落空",指合同签订后,不是由于合同当事人的过失,发生了当事人意想不到的事件,使订约的目的受到根本挫折,发生事件的一方可免除责任;大陆法系国家称之为"情势变迁"或"契约失效",指前述意外事件的发生使合同不可能再履行或需对合同原有的法律效力作相应的变更;《公约》第79条称之为"履行合同的障碍"。规定"当事人对不履行义务,不负责任,如果能证明此种不履行义务是由于某种非他所能控制的障碍,而且对于这种障碍,没有理由预期他在订立合同时能考虑到或能避免或克服它或它的后果。"

尽管各国法律和各种国际公约、国际惯例对不可抗力的名称与解释存在差别,但却都承认构成这类事件需要具备几个条件:第一,这种事件是在订立合同之后发生的;第二,这种事件是当事人在订立合同时不能预见的;第三,这种事件不是当事人所能控制的,而且它是无法避免、无法预防的;第四,这种事件不是任何一方当事人的疏忽或过失造成的。

2)不可抗力事件的范围

不可抗力的事件的范围一般包括两类:一类是自然原因引起的,如水灾、旱灾、雪灾、台风、雷电、火灾、海啸、暴风雨、冰封等;另一类是政治或社会原因引起的,如战争、罢工、骚乱、政府封锁与禁运、贸易政策调整等。在实践中,要与商品价格波动、汇率变化等正常的贸易风险区别开来。

在实际业务中,由于不可抗力是一项免责条款,买卖双方可以通过扩大不可抗力事件的范围来减少自己的合同义务。因此,确定不可抗力事件的范围是一个相当复杂的问题,进出口双方非常容易在这个问题上产生异议。一般地,对自然原因引起的不可抗力事件,交易双方比较容易达成共识;但对社会原因引起的不可抗力,各国的法律解释相差比较大,买卖双方的争议更是经常出现,只能由交易双方根据合同中的不可抗力条款,视事件的具体情况协商解决。

8.3.2　不可抗力的法律后果

对不可抗力事件法律后果的规定,各国也有分歧。所谓不可抗力的法律后果,是指当不可抗力事件出现时,合同是否即告解除,或视不同情况,可以解除合同,也可以只是推迟履行合同。对此,英美法国家认为,一旦出现合同落空,合同即告终结,从而就自动地解除了当事人的履约义务。而有些国家法律则认为,出现不可抗力事件不一定使合同全部解除,而应根据不可抗力事件的原因、性质,对履约的实际影响区别对待。

《中华人民共和国合同法》第94条规定有下列情形之一的,当事人可以解除合同:因不可抗力使不能实现合同目的。第117条规定,因不可抗力不能履行合同的,根据不可抗力的影响,部分或全部免除责任,但法律另有规定的除外,当事人迟延履行后发生不可抗力的,不能免除责任。

除规定了不可抗力事件可能产生的几种法律后果外,我国还规定在不可抗力事件中要求免责的一方应承担的两项义务:第一,应当及时通知另一方,以减轻可能给另一方造成的损失,如果由于没有及时通知而给另一方造成损失,怠于通知的一方应对此承担责任。第二,应在合理的时间内向另一方提供有关机构出具的证明,以证明不可抗力事件的发生。在我国,出具不可抗力证明的机构包括公证机构、中国国际贸易促进委员会等。

不可抗力事故的处理主要有两种方法:一是变更合同,即对原订立的合同条款作部分变更,使遭受不可抗力事故的当事人免除履行合同责任或延期履行合同责任;二是解除合同,即当事人在遭受不可抗力事故后,合同无法履行,可以解除合同,不承担其责任。

8.3.3　不可抗力条款

1)不可抗力的规定方法

国际货物买卖合同中的不可抗力条款,一般要包括不可抗力事件的范围、不可抗力的后果、发生不可抗力事件后通知对方的期限和方式、不可抗力的证明文件及出证明的机构等内容。不可抗力条款通常有3种规定方式。

(1)列举式

列举式即以一一列举的方式,详细列明不可抗力事件的范围。这种规定方式虽然具有明确的优点,但灵活性较差,很容易造成遗漏。一旦发生了规定范围以外的意外事件,就无法援引。

（2）概括式

概括式即对不可抗力事件范围只作笼统规定，而不具体规定哪些事件属于不可抗力事件的范围。如在合同中规定："如果由于不可抗力的原因，致使卖方不能全部或部分装运或延迟装运合同货物，卖方对于这种不能装运或迟缓装运本合同货物不负有责任。"这种规定方法过于含糊，买卖双方容易因解释上的差异而产生纠纷。

（3）综合式

这种方式一方面要列出比较常见的不可抗力事件，另一方面还要再加上"以及双方同意的其他不可抗力事件"一类的补充说明。这种规定方法比较明确具体，又考虑到履行合同中可能发生的一些意想不到的事件，具有一定的灵活性。在我国进出口业务中，多采用这种规定方法。

2）规定不可抗力时应注意的问题

①要规定不可抗力事件发生后，遭受不可抗力的一方当事人将不可抗力事件通知给对方的期限和通知方式。如果遭受不可抗力的当事人未能在规定期限内、以规定方式向对方发出发生不可抗力事件的通知，则他要对对方因此而受到的损失承担赔偿责任。另外，对方当事人在收到不可抗力通知时也应该及时回复。如果认为所发生的事件不属于不可抗力，或认为对方对该事件提出的解决方案不妥，要及时向对方提出异议；否则按有关国家的法律规定，将被视作默认。

②要规定遭受不可抗力的一方提供不可抗力的证明文件，并对该证明文件的出具机构作出规定。在国外，不可抗力证明文件的出具机构往往是发生不可抗力事件地区合法的公证机构，或是当地的商会。在我国，则由中国国际贸易促进委员会或其设在口岸的分会出具。

③要对不可抗力的法律后果（即在什么情况下才可以撤销合同，在什么情况下只能部分撤销合同，或延期履行合同）作出明确规定。

 示 例

不可抗力：由于不可抗力事故，使卖方不能在本合同规定期限内交货或者不能交货，卖方不负责任。但卖方必须立即以电报通知买方。如买方提出要求，卖方应以挂号函向买方提供由中国国际贸易促进委员会或有关机构出具的发生事故的证明文件。

Force Majeure：In case of Force Majeure, the Sellers shall not be held responsible for late delivery of non-delivery of the goods but shall notify the Buyers by cable. The Sellers shall deliver to the Buyers by registered mail, if so requested by the Buyers, a certificate issued by the China Council for the Promotion of International Trade or/and competent authorities.

每日一读

美国 301 条款

1. 301 条款简介

美国"301 条款"有狭义和广义之分。

狭义的"301 条款"仅指美国《1974 年贸易法》的第 301 条,可称之为"一般 301 条款"。它最早见于《1962 年贸易扩展法》,后经《1974 年贸易法》修订,主要是针对贸易对手国采取的不公平措施。根据"一般 301 条款",当有任何利害关系人申诉外国的做法损害了美国在贸易协定下的利益或其他不公正、不合理或歧视性行为给美国商业造成负担或障碍时,美国贸易代表办公室(USTR)可进行调查,决定采取撤销贸易减让或优惠条件等制裁措施。美国贸易代表办公室(USTR)也可根据上述情况决定是否自行启动调查。该条款授予美国总统对外国影响美国商业的"不合理"和"不公平"的进口加以限制和采用广泛报复措施的权力。所谓"不公平",是指不符合国际法或与贸易协定规定的义务不一致;"不合理"则是指凡严重损害美国商业利益即为"不合理"。

依据美国在《1974 年贸易法》第 301～310 节规定,美国贸易代表办公室每年 3 月底要向国会提交《国别贸易障碍评估报告》,指认未能对美国知识产权权利人与业者提供足够与有效的知识产权保护措施,或拒绝提供公平市场进入机会的贸易伙伴,并根据该报告在 1 个月内列出"301 条款"国家与"306 条款监督国家"。名单确定后,美国贸易代表办公室每半年向国会提交一份报告,说明提出的申请、作出的决定、调查和程序的进展与状态、所采取的行动或者不实施行动的原因,以及所采取的行动在商业上的后果;并发起案件调查,与有关国家磋商、谈判,最终达成协议,直至双方满意或者美国满意为止,否则美国将采取贸易报复措施予以制裁。

广义的"301 条款"是指《1988 年综合贸易与竞争法》第 1301～1310 节的内容,包含"一般 301 条款"、"特别 301 条款"(关于知识产权)、"超级 301 条款"(关于贸易自由化)和具体配套措施,以及"306 条款监督制度"。在这个意义上,美国"301 条款"又称其为 301 条款制度。一般 301 条款是美国贸易制裁措施的概括性表述,而"超级 301 条款"、"特别 301 条款"、配套条款等是针对贸易具体领域作出的具体规定,构成了美国"301 条款"法律制度的主要内容和适用体系。具体说就是:"特别 301 条款"是针对知识产权保护和知识产权市场准入等方面的规定;"超级 301 条款"是针对外国贸易障碍和扩大美国对外贸易的规定;配套措施主要是针对电信贸易中市场障碍的"电信 301 条款"及针对外国政府机构对外采购中的歧视性和不公正做法的"外国政府采购办法",而且其范围有逐渐扩大的趋势。"一般 301 条款"是其他"301 条款"的基础,其他"301 条款"是"一般 301 条款"的细化。即使没有其他"301 条款",美国贸易代表一样可以适用"一般 301 条款"的规定解决贸易争端。美国狭义和广义的"301 条款"之间的关系是辩证统一的,构成一个完全的体现美国法律文化的价值体系,为美国的利益发挥着作用。

2. 301 调查程序及措施

301 调查分为 3 类,即针对外国政府不合理或不公正的贸易做法的一般 301 调查、针对外国政府知识产权保护不力的特别 301 调查和针对重点国家不合理或不公正的贸易做法的超级 301 调查。其中,超级 301 条款为"暂时性"条款,须立法特别授权,仅在 1989—1990 年和 1994—1997 年生效。根据有关法律规定,美国贸易代表发起 301 调查后,应与被调查国政府进行双边磋商,要求被调查国政府取消有关不合理或不公正的贸易做法;如无法达成协议,可对被调查国实施报复措施。如调查事项不涉及贸易协议,美国贸易代表应在 12 个月内结束磋商,并作出是否采取贸易制裁的决定;如调查事项涉及某一贸易协定,在部分特定条件下,美国贸易代表应立即请求进入该协定规定的争端解决程序。

1999 年,欧共体将美国 301 调查条款诉至世界贸易组织争端解决机构。专家组因美国政府于 1995 年向美国国会提交的一份行政声明而最终判定 301 条款未与世贸组织规则不一致。美国政府表示,如调查事项涉及世界贸易组织协议,美国贸易代表将援引世界贸易组织争端解决程序,报复应寻求该程序下的授权。

——根据中华人民共和国商务部网站有关资料整理

思考训练

一、认识专业名词

索赔与理赔　罚金　违约　仲裁　仲裁协议　不可抗力

二、解答问题

1. 国际贸易纠纷的解决方法有哪些?
2. 试述仲裁的含义及其作用。
3. 如何区分"根本性违约"和"非根本性违约"?
4. 如何理解不可抗力的含义及其法律后果? 处理不可抗力事件应注意哪些问题?

三、作业

试以纺织服装、轻工业品、日用品、五金等产品的出口为例拟订相应的索赔条款、仲裁条款和不可抗力条款。

四、案例分析

1. 2004 年 3 月 26 日,厦门某公司(买方)与瑞士米歇尔贸易公司(Mechel Trading AG)(卖方)签署一份钢材买卖合同。合同就法律适用规定:"与本合同相关的一切法律争议应当受 1980 年 4 月 11 日制定的《联合国国际货物销售合同公约》管辖并据以解释。上述公约未规定的事项,则应参照国际统一私法协会 1994 年颁布的《国际商事合同通则》。如上述公约及通则仍未有规定的,则应当根据国际惯例及出卖方主要营业地的法律进行管辖和解释。"合同仲裁条款规定:"与本合同相关或由本合同引起的任何争议应根据国际商会仲裁院仲裁规则,并由依据可从网址 www.iccwbo.org 获得的上述规则指定的一名或多名仲裁员进行最终裁决。仲裁地点为中国北京,仲裁语言为中文或英文。" 2004 年 9 月 14 日,买方向厦门市中级人民法院提出申请,认为合同中的仲裁条款无效。申请人认为,该仲裁条款约定仲裁地点为北京,依照最密切联系地的法律适用原则,本案争议应适用中国法律。根据我国仲裁法以及最高人民法院有关司法解释的规定,仲裁条款必须约定明确的仲裁机构,否则仲裁条款无效。被申请人则认为,该仲裁条款系依照国际商会仲裁院推荐的条款制作,该条款依照国际法和仲裁惯例都应当被认定为有效。即使依照中国法,该条款也应认定为有效。试对以上情况进行评析。

2. 中方某出口公司以 CIF 纽约条件与美国某公司订立了 200 套家具的出口合同,合同规定 2012 年 12 底交货。11 月底,出口企业发生雷击火灾,致使一半左右的出口家具烧毁。中方以发生不可抗力为由,要求免除交货责任。美方不同意,坚持我方按时交货。我方无奈经多方努力,于 2013 年 1 月底交货,美方要求索赔。试问:我方免除交货责任的要求是否合理? 美方的索赔是否合理? 为什么?

3. 某日本商人向中国出口化纤产品一批,CIF 天津价,合同中定有不可抗力条款。由于海湾事件,石油价格暴涨,日商成本增加了 20% ,日方以发生了不可抗力(战争)为由向中方提高出口价格,否则拒绝交货。应如何处理此事?

学习情境9　出口合同的履行

学习目标

1. 熟悉出口业务中合同履行的基本程序。

2. 熟悉和掌握出口合同履行过程中催证、审证和改证、报关、投保、装运、制单结汇、收汇核销、出口退税、归档的基本原则和基本内容。

3. 熟悉出口业务中合同履行的主要操作单据和结汇单据。

能力目标

1. 能够正确签订国内购货合同,完成申请出口许可证的手续。

2. 能够通过函电催证、正确审核信用证及修改信用证。

3. 能够熟练、正确地完成租船订舱、报验、投保、报关等各项操作。

4. 能够正确地缮制各种出口单据,并完成交单结汇手续。

任务1　出口合同的履行

任务引入

福建鼎与贸易公司与加拿大客户 FASHION FORCE CO. LTD 公司签订了一份产品出口合同。张浚跟随公司的外贸跟单员全程跟踪这笔出口业务的实际履行过程,希望通过这份合同的执行熟悉国际贸易出口业务的具体操作程序。

案例导读

【案情介绍】因一方根本违约导致合同解除

2018 年 12 月,我国甲公司与法国乙公司签订购买法国产某药品一批,总价款 10 万美元。谈判中,甲公司告知法国乙公司我国实行《药品进口管理办法》的要求。2019 年 1 月 5 日签订的合同规定该药品的生产厂为:T. Co.,原产地为法国。合同签订后,甲公司随即将乙公司提供的文件资料向国家药品监督管理局申请,并于 4 月 25 日取得了《进口药品注册证》。《进口药品注册证》注明的药品的生产厂为：T. Co.，原产地为法国，均符合合同条款。4月30日甲公司开出信用证。信用证规定了药品生产厂T. Co.，药品原产地法国以及唛头、单价、总价款和贸易术语。同时，甲公司向某口岸药品监督管理局申请办理了《进口药品通关单》。

2019年5月30日，货到目的港。经目的港海关查验，发现该批药品的生产厂名、标签、批号与《进口药品注册证》允许进口的药品完全不符。6月8日，目的港所在地的口岸药品监督管理局出具《进口药品检验报告书》，确认："本药品由于生产药厂名称与提供的进口药品注册证的生产药厂名称不符，不准进口。"

甲公司在接到上述书面文件后立即通知乙公司，要求更换货物。乙公司回函希望甲公司重新申请《进口药品注册证》。双方为此进行了多次协商，但时至7月底仍未有结果。于是甲公司不得不将货物退至法国马赛港，但乙公司拒绝收回该批货物，货物又被退运至中国天津港。由于双方的争议得不到解决，甲公司于2019年11月11日提起仲裁。甲公司称，乙公司的行为已经构成根本违约，要求解除合同，请求乙公司返还货款及利息、总货款价值10%的预期利润，承担退货运费、利息以及货在马赛港因乙公司无理拒收而发生的仓储保管费用等。乙公司辩称，其已经正确履行了合同，所交货物的实际品质与甲公司向中国国家药品监督管理局申报的样品的品质完全一致。在货物未能通关的情况下，甲公司不积极向食品药品监督管理局重新申请《进口药品注册证》，导致货物最终未能清关。乙公司要求甲公司承担自交货时至目前的利息和全部损失，要求甲公司接受货物，不同意承担甲公司提出的任何损失。

仲裁庭经审理后支持了甲公司的主张。

【案例评析】

本案涉及法国乙公司在合同的履行过程中是否存在根本违约的问题。根据《联合国国际货物销售合同公约》的有关规定，卖方支付的货物必须与合同所规定的数量、质量和规格相符，并须按照合同所规定的方式装箱或包装。本案的乙方要对未能按合同规定的生产厂名、标签与批号交付货物，而导致货物不能进口清关的根本性违约负全部赔偿责任。

知识链接

买卖双方经交易磋商签订了合同，只表示了双方的某种经济目的，而这种经济目的是通过执行合同来实现的。因此，合同的履行是整个交易中最重要的环节之一，其重要性不亚于交易磋商与合同的签订。

由于每笔交易在性质、特点上多少都有所不同，因此，出口合同的履行往往要经过不同的环节。在我国的出口业务中，最常见

备货

租船订舱

报检

报关

投保

装船

制单结汇

收汇核销

出口退税

索赔与理赔

图9.1　出口合同履行流程图

的就是以信用证为支付方式、以海运为运输方式的 CIF 与 CFR 合同。这类合同在执行时往往要经过备货、催证、审证、改证、租船订舱、报验、报关、保险、装船、制单结汇等诸多环节(如图9.1)。只有将这些环节联系紧密,才能避免有货无证、有证无货、有船无货、有货无船等各种问题,使出口企业在按合同规定出运货物、提供全套合格单据时,顺利从进口方取得货款,安全收汇。

出口合同履行的工作环节主要是货、证、船、单、款 5 大环节,即备货、催证、审证、改证、租船订舱和制单结汇。以 CIF 条件成交、信用证付款为例,其程序如图9.2 所示。

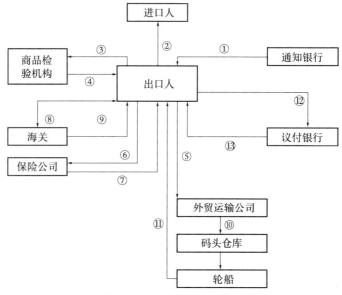

图9.2 出口合同履行程序图

说明:

①通知银行收到国外来证审查无误后交给出口人。

②出口人审查信用证发现与合同不符,要求修改信用证。

③出口人备货和向商品检验机构申请报检。

④商品检验局检验后出具商品检验证明书。

⑤出口人委托外贸运输公司租船订舱。

⑥出口人办理保险。

⑦保险公司出具保险单。

⑧出口人填写出口货物报关单,并提供装货单、商检证明书、出口许可证、合同副本等向海关申报。

⑨海关检验货、单、证无误,在装货单上盖章放行。

⑩海关放行后,外贸运输公司依据装货单向码头仓库进货或装船。

⑪装船后,船长或大副签发提单或将收据交给我进出口公司。

⑫出口人缮制提单、发票、汇票等连同商检证明书、保险单等单据交议付银行办理议付和结汇。

⑬议付银行收账后向出口人转账付款。

9.1.1 备 货

备货是指出口人根据合同规定的品质、规格、数量、包装等条件准备货物,以便按质、按量、按时地完成交货任务。

备货一般在合同签订后开始进行,外贸公司首先向生产或供货单位及仓储部门下达联系单(或加工通知单),安排生产,并要求按联系单的内容对货物进行加工、整理、刷制唛头,然后再由外贸公司对货物进行核实、验收,即便货物已提前验收入仓,也要按合同规定对其进行加工整理或更新包装并刷好唛头,这样才能使货物符合合同中规定的要求。

在出口备货时一般要注意以下几个问题:

①货物的品质、规格及花色搭配应与合同规定完全一致。

②备货的数量应比合同规定稍多一些,以便在装船发现货物短缺或损坏时能及时补充或更换,从而避免发生少装现象。

③应交货物的包装材料、包装方法等应尽量与合同规定一致。

④货物的唛头既要与合同或信用证中的规定完全一致,又要符合进口国的有关规定,防止因为包装不符合规定被海关扣留。同时,包装不良也可能拿不到清洁提单,会造成收汇困难。

⑤货物备妥时间应与信用证规定的装运期限相适应,尽可能做好船货衔接,以避免船等货或货等船的现象,从而节约各种费用。

9.1.2 报 验

《中华人民共和国进出口商品检验法》规定:一切进出口商品都必须经过检验。检验内容包括商品质量、重量、数量和包装。对外贸易合同有规定的,按合同规定检验;合同未规定或规定不明确的,按有关标准和规定检验。

凡属国家规定,或合同规定必须经国家出入境检验检疫局检验出证的出口商品,在备货完毕后应及时向国家出入境检验检疫局提出检验申请,未经检验或检验不合格的商品不发给检验证书,不得出口。

根据《中华人民共和国进出口商品检验法》的规定,下列商品在出口前,必须经当地商品检验机构或者国家商检部门指定的检验机构检验:

①列入国家商检部门公布的《商品检验机构实施检验的进出口商品种类表》内的出

口商品。

②其他法律、行政法规规定须经商品检验机构检验的出口商品。

③对外贸易合同(包括信用证、购买证)规定由商品检验机构检验的商品。

④对外贸易关系人需要商品检验机构检验的商品。

⑤输入国政府规定须经我国商品检验机构检验出证的商品。

上述出口商品未经商品检验机构或者国家商检部门指定的检验机构检验合格,一律不准出口。

办理申请出口商品检验的基本程序如下所述:

1)报验

具有该商品出口经营权的单位或受其委托的单位填写《出口商品检验申请单》,向当地商品检验机构申请报验。报验时,须随附下列单据或证件:

①出口货物明细单。

②出口货物报关单或其他供通关用的凭证,如《××商检局放行通知单》。

③对外贸易合同或售货确认书及有关函电、信用证(或购买证)。如信用证有修改的,要提供修改函电。

④凭样成交的,提供成交小样。

⑤经生产经营单位自行检验的,须加附厂检结果单或化验报告单,如同时申请重量鉴别的,须加附重量明细单(磅码单)。

2)检验

报验的出口商品,原则上由商品检验机构进行检验,或由国家商检部门指定的检验机构进行检验。商品检验机构也可视情况,根据生产单位检验或外贸部门验收的结果换证,也可派出人员与生产单位共同进行检验。检验的内容包括商品的质量、规格、数量、重量、包装以及是否符合安全、卫生要求。检验的依据是法律、行政法规规定有强制性标准或者其他必须执行的检验标准(如输入国政府法令、法规规定)或对外贸易合同约定的检验标准。

3)出证

出口商品经检验合格的,由商品检验机构签发《检验证书》,或在《出口货物报关单》上加盖检验印章。经检验不合格的,由商品检验机构签发《不合格通知单》。根据不合格的原因,商品检验机构可酌情同意申请人申请复验,复验原则上仅限一次,或由申请单位重新加工整理后申请复验。复验时,应随附加工整理情况报告和《不合格通知单》。经复验合格,商品检验机构签发《检验证书》,办理申请进出口商品免验放行程序。

向国家出入境检验检疫局提出报验申请要及时,以便给商品检验机构足够的检验时间。

应注意的是,如果出口企业未能在商检证书的有效期内将货物运出,应向国家出入境检验检疫局申请复验,复验合格,商品才能出口。

另外,对于出口量大、出口批次多的商品,出口企业可以在收到信用证前向国家出入境检验检疫局申请预检。若预检不合格,出口企业也有较充足的时间对货物重新加工整理,或重新寻找货源,进行备货。

9.1.3 催证、审证、改证

在出口合同中,买卖双方约定采用信用证支付货款时,一般都有催证、审证和改证等工作。这3项工作是互相联系的不同业务环节。出口企业只有做好催证、审证、改证工作,才能使合同得以顺利履行。

1)催证

在正常情况下无须催证,因为按合同规定及时开立信用征是买方的主要义务之一。一般情况下,买方应在货物装运期前15天将信用证开到卖方手中,有的生产周期长的产品如纺织品和服装类商品的信用证的开证时间则长达60天以上。如到目的港每月只有一次航班的地区,则更应该提早开证。但买方往往因市场行情变化或资金周转困难等原因而拖延开证,这可能会使出口方错过船期,不能按时履约。在这种情况下,出口方应以信函、电报、电传、传真等方式催请买方尽快开证,并在对方仍不开证时声明保留索赔权,或拒绝交货。

除这种情况外,出口方有时根据货源与船期情况希望提前将货物运出,这时也可以向买方说明情况,催请其提前开证。

2)审证

审证是指对国外进口人通过银行开来的信用证内容进行全面审查,以确定是否接受或需要做哪些修改。凡我们接受的信用证,必须符合我国的对外政策,有利于对外贸易的进行,并对安全收汇有保障。

凡是国外开来的信用证,由我银行和进出口公司共同审查。中国银行或国内其他经办外汇业务的银行重点审查与开证行是否有代理或其他业务往来关系,开证行的政治背景、资信、付款责任和索汇路线以及鉴别信用证真伪等。如经我银行审查无问题,即在信用证正本上面加盖"证实书"戳印后交给我进出口公司进行审查。

对信用证进行审核是银行和出口企业的共同责任,但它们在审证时各有侧重,大体是对政治性条款、政策性内容和商务方面的内容进行审核。

（1）银行审证

银行比出口企业更先收到信用证，它主要对信用证进行总的审核，其中包括以下几点：

①银行要检查开出信用证的国家或地区以及货运目的地是否与我国有往来关系，检查与我国有贸易协定的国家的来证在开证行、使用的货币、记账方式等方面是否符合协定中的有关规定。

②检查国外来证的印鉴或密押是否真实，从而判断信用证的真伪。

③审核信用证（主要是电开证）中是否带有"详情后告""邮寄证实书为有效文件"等限制条件，以确定信用证是否已生效。

④审查开证行的资信状况与经营作风，凡发现开证行资信不佳，经营作风不良，资力不足以负担信用证金额，或开证行所在国政治经济不稳定，则应要求开证行另外寻找一家可靠的银行对信用证加保兑，或在信用证中规定分批装运、分批收汇的办法。

⑤审查信用证对开证行付款责任的规定，特别要审查信用证中是否注明"可撤销"的字样。一般情况下，不应接受可撤销信用证。

此外，在银行审证时还要注意信用证中是否对通知行作了不合理的规定、信用证各条款间是否有矛盾之处、来证中是否有拼写错误。

（2）企业审证

银行在对信用证进行审核后，将其交给出口企业。出口企业既要对银行审核的内容进行复核，又要着重对信用证进行如下专项审核：

①审核信用证中对商品名称、质量、规格、数量、包装、唛头等的规定是否与合同条款相符。如果信用证中对此加列了某些特殊规定，要认真考虑我方能否接受。

②审核信用证中的货币与金额是否与合同规定相同。

③审核信用证对装运期、有效期、交单期、到期地点的规定。

装运期的规定应与合同规定相一致。若出口企业由于种种原因不能按时出运货物，应及时要求买方展期。若信用证中未规定装运期，则信用证的有效期即被视为装运期。

有效期是银行承担议付责任的有效时限，也是出口企业向银行交单议付的期限，信用证中必须对此作出明确规定。有效期与装运期之间应有一定的时间间隔，以使出口企业在出运货物、取得货运单据后有足够的时间制单、议付。如果遇到装运期与有效期相同的双到期情况，出口企业应在装运期内尽快完成装运工作，否则可能来不及在信用证有效期满前向银行交单。

信用证中有时还规定一个交单期。即出口人在货物装运完毕、取得货运单据后必须向银行交单的期限，以此督促卖方尽快交单，避免在目的港出现货到而单未到的情况。如果出口企业认为交单期太短，难以及时向银行交单议付，应立即向买方提出修改信用证。若信用证中没有规定交单期，根据《跟单信用证统一惯例》的规定，在不超出信用证有效期的条件下，出口方必须在提单日后 21 天之内交单。

　　在我国的出口业务中,一般不按受到期地点在国外某地的信用证,以避免因邮程中的延迟、遗失等意外情况,使单、证晚于信用证到期日到达到期地银行,影响出口企业的安全收汇。

　　④审查信用证对运输条款的规定。首先应审查来证对装运港(地)、目的港(地),以及对转运与分批装运的规定是否与合同相符。除非合同中有明确规定,出口方应要求信用证允许转运和分批装运,或对此不作禁止性规定。另外,还应审查来证对分批装运是否有特殊要求。例如,有的信用证在规定分批装运期限的同时,也规定了各批装运的具体数量。这时只要分批装运中有一项未能按时、按量运出,则信用证对该期及以后各期均告失效。如果出口企业对这些特殊要求没有十足把握,就应向对方提出修改要求。

　　⑤审查信用证中对投保险别、保险加成率、保险金额等内容的规定是否与合同规定相一致。

　　⑥审查信用证付款期限是否与合同相符。在远期付款条件下,要审查信用证是否对买方负担利息的条款作出了与合同一致的规定。在即期合同下,只要进口国贸易政策稳定,开证行资信可靠,我方一般也可以接受对方开来的假远期信用证。

　　⑦检查信用证中是否要求了合同规定以外的单据,是否对单据的内容提出了特殊要求。一旦发现我方不能同意的特殊要求,就应立即要求对方改证。

　　⑧审查信用证中是否规定有特殊条款。除非出口企业确有把握做到,我方一般不接受特殊条款中的各种规定。

　　以上是出口企业审证的一些要点。总的说来,在以合同为标准对信用证进行逐字审核时,只要发现我方不能接受的不符点,就要要求对方修改信用证。

3)改证

　　如上所述,若在审证时发现违背国家政策或出口企业无法办到、与合同规定不相符的内容时,出口方应立即要求对方向原开证行申请改证,并在收到由通知行转来的、由开证行开出的信用证修改通知书后,继续履行出口合同下的义务。

　　当信用证需要修改的地方不止一处时,出口方应尽量将修改要求一次提出,以节约时间与费用。对对方银行开来的修改通知,出口方只能选择全都接受或全部拒绝,不能接受其中的一部分内容而拒绝另一部分内容。因此,一旦出口企业发现修改通知中仍有不能接受的内容,就要拒绝其全部内容,同时要求再次修改。银行在3个工作日内未收到拒绝通知书,则视为受益人已默认接受。

改证的原则：

对于审证后发现的信用证问题条款，受益人应遵循"利己不损人"的原则进行。即受益人改证既不影响开证申请人的正常利益，又维护自己的合法利益。具体来讲，有5种常见的处理原则。

①对我方有利又不影响对方利益的问题条款，一般不改。

②对我方有利但会严重影响对方利益的问题条款，一定要改。

③对我方不利但在不增加或基本不增加成本的情况下可以完成的问题条款，可以不改。

④对我方不利又要在增加较大成本的情况下才可以完成的问题条款，若对方愿意承担成本，则可以不改，否则必须改。

⑤对我方不利，若不改会严重影响安全收汇的问题条款，则坚决要改。

9.1.4 租船订舱、投保、报关和装运

1）租船订舱和装船

在出口业务中，除了成交数量较大的货物需要整船装运而由中国对外贸易运输公司（简称外运公司）办理租船手续外，其余成交数量不大的货物都由外运公司负责订舱运输，班轮订舱业务程序如下：

①外运公司每月编印出口船期表分发各进出口公司。船期表内列明航线、船名、国籍、抵港日期、截止收单期、预计装运日期和停挂港口的名称等项内容，供各进出口公司委托订舱时参考。

②各进出口公司在货物备妥和收到信用证之后，即可办理委托订舱手续。根据信用证和合同的有关运输条款，将货物名称、件数、毛重、尺码、目的港、装运日期等填写托运单，作为订舱依据，在截至收单期以前送交外运公司。

③外运公司在收到托运单后，会同中国外轮代理公司（简称"外代"），根据配载原则、货物性质、货物数量、装运港和目的港等情况，结合船期，安排船只和舱位。然后，由外代据以签发装货单（Shipping Order，简称 S/O）作为通知船方收货装运的凭证。

④外运公司根据船期代各进出口公司向码头仓库进货等待船只到港。

⑤预订的船只到港后，外运公司代各进出口公司从仓库将货运至船边，经海关查验放行后，凭装货单装船。

⑥装船完毕，由船长或大副签发大副收据（Mate's Receipt），载明收到货物详细情况。托运人凭大副收据，向外轮代理公司交付运费和换取正式提单。现在各进出口公司

的做法是依据大副收据所载的内容缮制提单,然后到外代盖章交付运费。

虽然租船订舱工作由外运公司办理,但各进出口公司仍须注意船期、航线和运费等问题,应与外运公司经常联系,密切配合,以保证按时装运,并注意节省运费支出。对于特殊货物,如需冷藏、通风、原油和天然气等的配载应尽早通知外运公司,以便及时做好订舱位或船舶的准备工作。

2)投保

由于各国不同的文化语言环境、风俗习惯、政治法律和经济政策、激烈的国际竞争环境、不同的科学技术环境、不同的货币、度量衡、海关制度、复杂的交接货物手续、收付货款、洽谈交易条件、复杂的自然资源环境、不同的地理和基础设施,给国际货物买卖带来了信用风险、商业风险、汇率风险、运输风险、价格风险、政治风险,尤其是货物的运输风险,因此,出口企业要在货物装运前,根据合同与信用证的有关规定向保险公司提交投保单,说明货物名称、保险金额、投保险别、载货船名、航线、开航日期等内容,办理保险手续,缴纳保险费,取得信用证规定的保险单据。注意防止多保、漏保或错保,以免造成不符点结汇,影响结汇工作的顺利进行。

在以 FOB 和 CFR 价格条件成交时,由买方办理投保,但是,货物在装运港装船前这一段的保险仍需要买方自行安排。一般可以加保"仓至船险(Before Loading Risk)",或者要求买方在其办理进口保险时,加保"装船前的托运人受益险"。

出口货物保险一般采取"仓至仓条款"承保,即以 CIF/CIP 条件成交时,卖方应根据合同或者信用证的规定,在备妥货物、订妥舱位、确定运输工具和装运日期后,在货物运离装运地仓库进入码头准备装船前,即应按规定的保险险别和保险金额向保险公司逐笔、及时办理货物运输保险事宜。

投保时,应填制投保单和支付保险费(保险费=保险金额×保险费率),并随附商业发票,保险公司凭以出具保险单。

实际业务中,一些和外贸公司长期合作的保险公司,有时只需外贸公司提供商业发票,甚至可以不填制投保单,直接凭商业发票出具保险单。

3)报关

出口货物装运出口前必须向海关申报,未经海关查验的货物,一律不得擅自装运出口。

出口企业在货物装运前必须填写出口货物报关单,提供出口许可证、商检证书、装货单、发票、装箱单或重量单等必要证件及单据向海关申报出口,并按规定缴纳出口关税。海关对货物与单证检验合格后,将在装货单上加盖放行章,这时船方才能将货物装船。

报关必须由具有报关资格的报关员进行。出口企业既可以自行办理报关手续,也可以委托专业的报关经纪行或外运公司代办出口报关。

4)发出装船通知

在货物装船后,应在信用证规定的时间内,一般用电讯方式按信用证规定的内容向买方发出装船通知。有的要求以信函形式通知买方,以便买方了解装运情况,做好进口接货和办理进口手续的准备。特别是按 CFR 贸易术语成交的出口合同,由买方办理保险。我们应及时向买方发出装船通知,以便对方能按时办理投保。否则,由于我方未及时或未发出装船通知,对方未能办理保险,如货物在运输过程中遭受损失,应由我方承担责任。装船通知的内容一般包括信用证号、合同号、货物名称、数量、毛重、尺码、净重、总值、船名、提单日期、提单号等。

出口企业在货物装船后应向对方发出通知,以便其作好收货准备。在 CFR 合同下,由于保险由买方办理,因此,装船通知显得尤为重要。如果出口方没有及时发出通知,买方就不能及时办理保险,出口方要对因此而给买方造成的损失承担责任。

9.1.5 制单结汇

货物装运后,出口企业应立即按照信用证的规定,正确缮制单据,并在信用证规定的交单到期日或以前,将各种单据和必要的凭证送交指定的银行办理付款、承兑或议付手续,并在收到货款后向银行进行结汇。

出口企业在缮制单据时,应做到单单一致(单据与单据)、单证一致(单据与信用证)、单货一致(单据与货物)、单据与合同一致,尽量减少银行拒付的风险。同时,要求在制单时做到正确、完整、及时、简明、整洁,杜绝不符点出单。由于制单工作是一项既复杂又烦琐的工作,在国际上,正在研究向简化的方向发展。国际商会第 500 号出版物第 20 条 B 款规定,除非信用证另有规定,银行将接受下述方法制作或看来是按其方法制作的单据作为正本单据:影印,自动或电脑处理,复写。但该单据须注明为正本,必要时并经证实有效。

现代国际贸易绝大部分采用凭单交货、凭单付款的方式。因此,在出口业务中做好单据工作,对及时安全收汇有特别重要的意义。在信用证业务中,银行只凭信用证,不管合同,只凭单据,不管货物,因此对单据的要求就更加严格。

对于结汇单据,要求做到:正确、完整、及时、简明、整洁。

1)我国出口结汇的方法

我国的出口结汇主要有 4 种方法,即出口押汇、收妥结汇、定期结汇与票据贴现。

①出口押汇,又称买单结汇,就是对信用证的议付。议付行审单无误后,买入出口企业提交的全套单据,从票面金额中扣除从议付日到收到票款日之间的利息及手续费,将余额按当日外汇牌价折算成人民币,垫付给出口企业。若日后议付行遭拒付,它可以处理货运单据,或向出口企业追索票款。这种结汇方式实际上是银行对出口企业的资金融通。

②收妥结汇,是指国内银行在审单无误后,将全套单据寄交信用证指定的付款行,待收到对方付款后,再对出口企业付款。在这种做法下,银行不承担风险,不垫付资金,但出口企业的收汇较慢。

③定期结汇,是国内银行根据对外索汇函/电往返所需要的时间与对方银行正常的审单付款时间,预先分别确定不同地区的结汇期限,待期满时主动将票款付给出口企业。

④票据贴现,信用证项下远期汇票的出口地银行为付款行的情况不多,只有在上述情况下,受益人才能要求出口地银行做贴现。因此,在信用证业务中,做贴现融资的可能性不大。目前只对托收项下的由进口人承兑的汇票办理远期汇票贴现业务。

2)信用证结算方式对各种单据的要求

在信用证方式下,出口结汇的关键是出口企业提交的各种单据必须与信用证的规定一致,单据之间也不得有矛盾之处,这就是银行审单时所遵循的单证严格相符原则。由于银行可以以任何不符点为借口拒绝付款,因此出口企业在缮制单据时必须使单据的种类、内容、份数、交单期等方面都符合信用证的规定,做到正确、完整、及时、简明、整洁。

为了避免这种不符点交单给出口企业带来的风险,在信用证方式下制单时,企业一定要注意不同单据的不同要求及不同特点。常用的单据主要有汇票、发票、货运单据、保险单、商检证书、装箱单或重量单、产地证明等,现在仅对几种主要单据缮制要点及注意事项作扼要介绍。

(1)汇票

汇票,在信用证方式下,出口企业缮制、提交汇票时应注意以下问题:

①汇票的出票人与信用证的受益人应为同一人。

②汇票的付款人应按信用证规定填写,若信用证未作规定,通常以开证行作为付款人。

③如果信用证未对汇票收款人作出规定,一般应将汇票的收款人做成"凭指示"抬头。另外也可以以议付行作为汇票的收款人,或将出口企业自己作为汇票收款人,在向银行交单议付时,再以记名背书方式将汇票转让给议付行。

④汇票的出票日即信用证的议付日,它应在信用证的有效期内、最迟交单日前。

⑤汇票的付款期限要符合信用证的规定。

⑥汇票的货币币种应符合信用证规定,同时,除非信用证中另有约定,汇票金额一般与发票金额相等,即使两者不等,汇票金额也不能超过信用证金额。

⑦汇票的出票条款要按信用证规定的写法填写,若信用证未作规定,则应在此栏注明开证行名称与地址、开证日期及信用证号码等内容。

⑧汇票的编号一般应与发票号码一致。

（2）商业发票

商业发票通常被简称为发票，它是国际贸易中的主要单据之一，是卖方向买方开立的发货清单。它既是买卖双方交接、检查货物的依据，也是进出口双方报关纳税的依据；在卖方不对买方开出汇票时，还要代替汇票作为买方付款的依据。

商业发票的主要内容包括发票号码、开立人名称与地址、开立日期、合同号码、收货人名称、装运工具及运输起讫地点、付款条件、唛头、品名、规格、数量、包装、单价、总价等。

在缮制商业发票时，应注意以下事项：

①发票开立日期不能迟于信用证的有效期。

②发票必须由合同中的出口方开立。如果发票上没有事先印定的出口方公司名称，就要在发票的右下角加盖公司印章，除非信用证中特别规定，发票一般无须签名。

③发票抬头人就是收货人，应按信用证的规定填写。若信用证未作规定，应以合同中的进口商（信用证的开证申请人）为抬头人。

④如果需要在发票中列出载货船舶的名称，则一定要与提单上的记载相一致。

⑤发票是信用证下全套单据的核心，对商品名称、规格、数量、包装、唛头、有关港口的规定必须与信用证中的要求完全一致，同时也不能与其他单据中的有关内容相抵触。

⑥发票上必须列明交易所采用的价格术语，并要与信用证中的规定一致。发票上还要照录信用证上有关佣金、折扣等的规定。

⑦发票金额通常不能超过信用证金额，除非信用证中规定买方要在信用证下支付贸易中发生的某些费用。有些银行也接受因列有各种费用而超过信用证金额的发票，但出口企业应注明这些费用按托收处理。

⑧有些来证中要求出口方在发票上加注一些特别的证实或说明性文句，如"证明所列内容真实无误"等，只要不违反国家的政策、法规，出口企业可以照办。

（3）提单

海运是国际贸易中常见的运输方式。海运提单往往代表了货物的所有权，是进出口业务中最重要的单据。在制单时应注意以下几点：

①提单签发日期一般就是货物的装运日期，它不能晚于信用证规定的最迟装船期。

②信用证大多要求卖方提交清洁的已装船提单。除非信用证中另有约定，银行不接受租船合约下的提单、以运输行自己名义发出的提单、货装舱面提单。

③提单的托运人一般就是信用证的受益人，但除非信用证明确禁止，银行不得拒绝以与交易无关的第三者为托运人的提单。

④提单的收货人应按信用证的规定填写。信用证下最常见的是空白抬头、空白背书提单，在收货人一栏中写明"凭指定"字样，由发货人在提单背面签字，就可以将提单转让出去。

⑤如果信用证规定了提单的通知人，提单上应照录；若信用证未作规定，提单上不必填写。

⑥提单上的装运港、最终目的港应与信用证的规定相同，目的港还应与唛头上的内

容一致。应注意的是,在有转船发生时,卸货港一栏应填写转船港而非最终目的港。

⑦提单上船名应照实填写,如果货物经水路运至香港转船,则应注明两程船名。

⑧提单上应按信用证中的规定记载运费是否已支付,但除非信用证另有规定,提单上不必列出运费金额。

⑨提单上有关货物的各种内容应以发票为准,但商品名称可以使用统称,只是不得与信用证的规定相抵触。

⑩提单上应注明承运人名称,并由承运人或船长或他们各自的指名代理人签署。

⑪提单上应注明正本提单的份数,并在议付时向银行提供全套正本提单。

以上内容只适用于港至港海运中的提单。在国际贸易中,若采用其他运输方式,则需缮制其他种类的运输单据。

(4)保险单

在 CIF 出口合同下,出口方负责办理保险并从保险公司取得保险单据。出口企业在议付时向银行提交的保险单应符合以下条件:

①在保险人一栏内应填写承保的保险公司的名称,而不能填写保险代理或保险经纪人。

②被保险人应按信用证中的规定填写。它通常被规定为信用证的受益人,在其向银行交单议付时要对保险单进行空白背书,以便转让。

③保险险别应与信用证规定一致。

④投保所用货币应与信用证的规定相符,保险金额则按信用证规定的最低保险金额填写。若信用证未规定最低保额,一般以 CIF 或 CIP 价格的 110% 为最低保险金额。

⑤有关货物的内容应与发票一致。货物的名称可以使用统称,但应与提单、产地证书等单据上的记载一致。

⑥保险单的装运日期前可以加"大约"字样,装运港、目的港应与提单记载相同。如果运输中需要转船,则在目的港后面注明转船;若货到目的港后需转运至内陆某地,应在目的港后注明"转运至某地"。

⑦除非信用证另有约定,进口商所在地就是赔款偿付地点。如果信用证规定以汇票货币赔偿,保险单中也需要注明。

⑧保险单的签发日期不得晚于提单签发日期,否则银行会拒绝接受。

⑨注意保险单的种类,出口方可以以保险单代替信用证要求的保险凭证,但却不能以保险凭证代替信用证规定的保险单。

(5)海关发票

海关发票又被称为"价值和原产地联合证明书"或"根据××国海关法令的证实发票",是某些进口国海关规定的有固定格式和内容的发票。它由出口人填写,由进口人在报关时提交给进口国海关,其中心内容是对进口货物原产地及详细的价格构成的说明。

海关发票使进口国海关得以根据进口货物的原产地及其在出口国国内市场的价格对其估价定税,并判断是否应对其征收差别待遇关税。它还便于海关核定该货物是否属于低价倾销、是否应对其征收反倾销税。填写海关发票时应注意：

①各个国家或地区的海关发票都有其特有的固定格式,而且经常变化。我们既不能混用,也不能使用已过时的发票格式。

②凡是在商业发票上已有记载的项目,在海关发票上都必须与商业发票保持一致,不能相互矛盾。

③"现时出口国国内市场价值"或"公平市场价值"是海关判断是否对货物征收反倾销税的重要依据,若该栏所填价值高于货物的 FOB 价,一般即可认为存在倾销现象,应对货物征收反倾销税。由于本栏中的价值以出口国货币表示,因此还要在此记载有关的外汇汇价。

④以 CIF 或 CIP 价格成交时,要详细说明货物的 FOB 价、海洋运费、保险费、包装费、内陆转运费等各项内容,其总和应等于 CIF 或 CIP 价的总值。

⑤海关发票的签字人与证明人都必须以个人名义手签,同时,证明人不能是其他单据上的签名人。

9.1.6　出口收汇核销和出口退税

1)出口收汇核销

出口收汇核销是指企业在货物出口后的一定期限内向当地外管部门办理收汇核销手续,证实该笔出口货款已经收回或按规定使用的一项外汇业务,是国家授权各级外管部门对境内出口企业出口贸易项下的一切外汇,实行跟踪管理和监管的一项管理制度。它对于加强出口外汇管理,保证国家外汇收入,防止外流流失具有重要的意义。我国是实行外汇管制的国家,对出口外汇的管理是贸易外汇管理甚至整个外汇管理的基础。从1991 年 1 月 1 日起,外汇管理部门对所有出口实行外汇核销制度。从 2003 年 10 月起执行的国家外管局于当年 8 月份公布的新的《出口收汇核销管理办法》《出口收汇核销管理办法实施细则》和操作规程是实行出口收汇核销制度的法律依据。

（1）出口收汇核销程序

①有出口收汇货物的单位,应该到当地外汇管理部门申领经过外汇管理部门加盖"监督收汇"章的出口收汇核销单。

②货物出口时,将出口收汇核销单与其他所需要的报关单据一起向海关申报。货物放行大约 1 周时间,出口人将海关签章后退回的出口收汇核销单、报关单以及其他有关单据取回留存,准备收汇核销时使用。

③银行收到外汇货款以后,按照国家有关外汇管理的规定,将外汇货款按照当天的外汇牌价代替国际出口人买入收到的外汇货款,同时,将相应金额的人民币打入出口人账户,并且以水单的形式通知出口人。

④出口人应该在一定时间期限内,凭银行签章的出口收汇核销单、出口报关单、外汇水单等单证到外汇管理部门进行出口收汇核销工作。外汇管理部门通过对报关网络记录、报关单证的检查核对后,认为该笔业务出口、收汇等事宜属实后,便同意出口人的外汇核销,即认定该笔出口业务已经完成。

（2）核销的范围与期限

核销的范围是一切出口贸易方式项下的收汇,即一般贸易项下的货物出口收汇和加工贸易、补偿贸易、易货贸易、寄售等项下的出口收汇。

货物出口后,不迟于预计收汇日期起 30 天内,持结汇水单或贷记通知以及有关证明文件,到当地外管局办理核销手续。对预计收汇日期超过报关日期 180 天以上（含 180天）的远期收汇,出口企业应在报关后 60 天内到外管局办理远期收汇备案。

（3）使用出口收汇核销单的注意事项

报关时,出口单位必须向海关出示有关核销单,凭有核销单编号的报关单办理报关手续。货物报关后,海关在核销单和有核销单编号的报关单上加盖"放行"章。可见,海关是出口核销工作的关键。

出口单位自营出口,自行签订出口合同并自行收汇,而且有报关权并自行报关的,应使用自己的核销单。

委托报关的,报关时都应使用委托单位的核销单。报关后,代理报关的单位须将核销单、报关单等文件及时退给委托单位,并由委托单位按规定向当地外管部门办理核销。

委托其他出口单位出口并代理报关,以代理出口单位名义签订出口合同并负责收汇的,应使用代理出口单位的核销单。代理出口单位须在核销单存根上的出口单位备注栏内注明代理情况,并说明委托出口单位的名称、地址、联系电话并加盖代理单位公章。

两个或两个以上出口单位联合出口时,须在直接收汇的出口单位使用该单位的核销单报关,并由报关单位在核销单和存根的"出口单位备注栏"内注明各联合出口单位的名称、地址、出口金额并加盖报关单位公章。

2）出口退税

税务机关将已经报关出口离境的产品在其出口前在生产和流通环节中已征收的中间税款返回给出口企业的行为,称为出口退税。出口退税是我国为鼓励出口,使产品以不含税的价格进入国际市场,提高出口产品在国际市场上的竞争力的一项政策制度。国家采用补贴的最基本的形式就是生产补贴和出口补贴。政府减免退税就是出口补贴的形式之一,我国执行出口退税管理和出口收汇核销管理挂钩的办法。出口退税的基本原则是:"征多少,退多少,不征不退和彻底退税。"出口单位申请出口退税时应向国家税务机关提供原始单据,经税务机关审核无误后,才能办理出口退税。

（1）出口退税的一般程序

①办理出口退税登记。

企业在取得有关部门批准其经营出口产品业务的文件和工商行政管理部门核发的工商登记证明后,应于 30 日内到当地主管退税业务的税务机关办理退税登记,领取《出口企业退税登记表》。企业领到《出口企业退税登记表》后,即按登记表及有关要求填写,加盖企业公章和有关人员印章后,连同出口产品经营权批准文件、工商登记证明等证明资料一起报送税务机关。税务机关经审核无误后,即受理登记,核发给企业《出口退税登记证》。

②出口退税申报。

核对海关电子信息。出口企业收到海关签退的出口货物报关单后,通过"电子口岸"核对海关报关单电子信息。

备妥出口退税单证。出口企业根据内部业务分工,协调各部门备妥相关单证,并指令专人进行单证的审核,发现问题及时处理。

出口货物退税申报。企业确定出口货物的申报日期以报关单右下角海关签发的验讫放行日期为准。出口企业必须在装载出口货物的运输工具办结海关手续之日起15日内办理出口退税手续。

③定期审核、审批出口退税。

主管出口退税的部门收到经商务主管部门稽核的退税申请资料后,安排退税资金,根据审核结果将出口退税资金划转给出口企业。

9.1.7 索赔与理赔

在出口合同的执行过程中,若进口商未履行合同规定的各项义务,使出口企业遭受损失,则出口企业可据此向对方提出索赔,并合理确定索赔金额。

在国际贸易中,遭受损害的一方在争议发生后,向违约的一方提出赔偿的要求,违约方应对受损害方的索赔要求进行理赔。

(出口)现以海运出口单证工作流程为例,简述示意图如图9.3所示。

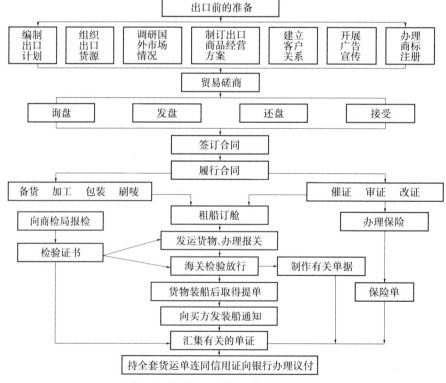

图9.3 海运出口单证工作程序示意图

操作示范

第一步：鼎与贸易公司备货

加拿大客户 F. F. 公司与鼎与贸易公司是合作多年的业务伙伴。2018 年 12 月经过多次交易磋商，合同双方就女式全棉上衣各项交易条件达成一致意见，确认成交，随后双方签订了销售合同。收到信用证后，鼎与公司按照合同规定的商品品质、规格、数量、包装等条件，根据"联合国国际贸易商品标准分类"的分类标准，填写出口商品明细单，准备好货物，以便按质、按量、按时地完成交货任务。

出口商品明细单

出口商品明细			银行编号		外运编号	
			核销单号		许可证号	
经营单位（装船人）			合同号			
			信用证号			
			开证日期		收到日期	
提单或承运收据	抬头人		金额		收汇方式	
			货物性质		贸易国别	
	通知人		出口口岸		目的港	
			可否转运		可否分批	
	运费		装运期限		有效期限	
标记唛头货名规格及货号		件数	毛重	净重	价格(成交条件)	单价
本公司注意事项			总体积			
			保险单	险别		
				保额		
				赔款地点		
外运外轮注意事项			船名			
			海关编号			
			放行日期			
			制单员			

第二步：鼎与贸易公司商品检验

由于鼎与贸易公司出口的全棉女式上衣属于法定检验的商品范围(《种类表》商品范畴)，在商品报关时，报关单上必须有商品检验机构的检验放行章方可报关。因此，2019年 3 月 9 日鼎与贸易公司寄出商业发票、装箱单、报检委托书，委托服装加工厂向当地商检局申请出口检验。

申请出口商品检验时,工厂必须填写出口商品检验申请单,并随附报检委托书、外销合同、信用证复印件、商业发票、装箱单、纸箱证等单据。

3月13日,此批货物经检验合格,福州商检局出具换证凭单给工厂。当天,工厂将换证凭单寄给鼎与贸易公司指定的天津货运公司用于报关。

报检委托书

出入境检验检疫局:

　　本委托人声明,保证遵守《中华人民共和国进出口商品检验法》《中华人民共和国进出境动植物检疫法》《中华人民共和国国境卫生检疫法》《中华人民共和国食品卫生检疫法》等有关法律、法规的规定和检验检疫机构制定的各项规章制度。如有违法行为,自愿接受检验检疫机构的处罚并承担法律责任。

　　本委托人所委托受委托人向检验检疫机构提交的"报检单"和随附各种单据所列内容是真实有效的。具体委托情况如下:

　　本单位将于＿＿＿＿年＿＿＿＿月间进口/出口如下货物:

　　品　　名:　　　　　　　　　　信用证号:

　　数(重)量:　　　　　　　　　提单号:

　　合同号:　　　　　　　　　　船名/航次:

　　特委托＿＿＿＿＿＿＿＿＿＿＿＿(地址:＿＿＿＿＿＿＿＿＿＿＿＿),代表本公司办理所有检验检疫事宜,其间产生的一切相关的法律责任由本公司承担。请贵局按有关法律规定予以办理。

　　委托方名称:

　　单位地址:

　　邮政编码:

　　法人代表:

　　联系电话:

　　企业性质:

　　　　　　　　　　　　委托方印章:

　　　　　　　　　　　　　　　　　　　　　年　　月　　日

　　本委托书有效期至　　　　年　　月　　日

第三步:鼎与贸易公司落实信用证

2019年1月31日,中国银行福州市分行通知鼎与贸易公司收到F. F.公司通过BNP PARIBAS(CANADA) MONTREAL银行开来的编号为63211020049的信用证电开本。

收到信用证后,2019年2月1日,鼎与贸易公司立即从服装加工厂进货。2019年3月9日,服装送到鼎与贸易公司。

CABLE：

TELEX：　　　　　　　　信用证通知书

SWIFT：　　　　　　NOTIFICATION OF DOCUMENTARY CREDIT

FAX：　　　　　　　　　　　　　　　　　　　　DATE：

TO 受益人	WHEN CORRESPONDING PLEASE QUOTE OUR REF. NO.	SG1020
Issuing Bank 开证行	Transmitted to us through 转递行	
L/C NO.信用证号　　　DATED 开证日期	Amount 金额	

Dear sirs,

We have pleasure in advising you that we have received from the a/m bank a(n)

兹通知贵司，我行收自上述银行

（　）pre-advising of　　　预先通知　　　（　）mail confirmation of　　证实书

（　）telex issuing　　　电传开立　　　（　）ineffective　　　　　未生效

（√）original　　　　　正　　本　　　（　）duplicate　　　　　副　本

Letter of Credit, contents of which are as per attached sheet(s).

This advice and the attached sheet(s) must accompany the relative documents when presented for negotiation. 信用证一份，现随附通知。贵公司交单时，请将本通知书及信用证一并提示。

（√）Please not that this advice does not constitute our confirmation of the above L/C nor does it convey any engagement or obligation on our part. 本通知书不构成我行对此信用证之保兑及其他任何责任。

（　）Please note that we have added our confirmation to the above L/C, negotiation is restricted to ourselves only. 上述信用证已由我行加具保兑，并限向我行交单。

Remarks：备注：

This L/C consists of ＿＿＿four＿＿＿ sheet(s), including the covering letter and attachment(s).

BANK OF CHINA

If you find any terms and conditions in the L/C which you are unable to comply with and or any error(s), it is suggested that you contact applicant directly for necessary amendment(s) of as to avoid any difficulties which may arise when documents are presented.

　　如本信用证中有无法办到的条款及/或错误，请经与开证申请人联系进行必要的修改，以排除交单时可能发生的问题。

福州市分行
信　用　证
通知章

第四步:鼎与贸易公司租船订舱,准备全套报关单据

本批出口商品系采用集装箱班轮运输,故在落实信用证及备货时,鼎与贸易公司即向中国远洋运输总公司(简称"中远")联系,并提供相关单据。中远确认配船和费用后,传真送货通知给鼎与贸易公司,要求鼎与贸易公司于 3 月 16 日中午前将货物运至指定仓库。

鼎与贸易公司在报关前,先向上海海关进行核销单的口岸备案,并如实向海关申报成交方式(CIF),按成交方式申报成交总价、运费等,以后外汇局即根据实际成交方式及成交总价办理收汇核销手续。报关时填写中华人民共和国海关出口货物报关单(白色的报关联和黄色的出口退税联),并随附报关委托书、商业发票、装箱单、出口收汇核销单、出境货物通关单、输加拿大纺织品出口许可证等单证向海关报关,海关依此份报关单验货,并退回已盖章的核销单和两份报关单。报关通过后,安排集装箱拖货至船公司指定的码头。

报关委托书

第_____号

根据海关法的有关规定,_____公司(海关编码_____)特委托_____向_____海关办理下列货物的进/出口(手册号及合同号:_____)A.申报和查验 B.缴纳税款 C.退税 D.申领《登记手册》 E.申领减免税证明 F.核销

货　名	规　格	重　量	件　数	价　格

第三联:海关留存

申明:委托人和受托人保证严格遵守海关法的有关规定,履行各自的义务,并承担相应的法律责任。

委托人_____(公章)　　　　　　　受托人_____(公章)

(法人代表章)　　　　　　　　　　(法人代表章)

　或签名　　　　　　　　　　　　　或签名

(经办人章)　　　　　　　　　　　(经办人章)

　或签名　　　　　　　　　　　　　或签名

　　　　年　月　日　　　　　　　　　　年　月　日

第五步:鼎与贸易公司投保

由于是按 CIF 条件成交,保险由鼎与贸易公司办理。因此,2019 年 3 月 16 日,鼎与贸易公司按约定的保险险别和保险金额,向保险公司投保。

保险单示例

保险单

中国人民保险公司

The People's Insurance Company of China

总公司设于北京　　　　　　　　　1949 年创立

HEAD OFFICE:BEIJING　　　　　　ESTABLISHED IN 1949

发票号码　　　　　　　　　保险单　　　　　　　　保险单号

Interies No.　　　　　　INSURANCE POLICY　　　　Policy No.

中国人民保险公司(以下简称本公司)

This policy of Insurance witnesses(that The People's Insurance company of China called "The　Company")

　　根据＿＿＿＿＿＿＿＿＿＿＿(以下简称被保险人的要求,由被保险人向本公司缴付约定的保险费,按照本保险单承保险别和背面所载条款与下述特款承保下述货物运输保险,特立本保险单。)

　　At the request of＿＿＿＿＿＿＿＿＿(Here in first called the "Insured"), and in consideration of the agreed premium paying to the company by the insured, undertakes to insure the undermentioned goods in transportation subject to the conditions of the policy as per the Clauses printed overleaf and other special clauses attached hereon.

标记　　　　　　　包装及数量　　　　保险货物项目　　　　保险金额

Marks & Notes　　Quantity　　　　Description of goods　　Amount insured

As per Invoice No.

总保险金额

(Total Amount Insured)＿＿＿＿＿＿＿＿＿＿＿＿＿＿＿＿＿＿＿

保费费率装载运输工具

Premium＿＿＿＿＿＿Rate＿＿＿＿＿＿Per conveyance S. S＿＿＿＿＿＿

开行日期＿＿＿＿＿＿从＿＿＿＿＿至＿＿＿＿＿

Sig. On　of　abt＿＿＿＿＿＿From＿＿＿＿＿＿to＿＿＿＿＿＿

承保险别

Conditions.

　　所保货物,如遇出险,本公司凭本保险单及其他有关证件给付赔款。所保货物,如发生本保险单项下负责赔偿的损失或事故,应立即通知本公司下述代理人查勘。

　　Claims, if any, payable on surrender of this Policy together with other relevant documents. In the event of accident where by loss or damage may result in a claim under this Policy immediate notice applying for Surbey must be given to the company's Agent as mentioned hereunder.

赔款偿付地点＿＿＿＿＿＿＿＿＿＿＿＿＿＿＿＿＿

Claim payable at＿＿＿＿＿＿＿＿＿＿＿＿＿＿＿

日期＿＿＿＿＿＿上海

Date＿＿＿＿＿＿Shanghai

地址:中国上海中山东一路23 号　　　　　中国人民保险公司上海分公司

Address：23 Zhongshan Dong Yi Lu Shanghai，China　　THE SHANGHAI BRANCH

Cable：42001 Shanghai　　　　　　　　　　　　　　　PEOPLE'S INSURANCE CO. OF CHINA

TEL：3234305 3217466-44

Telex：33128 PICCS CN.　　　　　　　　　　　　　　General Manager

第六步：鼎与贸易公司装运货物

2019 年 3 月 12 日，中远接受鼎与贸易公司的订舱委托，根据鼎与贸易公司提供的出口货物明细单缮制集装箱货物托运单，外运机构向船公司订舱配载。该托运单一式数联，分别用于货主留底、船代留底、运费通知、装货单、缴纳出口货物港务费申请书、场站收据、货代留底、配舱回单、场站收据副本（大副联）等。其中，比较重要的单据有装货单（Shipping Order，S/O）和场站收据副本（Mate's Receipt，M/R）。

3 月 19 日，货物离港前，中远传真海运提单给鼎与贸易公司确认。

3 月 20 日，在确定货物安全离港后，鼎与贸易公司传真装运通知给 F. F. 公司。

3 月 22 日，鼎与贸易公司将海运提单复印件、输加拿大纺织品出口许可证（正本）、商业发票、装箱单、加拿大海关发票、普惠制产地证用 DHL 寄给 F. F. 公司供其作进口清关用，同时将 DHL 回执留存准备缮制议付单据。

装箱单示例

PACKING LIST

TO：

FROM：　　　　　　　　　　　　　TO：

S/C NO. ：　　　　　　　　　　　　INV. NO. ：

Letter of Credit No. ：　　　　　　　Date ：

Shipping Marks：

Description of Goods	QTY（SET）	Package	N. W.（KGS）	G. W.（KGS）	Meas（CBM）
Total：					

海运提单示例

海运提单 **BILL OF LADING**			
		B/L No.:	
托运人 Shipper	CHINA OCEAN SHIPPING COMPANY		
收货人或指示 Consignee			
通知地址 Notify Party			
前段运输 Pre Carriage by	收货地点 Place of Receipt		
卸货港 Port of Discharge	交货地点 Final Destination	运费支付地 Freight payable at	正本提单份数 Number Original Bs/L

标志和号码 Marks and No.s	件数和包装种类 No. and kind of packages; Description	毛重(千克) Gross weight	尺码(立方米) Measurement m³
以上细目由托运人提供(ABOVE PARTICULARS FURNISHED BY SHIPPER) TOTAL PACKAGES(IN WORDS) 运费和费用 Freight and charges 　　　　　　　　　　　签单地点和日期 　　　　　　　　　　Place and Date of issue 　　　　　　　　　　代表承运人签字 　　　　　　　　　　Signed for the Carrier Applicable only when document used as a Through Bill of Loading			

第七步:鼎与贸易公司制单结汇

在办理货物出运工作的同时,鼎与贸易公司也开始了议付单据的制作。2019 年 3 月 20 日,中国远洋运输公司下属的中远集装箱运输有限公司代理签发了 COS6314623142 号提单。根据信用证的规定,鼎与贸易公司备齐了全套议付单据(3/3 海运提单正本、商业发票、装箱单、普惠制产地证、受益人证明、客检证、货物运输保险单),于 4 月 2 日向议付银行——中国银行福州市分行交单议付。

常见票据样式

①汇票样式。

汇　票
Bill of Exchange

No. _____(汇票号码)

Drawn under _____(出票依据)_____ L/CNo. _____ Dated _____

Exchange For(汇票金额)_____ Beijing ,China(出票时间地点)_____

At(见票)_____ Sight of this FIRST of Exchange Second of Exchange being unpaid

Pay to the order of(收款人)_____

The sum of(金额)_____

To(付款人)_____

　　　　　　　　　　　　　　　　_____(出票人签字)
　　　　　　　　　　　　　　　　　　(Signature)

②本票样式。

本　票
PROMISSORY NOTE

(本票金额)_____　　_____(出票日期地点)

On the_____(付款时间)fixed by Misssory Note

We Promised to order of_____(收款人)

The sum of(大写金额)_____

　　　　　　　　　　　　　　　　_____(出票人)
　　　　　　　　　　　　　　　　　　(Signed)

③支票样式。

支 票

THE BANK OF COMMUNICATION(出票人开户行)

_____(汇票号码)

(支票金额)_____   _____(出票时间地点)

Pay against this Check to the order of(收款人)_____

The sum of(大写金额)_____

_____(出票人)

(Signed)

---

④原产地证明书示例。

原产地证明书

CERTIFICATE OF ORIGINAL

兹证明下列商品确系中国制造

(This is to certificate the under mentioned commodities were manufactured in China)

品名

(Commodity)

产地   中国

(Place of origin)   (China)

数量   标记及号码

(Quantity)   (Marks & No. s)

发货人

(Consignor)

收货人

(Consignee)

运往地点

(Destination)

签发人

(Signature)

---

⑤商业发票示例。

商业发票

COMMERCIAL INVOICE

Issued By:

FROM: TO:

Number and kind of package：				
Marks and Numbers：				
Letter of Credit No.：				
INVOICE NO.：				
INVOICE DATE；S/C NO.：				
S/C DATE：				
SAY TOTAL：				
Description of goods	Quantity	Unit Price	Amount	
			Total：	
			福州鼎与贸易有限公司	
			FUZHOU　DINGYU　CO.，LTD	
			（Signature）	

第八步：鼎与贸易公司收汇核销

4月20日，鼎与贸易公司收到福州海关退回的出口收汇核销单和报关单。当天，核销员在网上将此核销单向外汇局交单，并在进行网上交单时，对核销单、报关单的电子底账数据进行了认真的核对。

2019年4月23日，鼎与贸易公司收到银行的收汇水单，开证行已如数付款。至此，该笔交易已安全收汇。

网上交单成功之后，4月24日，核销员持白质的收汇水单（即出口收汇核销专用联，经银行盖有"出口收汇核销专用章"），出口收汇核销单（已经出口海关盖章，第三联），报关单（白色报关联，海关已盖章），商业发票及自制的核销单送审登记表（外汇局留存联）到外汇局办理核销手续。核销完毕后，外管局当场将加盖"已核销章"的核销单（出口退税联）退回给鼎与贸易公司。

核销完成后，核销员将上述单据转交财务办税人员办理退税事宜。

第九步：鼎与贸易公司出口退税

在议付单据交单后，鼎与贸易公司完成了财务付款和收汇核销，随后进行出口退税。

2019年4月25日，鼎与贸易公司的财务办税人员将公司需要办理认证的增值税发票整理后一并申报国税局进行发票认证。当天，拿到国税局认证结果通知书和认证清单。

4月26日，财务办税人员将退税要用的单据收集齐全无误后装订成册。其中，核销单（外管退回的出口退税专用联）、报关单（黄色出口退税联）、商业发票为一册，增值税发票（抵扣联）、出口专用缴款书、认证结果通知书、认证清单为一册，并在退税申报软件中逐条录入进货明细及申报退税明细。录入完毕、核对无误后打印并生成退税处所需要的表格及软盘，连同"外贸企业出口货物退税汇总申报审批表"送交外经委稽核处加盖稽核章。

2019 年 5 月 7 日，财务办税人员将上述资料送交国税局稽核部门待批。5 月 28 日，接到国家税务局通知，于 5 月 7 日申报的资料已通过。5 月 29 日，财务人员到银行查询，查到申报退税额已足额退回。

至此，该笔业务顺利完成。

关于租船订舱

什么是租船订舱？

租船订舱是租船和订舱的合成词。租船订舱，在货物交付和运输过程中，如果货物的数量较大，可以洽租整船甚至多船来装运，这就是"租船"；如果货物的数量不大，则可以租赁部分舱位来装运，这就是"订舱"。

订舱简介：

订舱是货物托运人(Shipper)或其代理人根据其具体需要，选定适当的船舶向承运人(即班轮公司或它的营业机构)以口头或订舱函电进行预约洽订舱位装货、申请运输，承运人对这种申请给予承诺的行为。

订舱单上通常会有货名、重量及尺码、起运港、目的港、收发货人、船名等内容，承运人对这种申请(预约)给予承诺后，就会在舱位登记簿上登记，即表明承托双方已建立了有关货物运输的关系，并着手开始货物装船承运的一系列准备工作。

当卖方备妥货物，收到国外开来的信用证，并且经过审核无误后，能否做到船货衔接，按合同及信用证规定的时间及时将货物出运，主要取决于租船订舱这个环节。

租船订舱的准则：

出口公司根据船公司提供的船期表掌握船、货情况，在船舶抵达港口或截止签单前，及时办理托运手续。

出口公司签订舱手续时，力求准确无误，尽量避免加载(增加订舱数量)、退载和变载的情况发生，以免影响承运和船、货代理人以及港务部门的工作。

对于发生额外特殊货物，如散装油类、冷藏货和鲜活货物的订舱，出口公司应事先通知承运人或船、货代理人，并列明要求。

租船订舱流程——怎样租船订舱？

出口公司填写托运单，作为订舱依据，托运单是指托运人(发货人)根据买卖合同和信用证内容填写的向承运人或其代理人办理货物托运的单证。承运人或其代理人根据托运单的内容，结合船舶的航线挂靠港、船期和舱位等条件综合考虑，认为合适即可接受托运。

船运公司或其代理人收到托运单后，经审核确定接受承运，即将托运单的配舱回单退回,并发给托运人装货单。装货单(俗称下货纸)是接受托运人提出装运申请的船公司或外轮代理公司签发给托运人,凭以命令船长将承运货物装船的单据。

货物经海关查验入行装船后,即由船长或大副签收"收货单"(又称大副收据,Matereceipt)。收货单是船公司签发给托运人的表明货物已装妥的临时收据,托运人凭收货单向外轮代理公司交付运费并换取正式提单。

如何订舱—订舱费—订舱流程

一、接受货主询价

海运询价:

1.需掌握发货港至各大洲、各大航线常用的及货主常需服务的港口的价格。

2.主要船公司船期信息。

3.需要时应向询价货主问明一些类别信息,如货名、危险级别等。

陆运询价:

1.需掌握各大城市公里数和拖箱价格。

2.各港区装箱价格。

3.报关费、商检、动植检收费标准。

不能及时提供的,需请顾客留下电话、姓氏等联系要素,以便在尽可能短的时间内回复货主。

二、接单(接受货主委托)

接受货主委托后(一般为传真件)需明确的重点信息:船期、件数、箱型、箱量、毛重、体积、付费条款、货主联系方法、做箱情况,门到门还是内装。

各箱型最大体积为:(长×宽×高)　可装体积　　　可装重量

1×20′ GP＝31 CBM　　　6×2.38×2.38　　25　　　　17 MT

1×40′ GP＝67 CBM　　　12×2.38×2.38　55　　　　25 MT

1×40′ HC＝76 CBM　　　12×2.7×2.38

1×45′ GP＝86 CBM

(注:GP general purpose 普通箱;CBM cubic metre 立方米;MT metric ton 公吨;HC high cubic 高箱)

三、订舱

缮制委托书(十联单)

制单时就最大限度地保证原始托单数据的正确性、相符性,以减少后续过程的频繁更改。

加盖公司订舱章订舱:需提供订舱附件的(如船公司价格确认件),应一并备齐方能去订舱。

取得配舱回单,摘取船名、航次、提单号信息。

四、做箱

门到门:

填妥装箱计划中的做箱时间、船名、航次、关单号、中转港、目的港、毛重、件数、体积、门点、联系人、电话等,先于截关日(船期前两天)1～2天排好车班。

内装:

填妥装箱计划中的船期、船名、航次、关单号、中转港、目的港、毛重、件数、体积、进舱编号等,先于截关日(船期前两天)1～2天排好车班。

取得两种做箱方法所得的装箱单(CLP)。

五、报关(有时同时、有时先于做箱)

了解常出口货物报关所需资料:①商检;②配额;③许可证;④产地证;⑤提供商标授权、商标品名;⑥出口香港地区货值超过$10万,其他地区超过$50万,核销时需提供结汇水单(复印件);⑦需提供商会核价章。

填妥船名、航次、提单号、对应装箱单(Packing List)、发票、所显示的毛重净重、件数、包装种类、金额、体积、贸易方式,审核报关单的正确性(单证一致)。

显示报关单所在货物的"中文品名",对照海关编码大全,查阅商品编码,审核两者是否相符,按编码确定计量单位,并根据海关所列的监管条件点阅所缺乏报关要件。

备妥报关委托书、报关单、手册、发票(原件)、装箱单(原件)、合同、核销单、配舱回单(十联单中第五联以后)和其他所需资料,于截关前一天通关。

跟踪场站收据,确保配截上船。

凡是退关改配的,若其中有下个航次,出运仍然需要诸如许可证、商检、动植检之类的文件资料,退关、改配通知应先于该配置船期一个星期到达,以便(报运部)顺利抽回资料,重新利用。否则只会顺延船期,造成麻烦。

六、提单确认和修改

问明顾客"提单"的发放形式。①电放:需顾客提供正本"电放保函"(留底),后出具公司"保函"到船公司电放。②预借:经船公司同意,需顾客提供正本"预借保函"(留底),后出具公司"保函"到船公司预借。③倒签:经船公司同意,需顾客提供正本"倒签保函"留底,后出具公司"保函"到船公司倒签。这种情况下,多半是签发 HOUSE B/L。④分单:经船公司同意,应等船开后3～4天(候舱单到达海关,以保证退税),再将一票关单拆成多票关单。⑤并单:经船公司同意,应等船开后3～4天(候舱单到达海关,以保证退税),再将多票关单合成一票关单。⑥异地放单:须经船公司同意,并取得货主保函和异地接单的联系人、电话、传真、公司名、地址等资料方可放单。

依据原始资料,传真于货主确认,并根据回传确立提单的正确内容。

七、签单

查看每张正本提单是否都签全了证章。

是否需要手签。

八、航次费用结算

海运费:①预付(FREIGHT PREPAID);②到付(FREIGHT COLLECT)。

陆运费:①订舱;②报关(包括返关之前已经报关的费用);③做箱(内装/门到门);

④其他应考虑的费用:冲港费/冲关费、商检、动植检、提货费、快递费、电放、更改。

九、提单、发票发放(提单样本)

货主自来取件的,需签收。通过EMS和快递送达的,应在"名址单"上标明诸如"提单号""发票号""核销单号""许可证号""配额号"等要素以备日后查证。

十、应在一个月内督促航次费用的清算并及时返还货主核销单和报关单

一般应该在备齐货物的时候订舱,因为货物未备好之前,无法确定货物的运输状态,也就无法制作订舱单。如果全部委托货代报关加订舱,应该提交的单据有:核销单、商业发票、装箱单、订舱单,或许还需要委托单。

——根据中国外贸网相关资料整理

思考训练

一、认识专业名词

出口合同的履行　备货　催证　审证　改证　租船订舱　报验　报关　装船　制单结汇　出口收汇核销

二、解答问题

1.出口合同的履行包括哪些基本环节?出口企业在备货环节应注意哪些事项?

2.审核国外开来的信用证时应注意什么问题?

3.当前我国出口结汇有哪几种方法?

三、作业

某信用证对提单有如下规定:"Made to order of shipper and endorsed to order of Bank of America NT&SA。"请问:应如何制作提单?

四、案例分析

我国某公司向加拿大一客户按CIF条件,即期不可撤销信用证方式出口一批原料,合同规定5月份装运。加拿大公司于5月10日开了不可撤销信用证。证中规定最迟装运日期为5月底。此时我方已来不及办理租船订舱手续,于是立即致电加商要求修改信用证。加商回电,同意修改,延展船期和有效期1个月。我方于6月10日装船,并于6月14日将全套单据交银行议付。试问:我公司能否顺利结汇?为什么?

学习情境10　进口合同的履行

学习目标

1. 熟悉和掌握进口合同履行过程中开立信用证、审单和付汇、报关和纳税、验收和拨交货物的基本原则和基本内容。

2. 熟悉进口业务中合同履行的主要操作单据。

能力目标

1. 能够正确填制"进口许可证申请表"。

2. 能够正确填制"不可撤销跟单信用证开证申请书"。

3. 能够正确填制"进口订舱委托书"。

4. 能够正确填制"预约保险起运通知书"和正确计算进口货物保险金额。

5. 能够正确填制"进口货物报关单"。

任务1　进口合同的履行

任务引入

福建鼎与贸易公司的业务员王鹏通过与多家企业的反复磋商,于2019年4月24日与韩国 Socan Industries Inc. 签订涤纶长丝产品的进口合同。张浚希望通过跟踪流程掌握采用 FOB 价格条件和即期信用证支付方式的进口合同履行的一般程序,熟悉进口单证的缮制和运用以及进口业务中的索赔和理赔工作等知识点。

案例导读

【案情介绍】

1月10日,芝加哥 F 银行向 A 银行开立了一笔金额为 15 783 美元的即期信用证。该证装船期分别为2月25日和3月8日,受益人为 B 市某外贸公司,货物名称为铁钉。

2月12日,A 银行收到信用证项下第一次修改,要求将装船期分别提前至2月15日和2月24日,并修改货物描述等内容。A银行立即与受益人联系,请求答复。受益人于2月19日向A银行发出书面确认书,拒绝修改,A银行立即向F行发出了同样内容的电报。3月3日受益人交单,A银行审核无误后议付单据,并按开证行要求寄单索汇。A银行编号为BF9511327/97。3月13日,A银行收到F银行电报,称该单据迟装并超过有效期,以此拒付并准备退单。

经查,此笔单据的装船日为2月25日,交单日为3月3日,完全符合修改前信用证的要求。据此,A银行据理力争,反驳F银行提出的不符点。

此后,F银行又多次来电坚持上述不符点,并两次将单据退回A银行,但A银行毫不退让,又两次将单据重寄回开证行。由于A银行有理有力的反驳,F银行最终于4月25日付款。

问题:F银行是否应予付款?

【案例评析】

该案例中争议产生的原因在于开证行与议付行对已经开证行修改过,但未经受益人同意的信用证条款约束力的认识不同。开证行认为,按照其修改过的信用证条款开审核单据,存在不符点,因此拒付;议付行则认为,信用证条款虽经开证行修改,但因未获得受益人同意,因此修改过的信用证不能对受益人构成约束,仍可以按照修改前的信用证条款来审核单据。

那么开证申请人、开证行单方面修改信用证能否产生法律效力呢?回答是否定的。一方面,从信用证开立与基础交易的基本关系看,信用证的开立是服务于基础交易的,信用证作为一种支付条件,它应当符合基础交易合同中所反映的进出口商的一致意见,除非进出口商就修改基础交易合同的支付条件达成协议,否则不能修改信用证条款。单方面修改信用证条款即等同于违反了基础交易中约定的支付条件,对另一方来说是没有约束力的。另一方面,正是基于对正常交易秩序与规则的认识,《UCP600》第10条(《UCP500》第9条)规定:"未经开证行、保兑行(如已保兑)以及受益人同意,信用证既不能修改也不能撤销。在受益人向通知修改的银行表示接受该修改之前,原信用证的条款对受益人仍然有效。受益人应提供接受或拒绝修改的通知。如果受益人未能给予通知,当交单与信用证以及尚未表示接受修改的要求一致时,即视为受益人已作出接受修改的通知,并从此刻起,该信用证被修改。"根据《UCP600》的规定,很显然,是否接受修改的主动权掌握在受益人手里,如果受益人不表示接受修改的信用证,那么仍可以依据原信用证条款来审核单据或者按修改后的条款审核单据。

上述案例中,开证行的做法是不妥的。由于受益人并没有同意修改的信用证条款,因此,开证行不能强加于人要求适用修改后的信用证条款。在根据原信用证条款审核单据没有不符点的情形下,开证行应予付款。

进口合同成立后,我国的进口企业一方面要履行付款、收货的义务;另一方面也要督促国外出口商及时履行合同约定的各项义务,防止其违约而给我方造成损失。

我国的进口交易大多以 FOB 条件成交,以即期信用证作为支付方式,并采用海运方式运输货物。虽然不同的合同在履行中有不同的特点,但这类进口合同履行的一般程序是:开立信用证、租船订舱、装运、办理保险、审单付款、接货报关、检验、拨交、索赔。这些环节的工作是由进出口公司、运输部门、商检部门、银行、保险公司以及运货部门等各有关方面分工负责、紧密配合而共同完成的(如图 10.1)。

开证
租船订舱和催装
投保
审单付款
报关提货
投保
商检
进口索赔

图 10.1　进口合同
履行流程图

10.1.1　开立信用证

1)开立信用证的手续

在采用信用证支付方式的进口业务中,履行合同的第一个环节就是进口商向银行申请开立信用证。

银行开立信用证的方式:

①信开 (L/C Opened by Mail)信用证以信件方式开立,以平邮、航空挂号或特快专递等邮寄方式传递,称为"信开"。主要适用于装运期较长或金额较小的信用证开立。随着通信方式的发展,电子商务的应用越来越广泛,目前这种方式已不多见。

②电开(L/C Opened by Teletransmission) 电开是指以电报、电传等方式开立信用证。电开主要适用于装运期较短的信用证开立。电开又分为简电开证、全电开证和 SWIFT 方式开证等。

进口合同签订后,进口商按照合同规定填写开立信用证申请书,向银行办理开证手续。该开证申请书是开证银行开立信用证的依据。进口商填写好开证申请书,连同进口合同一并交给银行,申请开立信用证。同时,向开证银行交付一定比率的押金,开证申请人还应按规定向开证银行支付开证手续费。

2)申请开立信用证的内容

①信用证性质:不可撤销的跟单信用证。

②信用证号码、有效期及信用证失效地点。

③受益人:国外出口人。

④转递银行:出口人当地银行。

⑤开证申请人:外贸经营单位。

⑥信用证总值。

⑦单据要求。

⑧装运说明和依据:支付费用的分项说明、合同号和运输标志。

⑨装运港、目的港和装运期。

⑩分批装运和转船:是否允许分批装运和转船。

⑪机器设备制造工厂名称。

⑫包装条件。

⑬特殊要求与声明:如不能接受第三者为发货人等。

外贸经营单位在申请开立信用证时,一定要以买卖双方签订的进口合同为依据,减少和避免修改信用证。一旦国外受益人提出修改信用证的要求,经外贸经营单位同意后,即可向中国银行办理改证手续。

3)信用证的开证时间

信用证的开证时间,应按合同规定办理,如合同规定在卖方确定交货期后开证,应在接到卖方上述通知后开证;如合同规定在卖方领到出口许可证或支付履约保证金后开证,应在收到对方已领到出口许可证的通知,或银行转知保证金已照收后开证。

4)信用证的修改

对方收到信用证后,如提出修改信用证的请求,经我方同意后,即可向银行办理改证手续。最常见的修改内容有:展延装运期和信用证有效期、变更装运港口等。

5)开立信用证应注意的问题

①信用证的内容必须符合进口合同的规定。如货物的名称、品质、数量、价格、装运日期、装运条件、保险险别等,均应以合同为依据,在信用证中明确加以记载。

②信用证的开证时间应按合同规定办理。如果买卖合同中规定有开证日期,进口商应在规定的期限内开立信用证;如果合同中只规定了装运期而未规定开证日期,进口商应在合理时间内开证,一般掌握在合同规定的装运期前30~45天申请开证,以便出口方收到信用证后在装运期内安排装运货物。

③单据条款要明确。信用证的特点之一是单据买卖,因此,进口商在申请开证时,必须列明需要出口人提供的各项单据的种类、份数及签发机构,并对单据的内容提出具体要求。

④文字力求完整明确。进口商要求银行在信用证上载明的事项,必须完整、明确,不能使用含糊不清的文字。尤其是信用证上的金额,必须具体明确,文字与阿拉伯数字的表示应一致,应避免使用"约""近似"或类似的词语。这样,一方面可使银行处理信用证时或卖方履行信用证的条款时有所遵循;另一方面可以此保护自己的权益。

10.1.2 派船接运货物

履行 FOB 交货条件下的进口合同,应由买方负责派船到对方口岸接运货物。如合同规定,卖方在交货前一定时间内,应将预计装运日期通知买方。买方在接到上述通知后,应及时向运输公司办理租船订舱手续,在办妥租船订舱手续后,应按规定的期限将船名及船期及时通知对方,以便对方备货装船。同时,为了防止船货脱节和出现"船等货"的情况,注意催促对方按时装运。对数量大或重要物资的进口,如有必要,也可请驻外机构就地了解、督促对方履约,或派人员前往出口地点检验监督。

进口公司对租船还是订舱的选择,应视进口货物的性质和数量而定。凡需整船装运的,则需洽租合适的船舶承运;小批量的或零星杂货,则大都采用洽订班轮舱位。

国外装船后,卖方应及时向买方发出装船通知,以便买方及时办理保险和做好接货等工作。

进口公司在租船订舱时应注意的问题:

1)班轮订舱

①洽商班轮舱位时,注意与信用证装船日期衔接,保证按时在装运港接运货物。

②应在订舱前查明班轮费率表有无附加费、有无折让回扣,其计价标准是尺码吨或重量吨。

③班轮运输装卸费条件有多种,应注意与进口合同中的费用负担条件相衔接。

④应确实了解所订班轮是否直达目的港、停靠港口多少、中途是否转船等。

2)租用整船

①应注意运输市场的行情状况。

②必须了解装卸港口的情况。

③应根据实际情况选择船型,以保证货物安全运输,尽可能地节约费用。

④应了解各航线港口的习惯、运输契约的格式。

10.1.3 投保货运险

1)进口商(或收货人)办理进口运输货物保险的两种做法

FOB 或 CFR 交货条件下的进口合同,保险由买方办理。进口商(或收货人)在向保险公司办理进口运输货物保险时,有两种做法:一种是逐笔投保方式;另一种是预约保险方式。

(1)逐笔投保方式

逐笔投保方式是进口商(或收货人)在接到国外出口商发来的装船通知后,直接向保险公司提出投保申请,填写"起运通知书",并送交保险公司。保险公司承保后,即在"起运通知书"上签章,进口商(或收货人)缴付保险费后,保险公司出具保险单,保险单随即生效。

（2）预约保险方式

预约保险方式是进口商或收货人同保险公司签订一个总的预约保险合同,按照预约保险合同的规定,所有预约保险合同项下按 FOB 及 CFR 条件进口货物的保险,都由该保险公司承保。预约保险合同对各种货物应保险的险别作出了具体规定,故投保手续比较简单。每批进口货物,在收到国外装船通知后,即直接将装船通知寄到保险公司或填制国际运输预约保险启运通知书,将船名、提单号、开船日期、商品名称、数量、装运港、目的港等内容通知保险公司,即作为已办妥保险手续,保险公司则对该批货物负自动承保责任,一旦发生承保范围内的损失,由保险公司负责赔偿。

2）支付保险费的时间和方式

（1）预约保险方式

预约保险方式是以"进口货物装船通知书"或其他具有保险要求的单证为依据,由保险公司每月一次计算保险费后向进口公司收取。

（2）逐笔投保方式

逐笔投保方式是以"进口货物国际运输预约保险起运通知书"上填明的保险金额为准,由进口公司直接付给保险公司。

10.1.4　审单和付汇

1）付汇赎单

进口交易的国外卖方在货物装运后,将汇票与全套货运单据经国外银行寄交我国开证银行。我国开证银行收到国外（银行）寄来的汇票和单据后,根据"单证一致"和"单单一致"的原则,对照信用证的条款,核对单据的种类、份数和内容,如相符,即由开证银行向国外银行付款,并通知进口商按当日外汇牌价付款赎单。

"单证不符"和"单单不符"的处理方法：
①由开证银行向国外银行提供异议,根据不同情况采取必要的处理办法。
②由国外银行通知卖方更正单据。
③由国外银行书面担保后付款。
④拒付。

2）审单和付汇

进口商收到开证银行通知后,在其付汇之前,首先需要审核卖方凭以议付的全套单据（包括发票、提单、装箱单、原产地证书等）。进口商买汇赎单后,凭银行出具的"付款通知书"通知进口商进行结算。

进口商同开证银行办理付汇赎单的清算手续时,应注意以下问题:

(1)即期信用证项下的清算

清算时,开证银行先行计算汇票金额及自往来银行议付之日起至进口公司赎单期间的垫款利息,于扣除保证押金后,向进口公司收回所垫付的外汇款项,然后将单据交给进口公司凭以提货。

(2)远期信用证项下的清算

远期信用证如规定应以进口公司作为付款人而签发汇票的,则开证银行将要求进口公司进行承兑,然后凭信托收据领取进口单据提货。在这期间,等于银行贷款给进口公司,所以一般开证银行会要求进口公司提供抵押物,或缴纳相当数量的保证金,以保证银行的债权。

10.1.5 报关、验收和拨交货物

1)进口商品报关

报关是指进口货物必须按海关规定的手续向海关办理申报验收手续的过程。进口货物到货后,由进口公司或委托货运代理公司或报关行根据进口单据填具"进口货物报关单"向海关申报,并随附发票、提单、装箱单、保险单、进口许可证及审批文件、进口合同、产地证和所需的其他证件。如属法定检验的进口商品,还需随附商品检验证书。货、证经海关查验无误,并按国家规定缴纳关税,在此之后,海关在货运单据上签章放行。

与出口业务中的情况相同,只有那些在有报关资格的企业中经考核合格的报关员才能办理报关。报关员的签字与印章均在海关备案,若报关单上没有报关单位及报关员的签章,或签章不符,海关不予受理。我国的进口业务中,报关手续一般由外运公司代办。

(1)进口货物的申报

进口货物申报是指在进口货物入境时,由进口公司(收货人或其代理人),向海关申报、交验规定的单据文件,请求办理进口手续的过程。

《中华人民共和国海关法》对进口货物的申报时限作了如下规定:进口货物的收货人应当自运输工具申报进境之日起14日内向海关申报。进口货物的收货人超过14日期限未向海关申报的,由海关征收滞报金。对于超过3个月还没有向海关申报进口的,其进口货物由海关依法提取变卖处理。如果属于不宜长期保存的货物,海关可以根据实际情

况提前处理。变卖后所得价款作扣除运输、装卸、储存等费用和税款后,尚有余款的,自货物变卖之日起 1 年内,经收货人申请,予以发还;逾期无人申请的,上缴国库。

进口报关时除应提交进口货物报关单外,还应随附进口许可证和其他批准文件、提单、发票、装箱单、减税或免税证明文件,海关认为必要时,应交验买卖合同、产地证明和其他有关单证。如为《种类表》内的商品、应受动植物检疫管制的进口货物或受其他管制的进口货物,在报关时还应交验有关部门签发的证明。

(2)进口货物的查验

海关以进口货物报关单、进口许可证等为依据,对进口货物进行实际核对和检查,一方面是为了确保货物合法进口,另一方面是通过确定货物的性质、规格、用途等,以进行海关统计,准确计征进口关税。海关查验货物时,进口货物的收货人或其代理人应当在场,并负责搬移货物,开拆和重封货物的包装。海关认为必要时,可以进行开验、复验或者提取货样。

(3)进口货物的征税

海关按照《中华人民共和国海关进出口税则》的规定,对进口货物计征进口关税。货物在进口环节由海关征收(包括代征)的税费有:进口货物关税、增值税、消费税、进口调节税、海关监管手续费等。

下面对进口货物关税、进口调节税的计算方法介绍如下:

①进口货物关税。

进口关税是货物在进口环节由海关征收的一个基本税种。进口关税的计算是以 CIF 价为基数计算。如果是 FOB 价格进口,还要加上国外运费和保险费,其公式为:

进口关税税额=CIF 价格×关税税率

②进口调节税。

进口调节税是国家对限制进口的商品或其他原因加征的税种,这是进口货物关税的附加税。具体计算公式为:

进口调节税=CIF 价格×进口调节税税率

(4)进口货物的放行

进口货物在办完向海关申报、接受查验、缴纳税款等手续以后,由海关在货运单据上签印放行。收货人或其代理人必须凭海关签印放行的货运单据才能提取进口货物。

货物的放行是海关对一般进出口货物监管的最后一个环节,放行就是结关。但是对于担保放行货物、保税货物、暂时进口货物和海关给予减免税进口的货物来说,放行不等于办结海关手续,还要在办理核销、结案或者补办进出口和纳税手续后,才能结关。

2)验收货物

进口货物运达港口卸货时,要进行卸货核对。如发现短缺,应及时填制"短卸报告"交由船方签认,并根据短缺情况向船方提出保留索赔权的书面声明。

卸货时如发现残损,货物应存放于海关指定仓库,待保险公司会同商品检验局检验后作出处理。

对于法定检验的进口货物,必须向卸货地或到达地的商品检验机构报验,未经检验的货物不准投产、销售和使用。如进口货物经商品检验局检验,发现有残损短缺,应凭商检局出具的证书对外索赔。对于合同规定的卸货港检验的货物,或已发现残损、短缺、有异状的货物,或合同规定的索赔期即将届满的货物等,都需要在港口进行检验。

一旦发生索赔,有关的单证,如国外发票、装箱单、重量明细单、品质证明书、使用说明书、产品图纸等技术资料、理货残损单、溢短单、商务记录等,都可以作为重要的参考依据。

3)办理拨交手续

在办完上述手续后,如订货或用货单位在卸货港所在地,则就近转交货物。对订货或用货单位不在卸货地区,则委托货运代理将货物转运内地并转交给订货或用货单位。关于进口关税和运往内地的费用,由货运代理向进出口公司结算后,进出口公司再向订货部门结算。

10.1.6 进口索赔

进口商品常因品质、数量、包装等不符合合同的规定,而需要向有关方面提出索赔。

1)根据造成损失原因的不同,进口索赔的对象不同

（1）向卖方索赔

凡属下列情况者,均可向卖方索赔。例如,原装数量不足;货物的品质、规格与合同规定不符;包装不良致使货物受损;未按期交货或拒不交货等。

（2）向轮船公司索赔

凡属下列情况者,均可向轮船公司索赔。例如,货物数量少于提单所载数量;提单是清洁提单,而货物有残缺情况,并且属于船方过失所致;货物所受的损失,根据租船的有关条款应由船方负责等。

（3）向保险公司索赔

凡属下列情况者,均可向保险公司索赔:由于自然灾害、意外事故或运输中其他事故的发生致使货物受损,并且属于承保险别范围以内的;凡轮船公司不予赔偿或赔偿金额不足抵补损失的部分,并且属于承保险别范围以内的。

2)进口业务办理对外索赔时应注意的问题

在进口业务中,办理对外索赔时的注意事项。

（1）索赔证据

对外提出索赔需要提供证件,首先应制备索赔清单,随附商品检验局签发的检验证书、发票、装箱单、提单副本。其次,对不同的索赔对象还要另附有关证件。向卖方索赔时,应在索赔证件中提出确切的根据和理由,如系 FOB 或 CFB 合同,尚需随附保险单一份;向轮船公司索赔时,须另附由船长及港务局理货员签证的理货报告及船长签证的短卸或残损证明;向保险公司索赔时,须另附保险公司与买方的联合检验报

告等。

（2）索赔金额

在索赔时应合理确定索赔金额,既要对货损作出补偿,也要对有关费用(如检验费、装卸费、仓租、利息、合理的预期利润等)损失作出赔偿,尽量避免自己的利益受到损害。《公约》规定:"一方当事人违反合同应负的损害赔偿额,应与另一方当事人因他违反合同而遭受的包括利润在内的损失额相等。"以向卖方索赔为例,具体计算索赔金额的方法一般有以下几种:

①若在卖方宣布不执行合同后的一段合理的时间内,买方已以合理的方式购买替代货物,则索赔金额应为合同价格与替代货物的交易价格之间的差额。

②如果卖方宣布不执行合同,而货物当时的市场价格又与合同价格不同,则索赔金额应是合同规定的价格与卖方宣布不执行合同时的价格之间的差额,但不能是合同价格与在合理时间之外采购时的价格之间的差额。

③如果卖方延迟交货,而恰值该货市价下跌,则索赔金额为合同规定交货时的交货地价格与实际交货时的交货地价格之差,再加上由此给买方造成的实际损失。

④如果卖方交货的品质、包装不符合合同规定,则索赔金额为实际交付的货物价格与符合合同规定的货物在交货时的市场价格之间的差额。

3）索赔期限

对外索赔必须在合同规定的索赔期限内提出,如果在索赔期内来不及出具检验证书,买方应要求对方延长索赔期,或向对方声明保留索赔权。若合同未对索赔期限作出规定,根据《公约》的规定,对卖方索赔的期限应为买方实际收到货物之日起两年。《海牙规则》则规定,对船公司索赔的时限是货到目的港交货后1年。而根据我国《海运货物保险条例》的规定,对保险公司索赔的时限一般为货物在目的港全部卸离海轮后两年。

4）关于卖方的理赔责任

进口货物发生了损失,除属于轮船公司及保险公司的赔偿责任外,如属卖方必须直接承担的责任,应直接向卖方要求赔偿,防止卖方制造借口来推卸理赔责任。

目前,我们的进口索赔工作,属于船方和保险公司责任的一般由货运代理外贸运输公司代办;属于卖方责任的则由进出口公司直接办理。为了做好索赔工作,要求进出口公司、外贸运输公司、订货部门、商品检验局等各有关单位密切协作,要做到结果正确、证据属实、理由充分、赔偿责任明确,并及时向有关责任方提出,以挽回货物所受到的损失。

另外,在进口合同的履行过程中,进口方也可能会收到卖方提出的索赔要求。这时进口企业应依据有关法律、惯例及实际情况进行理赔,确定自己应承担的责任,从而维护自己的信誉。

以海运进口单证工作程序为例,海运进口单证工作程序示意图如图10.2所示。

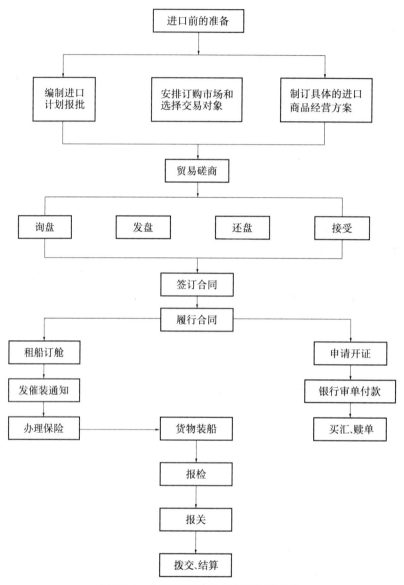

图 10.2　海运进口单证工作程序示意图

操作示范

第一步:鼎与贸易公司申领进口许可证

申领进口许可证的一般程序是:

①申请。由进口单位向发证机关提出申请报告。申请报告的内容包括进口商品的名称、规格、数量、单价、总价及进口国别(地区)、贸易方式、对外成交单位的名称等项目。同时,还要附有关证件和材料,如主管部门的批准文件等。

②审核、填表。发证机关收到上述申请报告和有关证件、材料后,进行审核。审核通过后,由申请人按规定要求填写"中华人民共和国进口许可证申请表",并在表上加盖申

请单位公章。然后,发证机关把填好的表输入计算机。

③发证。发证机关在申请表送交后 3 个工作日内,签发"中华人民共和国进口许可证"一式四联,将第一联、第二联交申请人,据以向海关办理货物进口报关和银行付汇手续。同时,收取一定的办证费用。进口单位如遇情况变化,需要变更进口许可证的内容,需要到原发证机关申请换证,换证必须在原证和合同的有效期内进行。

第二步:鼎与贸易公司申请开立信用证

2019 年 4 月 25 日,鼎与贸易公司根据进口合同的要求和其他相关信息填写开证申请书,并向中国银行福州分行办理申请开证手续。

开证申请书样例

IRREVOCABLE DOCUMENTARY CREDIT APPLICATION

To： BANK OF CHINA, FUZHOU BRANCH   Date：

( ) Issue by airmail	Credit No.
( ) With brief advice by tele-transmission	**Date and place of expiry**
( ) Issue by SWIFT	
Applicant	**Beneficiary**
Advising bank	**Amount**（**figure and words**）

Partial shipment	**Transshipment**	**Credit available with**
( ) Allowed ( ) Not Allowed	( ) Allowed ( ) Not Allowed	by ( ) Sight payment ( ) Acceptance ( ) Negotiation
Port of Loading： Not later than Port of discharge：		( ) Deferred payment at _____ days after against the documents detailed herein and (×) beneficiary's drafts for _____ % of invoice value at drawn on
( ) FOB ( ) CFR ( ) CIF ( ) Other terms		

Documents required：（**marked with**×）

1. (   ) Signed commercial invoice in _____ copies indicating L/C No. and contract No.

2. (   ) Full set of clean on board Bill of Lading made out to order and blank endorsed marked freight(   ) prepaid /(   ) collect notify_____.

   (   ) Air Waybill / cargo receipt / copy of railway bill issued by _____ showing freight prepaid(   )/(   ) collect indicating freight amount and consigned to _____.

3. (   ) Insurance Policy / Certificate in _____ for _____ % of invoice value showing claims payable In_____ in the currency of the drafts, blank endorsed, covering all risks.

4. (   ) Packing List in _____ copies.

续表

5. (　　) Certificate of Quantity / weight in _____ copies issued by _____.

6. (　　) Certificate of Quality in _____ copies issued by (　　) manufacturer / (　　) public recognized surveyor / (　　)

7. (　　) Certificate of Origin in _____ copies issued by _____.

8. (　　) Beneficiary's certified copy of fax / telex dispatched to the applicant within _____ hours after the shipment advising L/C No. , name of vessel, date of shipment, name, quantity, weight and value of goods.

Other documents, if any.

Description of goods：

Additional instructions：

1. (　　) All banking charges outside China are for the account of beneficiary.

2. (　　) Documents must be presented within _____ days after the date of issuance of the transport documents but within the validity of this credit.

3. (　　) Third party documents is not acceptable, short form / blank back B/L is not acceptable.

4. (　　) Both quantity and amount _____ % more or less are allowed.

5. (　　) All documents must be forwarded in _____.

Other terms, if any.

STAMP OF APPLICANT　　　　NAME：

　　　　　　　　　　　　　　TEL No：

　　　　　　　　　　　　　　Account No：

第三步：鼎与贸易公司派船接运货物

2019 年 5 月 19 日，鼎与贸易公司根据韩国 SI 公司销售经理有关备货情况的电子邮件，制作订舱委托书并办理订舱手续。2020 年 5 月 20 日，鼎与贸易公司接到船务代理公司的通知，已按订舱委托书的要求落实订舱。鼎与贸易公司根据订舱信息书写装船指示，给韩国 SI 公司的销售经理发电子邮件通知装船。

第四步：鼎与贸易公司投保货运险

2019 年 5 月 27 日，鼎与贸易公司向中国人民财产保险股份有限公司福州分公司办理进口货物运输预约保险。

进口货物运输预约保险合同

合同号   年 月 日

甲方:

乙方:中国人民保险公司分公司

双方就进口货物的运输预约保险议定下列各条以资共同遵守:

1. 保险范围

　　甲方从国外进口的全部货物,不论运输方式,凡贸易条件规定由买方办理保险的,都属于本合同范围之内。甲方应根据本合同规定,向乙方办理投保手续并支付保险费。

　　乙方对上述保险范围内的货物,负有自动承保的责任,在发生本合同规定范围内的损失时均按本合同的规定负责赔偿。

2. 保险金额

　　保险金额以进口货物的到岸价格(CIF)即货价加运费加保险费为准(运费可用实际运费,也可由双方协定一个平均运费率计算)。

3. 保险险别和费率

　　各种货物需要投保的险别由甲方选定并在投保单中填明。乙方根据不同的险别规定不同的费率。现暂定如下:

货物种类　　运输方式　　保险险别　　保险费率

4. 保险责任

　　各种险别的责任范围,按照所属乙方制定的"海洋货物运输保险条款""海洋货物运输战争险条款""航空运输综合险条款"和其他有关条款的规定为准。

5. 投保手续

　　甲方一经掌握货物发运情况,即应向乙方寄送起运通知书,办理投保。通知书一式五份,由保险公司签认后退回一份。如果不办理投保,货物发生损失,乙方不予理赔。

6. 保险费

　　乙方按甲方寄送的起运通知书照前列相应的费率逐笔计收保费,甲方应及时付费。

7. 索赔手续和期限

　　本合同所保货物发生保险范围以内的损失时,乙方应按制订的"关于海运进口保险货物残损检验和赔款给付办法"迅速处理。甲方应尽力采取防止货物扩大受损的措施,对已遭受损失的货物必须积极抢救,尽量减少货物的损失。向乙方办理索赔的有效期限,以保险货物卸离海轮之日起满一年终止。如有特殊需要可向乙方提出延长索赔期。

8. 合同期限

本合同自　年 月　日起开始生效

甲方:　　　　　　　　　　乙方:

第五步:鼎与贸易公司审单和付汇

2019 年 6 月 2 日,鼎与贸易公司接到中国银行福建省分行到单通知及其他单据复印件,按照"单证相符,单单相符"的审单原则,鼎与贸易公司对以上进口单据进行审核,并写出审核结果。经审核没有问题,鼎与贸易公司填写对外付款/承兑通知书、贸易进口付汇核销单和购汇申请书,办理对外付款手续。

第六步:鼎与贸易公司报关、验收和拨交货物

2019 年 5 月 27 日,鼎与贸易公司进口货物于釜山港装船启运。5 月 30 日,鼎与贸易公司接到船务代理公司发出的到货通知,通知其进口货物预计于 5 月 31 日到港,鼎与贸易公司可于 6 月 2 日 10:00 时起到福州中远集装箱运输船务代理公司办理换单手续。

2019 年 6 月 2 日,鼎与贸易公司按到货通知要求,凭有关单据往船务代理公司办理相关手续,换取提货单。通过查询中国海关报关实用手册,改涤纶长丝的 H. S. CODE 是 5402200010,监管证件代码是 A,即进口报关时需提供入境货物通关单,因此改涤纶长丝属于法定检验目录商品,入境前需要向商品检验部门办理报检。另外,韩国进口的商品,还需要提供相关的包装证明。

6 月 6 日鼎与贸易公司填制进口货物报关单、报关委托书,并整理好相关单据委托货代公司办理报关。6 月 9 日,海关经审核,受理了鼎与贸易公司的申报材料。材料审核通过,海关开出关税及环节税缴款书。鼎与贸易公司持限额纸片到海关指定银行交纳税费后,将已缴费凭据交海关。海关安排次日查验货物。

中华人民共和国海关进口货物报关单

预录入编号: 海关编号:

进口口岸:	备案号		进口日期	申报日期
经营单位	运输方式		运输工具名称	提运单号
收货单位	贸易方式		征免性质	征税比例
许可证号	起运国(地区)		装运港	境内目的地
批准文号	成交方式	运费	保费	杂费
合同协议号	件数	包装种类	毛重	净重

续表

集装箱号	随附单据		用途

标记唛码及备注

项号 商品编码 商品名称 规格型号 数量及单位 原产国(地区) 单价 总价 币制 征免

税费征收情况

录入员 录入单位	兹声明以上申报无讹 并承担法律责任	海关审单批注及放行日期(签章) 审单 审价
报关员 单位地址	申报单位(签章) 填报日期	征税 统计
		查验 放行

　　6月10日,鼎与贸易公司业务员与货运公司报关员协同两名海关官员在监管仓库对申报货物进行开箱检查,经查货物属实无误,海关在报关单上加盖放行章。

　　当日,鼎与贸易公司委托货运公司向理货公司缴清汽代、理货等相关费用,在提货章签章处加盖好汽代、理货等签章,将盖好所需印章的提货单交码头仓库要求提取指定货物。

　　鼎与贸易公司在货运代理公司的协助下完成港区提货手续后,自行提取货物,并安排车队于当日将货物自码头仓库运至该公司仓库。

　　第七步:鼎与贸易公司进口索赔

　　2019年6月10日晚,进口货物运到鼎与贸易公司仓库,在对货物的掏箱入库作业中,业务员发现其中一个货柜中的货物包装异常,随即与库方、汽车公司人员做了记录,三方代表在入库记录签字,并拍摄了现场货物照片。

　　经商议,公司决定由业务员先与韩国公司联系,澄清问题,以尽可能保持买卖之间的良好合作关系。6月11日,业务员通过E-mail将货物包装异常情况通知韩国SI公司,期间经双方查证反馈,货物短量,原因是韩方疏忽发错货物,韩方道歉并按照实际交货情况向鼎与贸易公司退回多收货款,妥善解决了争议。

2019 年 6 月 17 日,鼎与贸易公司取得开证行返回的进口货物报关单核销联及进口付汇核销单后,向福建省外汇管理局提供相关核销资料,福建省外汇管理局对所交资料进行了网上付汇核查,纸质报关单核对无误后,将盖有"进口付汇核销已审"章的到货核销表、对外付汇/承兑通知书及报关单退给鼎与贸易公司。

至此,该笔业务顺利完成。

 每日一读

合同履行的一般原则

《中华人民共和国合同法》第 60 条规定:"当事人应当按照约定全面履行自己的义务。当事人应当遵循诚实信用原则,根据合同的性质、目的和交易习惯履行通知、协助、保密等义务。"虽然不同类型的合同有不同的特点,但该条规定了合同履行的一般原则。

一、按照约定全面履行原则

按照约定全面履行原则,即全面履行原则,又称为适当履行原则或正确履行原则,它是指合同的当事人在适当的时间,适当的地点,以适当的方式,按照合同中约定的数量和质量,履行合同中约定的义务。这项原则的意义在于指导和监督当事人保质、保量、按时、全面地完成合同的义务,防止违约情况的发生,借以保护当事人的合法权益。按照约定全面履行原则是决定合同是否履行和是否违约的法律标准,是衡量合同履行程度和违约责任的尺度。

一般而言,按照约定全面履行原则包括 3 个方面的具体内容:一是履行主体适当。即当事人一般应当亲自履行合同,不能由第三人代为履行,但是当事人另有约定的除外。二是标的适当。即当事人交付的标的物、提供的工作成果、提供的劳动符合合同的约定或者交易惯例。三是履行方式和履行地点适当。应按合同所约定的数量、质量、品种等全面履行,不得部分履行,部分不履行,否则,即构成违约。

二、根据诚实信用原则履行合同的附随义务

当事人应当根据诚实信用的原则,履行合同约定之外的附随义务。附随义务是基于诚实信用原则而产生的一项合同义务,虽然该义务当事人在合同中可能没有约定,但是,任何合同的当事人在履行时都必须遵守。当事人应当按照法律、法规的有关要求,根据合同的性质、目的和交易习惯等,履行附随于主合同的其他义务。

《中华人民共和国合同法》规定的附随义务包括:

1. 通知义务,是指当事人在履行合同中应当将有关重要的事项、情况告诉对方。例如,一方因客观情况必须变更合同或者因不可抗力致使合同不能履行时,都应当及时通知对方当事人。

2. 协助义务,是指当事人在履行合同过程中要互相合作,要像对待自己的事务一样

对待对方的事务,不仅要严格履行自己的合同义务,而且要配合对方履行义务。

3.保密义务是指当事人在履行合同时对属于对方当事人的商业秘密或者对方当事人要求保密的信息、事项不能向外界泄露。除了通知、协助、保密等义务以外,当事人还应当履行其他义务,如提供必要的条件和防止损失扩大。

4.提供必要的条件是指当事人在履行合同中为对方当事人履行合同创造必要的方便条件,该项义务与协助义务紧密相连。当事人相互之间有协助履行的义务,就必须要为对方提供必要的条件。

5.防止损失扩大是在合同履行过程中因某种原因致使当事人遭受损失,双方在有条件的情况下都有采取积极措施防止损失扩大的义务,而不管这种损失的造成与自己是否有关。《中华人民共和国合同法》第119条规定:"当事人一方违约后,对方应当采取适当措施防止损失的扩大;没有采取适当措施致使损失扩大的,不得就扩大的损失要求赔偿。当事人因防止损失扩大而支出的合理费用,由违约方承担。"

——根据《中华人民共和国合同法》及相关资料整理

思考训练

一、认识专业名词

进口合同的履行 开证 审单付款 报关 预约保险 进口索赔

二、解答问题

1.进口合同履行需要做哪些工作?

2.怎样办理预约保险?

3.进口索赔的对象有哪些?进口索赔时应注意什么问题?

三、作业

请根据以下资料模拟进口方去银行申请开证,并填写开证申请书。

进口商:杭州常秀化妆品贸易公司

      HANGZHOU EVER-BEAUTY

      COSMETICS TRADE COMPANY

      168 HUSHU ROAD, HANGZHOU

      CHINA

法人代表:陈秋

电话:23452345

账号:31-45-89120912

出口商:日本岩谷株式会社

      IWATANI CORPERATION

1-3-6 HOMMACHI, OSAKA

JAPAN

进口产品:贝齿清凉薄荷漱口水

PLAX FRESHMINT MOUTHWASH

规格:250 mL/Bottle,净重 300 克(G)/Bottle

贸易术语:CIF SHANGHAI 每瓶 1.88 美元

总数量:40 320 瓶(Bottles)

总金额:75 801.60 美元

装运港:大阪(OSAKA)

卸货港:上海(SHANGHAI)

运输要求:不允许分批,不允许转运,1 个 20 尺集装箱装运

最迟装运日:2019 年 3 月 15 日

支付方式:即期议付信用证,汇票金额为发票金额的百分之百

开证日期:2019 年 2 月 5 日

开证银行:中国银行杭州分行

开证方式:SWIFT

信用证有效期:2019 年 3 月 30 日

到期地点:日本大阪

单证要求:发票一式三份显示合同号码和信用证号码;

    装箱单一式三份;

    清洁已装船提单一套,做成"凭指示",空白背书,通知开证申请人;

    保险单一式两份,空白背书,承保中国人民保险公司的一切险,加一成,赔付地点为中国,赔付币制与汇票币制一致;

    有关当局签署的产地证一份;

    官方机构签署的质量检验证一份。

其他要求:交单期是提单日期后 15 天内但又必须在信用证有效期内;

    第三方单证不接受,简式提单不接受;

    中国以外的银行费用由受益人承担。

合同号码:TT090120

四、案例分析

1.我国某外贸公司受国内用户委托,以外贸公司自己的名义作为买方与外国一公司(卖方)签订一项进口某种商品的合同,支付条件为"即期付款交单"(D/P AT SIGHT)。在履行合同时,卖方未经买方同意就直接将货物连同全套单据都交给了国内的用户,但该国内用户在收到货物后遇到财务困难,无力支付货款。这种情况下,国外卖方认为,我国外贸公司在该合同中是以自己名义作为买方签订合同的,我国外贸公司的身份是买方而不是国内用户的代理人。因此,根据买卖合同的支付条款,要求我国外贸公司支付货

款。问：我国外贸公司是否有义务支付货款？理由是什么？

2. 甲公司向外国 A 公司买进生产灯泡的生产线。合同规定分次交货，分批开证，买方（甲公司）应于货到目的地港后 60 天内进行复验，若与合同规定不符，甲公司凭所在国的商品检验证书向 A 公司索赔。甲公司按照合同规定，申请银行开出首批货物的信用证。A 公司履行装船并凭合格单据向议付行议付，开证行也在单证相符的情况下对议付行偿付了款项。在第一批货物尚未到达目的港之前，第二批的开证日期临近，甲公司又申请银行开出信用证。此时，首批货物抵达目的港，经检验发现货物与合同规定严重不符，甲公司当即通知开证行，称："拒付第二次信用证项下的货款，并请听候指示。"然而，开证行在收到议付行寄来的第二批单据，审核无误，再次偿付议付行。当开证行要求甲公司付款赎单时，该公司拒绝付款赎单。试分析此案中：①开证银行和甲公司的处理是否合理？为什么？②甲公司应该如何处理此事？

参考文献

［1］刘文广,张晓明.国际贸易实务［M］.2 版.北京:高等教育出版社,2014.

［2］章安平.进出口业务操作［M］.2 版.北京:高等教育出版社,2014.

［3］许晓冬,刘金.国际贸易实务［M］.北京:中国纺织出版社,2017.

［4］吴国新,毛小明.国际贸易实务［M］.3 版.北京:清华大学出版社,2019.

［5］令柏军,段秀芳.国际贸易实务［M］.3 版.北京:北京大学出版社,2017.

［6］余庆瑜.国际贸易实务:原理与案例［M］.2 版.北京:中国人民大学出版社,2019.

［7］李平.国际贸易规则与进出口业务操作实务［M］.2 版.北京:北京大学出版社,2011.

［8］张彦欣.进出口业务操作实务［M］.北京:中国纺织出版社,2019.

［9］孙海梅,边建民,等.进出口业务实务操作［M］.北京:知识产权出版社,2016.

［10］许正环.进出口业务操作［M］.武汉:武汉理工大学出版社,2017.

［11］黎孝先,王健.国际贸易实务［M］.6 版.北京:对外经济贸易大学出版社,2016.